"十四五"职业教育国家规划教材

# 企业办税实训

Qiye Banshui Shixun

主编 王维 陆艺

中国教育出版传媒集团

高等教育出版社·北京

内容简介

　　本书是"十四五"职业教育国家规划教材,全书根据"税收基础"课程的基本要求设计6个项目:办税业务规程、增值税发票的开具、增值税网上申报、消费税网上申报、所得税网上申报和其他税费网上申报,基本涵盖了企业办税员岗位的日常工作内容。

　　本书设计两个栏目,一是基础知识,对本项目学习中涉及的理论知识进行介绍,通俗易懂;二是学习任务,应用一个模拟的纳税任务情境,对办税员在实务工作中需要完成的工作进行介绍,步骤清晰,易学易会,学习体验部分增强学生对各税种纳税申报表的理解和掌握,方便练习。

　　本书可作为职业院校财经商贸类专业学生学习"税收基础"相关课程的实训用书,也可作为在职办税员的自学教材和培训教材。

**图书在版编目（ＣＩＰ）数据**

　　企业办税实训 / 王维,陆艺主编. -- 北京 ： 高等教育出版社,2021.9(2024.1重印)
　　ISBN 978-7-04-056426-6

　　Ⅰ．①企… Ⅱ．①王… ②陆… Ⅲ．①企业管理 - 税收管理 - 中国 - 中等专业学校 - 教材 Ⅳ．①F812.423

　　中国版本图书馆CIP数据核字(2021)第129863号

| | | | | | | | |
|---|---|---|---|---|---|---|---|
| 策划编辑 | 刘　睿 | 责任编辑 | 刘　睿 | 特约编辑 | 张翠萍 | 封面设计 | 李树龙 |
| 版式设计 | 杨　树 | 插图绘制 | 于　博 | 责任校对 | 吕红颖 | 责任印制 | 田　甜 |

| | | | |
|---|---|---|---|
| 出版发行 | 高等教育出版社 | 网　　址 | http://www.hep.edu.cn |
| 社　　址 | 北京市西城区德外大街 4 号 | | http://www.hep.com.cn |
| 邮政编码 | 100120 | 网上订购 | http://www.hepmall.com.cn |
| 印　　刷 | 涿州市京南印刷厂 | | http://www.hepmall.com |
| 开　　本 | 889 mm×1194 mm　1/16 | | http://www.hepmall.cn |
| 印　　张 | 16 | | |
| 字　　数 | 320 千字 | | |
| 购书热线 | 010-58581118 | 版　　次 | 2021 年 9 月第 1 版 |
| 咨询电话 | 400-810-0598 | 印　　次 | 2024 年 1 月第 2 次印刷 |
| | | 定　　价 | 45.10 元 |

# 本书配套的数字化资源获取与使用

 二维码教学资源

本书配有微课演示、课程思政微课等资源，在书中以二维码形式呈现。扫描书中的二维码进行查看，随时随地获取学习内容，享受立体化阅读体验。

打开书中附二维码的页面　　　　扫描二维码　　　　查看相应资源

 Abook 教学资源

本书配套演示文稿、授课教案、训练答案等教学资源，请登录高等教育出版社 Abook 网站获取。详细使用方法见本书"郑重声明"页。

注册　　　　登录　　　　绑定课程

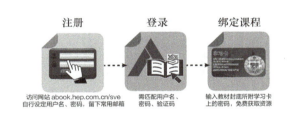

访问网站 abook.hep.com.cn/sve　　需匹配用户名、　　输入教材封底所附学习卡
自行设定用户名、密码，留下常用邮箱　密码、验证码　　上的密码，免费获取资源

扫码下载
App

 在线开放课程（MOOC）

本书配套在线开放课程"税收基础"，可通过计算机端或手机 App 端进行视频学习、测验考试、互动讨论。

- 计算机端学习方法：访问地址 http://www.icourses.cn/vemooc，或百度搜索"爱课程"，进入"爱课程"网"中国职教 MOOC"频道，在搜索栏内搜索课程"税收基础"。
- 手机端学习方法：扫描下方二维码或在手机应用商店中搜索"中国大学 MOOC"，安装 App 后，搜索课程"税收基础"。

扫码下载
App

　　企业办税业务是财经商贸类专业学生需要掌握的一门业务技能,但目前常见的教材均以税法、税务会计等理论知识为主,即使辅以一定的实训也是以纸质化的纳税申报表填写为主,缺乏企业办税业务操作步骤的讲解,与企业办税实务工作相差甚远。这导致学生理实脱节,无法实现所学即所用。基于此,结合《中等职业学校专业教学标准》,我们探索性地编写了本书。

　　本书从企业办税实务出发,以企业办税员岗位日常工作内容为导向,以组织教学任务与实训任务的实施为驱动,将企业发票管理、常见税种纳税申报的理论学习与实训相融合,实现"理实一体、教学合一",希望学生通过学习能够达到上岗就能顶岗的目标。全书包括办税业务规程、增值税发票的开具、增值税网上申报、消费税网上申报、所得税网上申报、其他税费网上申报6个项目。本课程理论教学(每一项目中的基础知识部分)以应知为主,实践教学(每一项目中的实训任务)以应会为主。

　　本书具有如下特色。

### 1. 从岗位工作流程出发,构建体现岗位能力的项目教学体系

　　本书突破了以学科体系为主的传统教材模式,从企业办税员岗位工作流程出发,构建了体现职业岗位能力的项目教学教材体系,能够满足"岗课赛证"综合育人的需求。全书围绕办税员岗位工作职责确定教学项目,以办税员工作任务确定教学任务,每一项教学任务的设计都做到理实一体,强化实务操作,强调任务处理的流程化。

### 2. 采用真实案例和界面,强调工作任务操作步骤和处理流程

　　本书所选用的案例资料都源于自企业办税员岗位上经常发生的真实经济业务,案例中所展示的企业办税业务界面均来自"金税三期"税收管理系统中企业端的真实操作界面。通过真实的案例、真实的界面让学生在学习中就接触、熟悉真实的业务处理,增强感性认知,为今后胜任办税员岗位的工作奠定基础。每个任务都注明操作步骤,归纳业务处理流程,学生按照操作步骤能够轻松学会岗位技能,实现所学即所用。

### 3. 增设课程思政微课堂,实现思政教育与专业教育有机融合

　　本书在每一项目中都通过一个专业拓展知识做成"课程思政微课",将专业教育与思政

教育有机融合,育人育才有机统一,落实立德树人根本任务。通过这些课程思政微课,积极引导当代学生树立正确的世界观、人生观、价值观、历史观、文化观,培养爱国精神和民族自豪感。

### 4. 配套数字化资源,实现纸质教材的立体化呈现

本书配套丰富的数字化资源,包括演示文稿、电子教案、微课视频等,其中微课视频以二维码形式在书中呈现,通过扫码可观看;演示文稿、电子教案等可通过书后所附学习卡下载,方便学生学习和教师教学。

本书由无锡城市职业技术学院王维、陆艺主编,具体分工为:项目 1 至项目 5 由王维编写,项目 6 由陆艺编写,王维负责全书的统稿工作。江苏悦通会计师事务所有限公司蒋薇倩(会计师、中国注册会计师、资产评估师、税务师)、中汇江苏税务师事务所有限公司无锡分所吴剑波(中国注册会计师、税务师、资产评估师)两位行业、企业专家为本书提供了案例材料及宝贵意见。本书配套的电子教案、微课由杨惠婷负责制作,王维负责审核。本书在编撰过程中受到"无锡城市职业技术学院重点教材"项目资助。

本书中涉及的案例企业和个人相关信息纯属虚构,如有雷同,实属巧合。

由于编者水平有限,同时教材改革也需要有一个不断探索的过程,因此书中难免存在不足之处,敬请广大教师和读者提出宝贵意见。读者意见反馈信箱:zz_dzyj@pub.hep.cn。

编者

　　企业办税业务是财经商贸类专业学生需要掌握的一门业务技能,但目前常见的教材均以税法、税务会计等理论知识为主,即使辅以一定的实训也是以纸质化的纳税申报表填写为主,缺乏企业办税业务操作步骤的讲解,与企业办税实务工作相差甚远。这导致学生理实脱节,无法实现所学即所用。基于此,结合《中等职业学校专业教学标准》,我们探索性地编写了本书。

　　本书从企业办税实务出发,以企业办税员岗位日常工作内容为导向,以组织教学任务与实训任务的实施为驱动,将企业发票管理、常见税种纳税申报的理论学习与实训相融合,实现"理实一体、教学合一",希望学生通过学习能够达到上岗就能顶岗的目标。全书包括办税业务规程、增值税发票的开具、增值税网上申报、消费税网上申报、所得税网上申报、其他税费网上申报6个项目。本课程理论教学(每一项目中的基础知识部分)以应知为主,实践教学(每一项目中的实训任务)以应会为主。

　　本书具有如下特色。

### 1. 从岗位工作流程出发,构建体现岗位能力的项目教学体系

　　本书突破了以学科体系为主的传统教材模式,从企业办税员岗位工作流程出发,构建了体现职业岗位能力的项目教学教材体系,能够满足"岗课赛证"综合育人的需求。全书围绕办税员岗位工作职责确定教学项目,以办税员工作任务确定教学任务,每一项教学任务的设计都做到理实一体,强化实务操作,强调任务处理的流程化。

### 2. 采用真实案例和界面,强调工作任务操作步骤和处理流程

　　本书所选用的案例资料都源于自企业办税员岗位上经常发生的真实经济业务,案例中所展示的企业办税业务界面均来自"金税三期"税收管理系统中企业端的真实操作界面。通过真实的案例、真实的界面让学生在学习中就接触、熟悉真实的业务处理,增强感性认知,为今后胜任办税员岗位的工作奠定基础。每个任务都注明操作步骤,归纳业务处理流程,学生按照操作步骤能够轻松学会岗位技能,实现所学即所用。

### 3. 增设课程思政微课堂,实现思政教育与专业教育有机融合

　　本书在每一项目中都通过一个专业拓展知识做成"课程思政微课",将专业教育与思政

教育有机融合,育人育才有机统一,落实立德树人根本任务。通过这些课程思政微课,积极引导当代学生树立正确的世界观、人生观、价值观、历史观、文化观,培养爱国精神和民族自豪感。

### 4. 配套数字化资源,实现纸质教材的立体化呈现

本书配套丰富的数字化资源,包括演示文稿、电子教案、微课视频等,其中微课视频以二维码形式在书中呈现,通过扫码可观看;演示文稿、电子教案等可通过书后所附学习卡下载,方便学生学习和教师教学。

本书由无锡城市职业技术学院王维、陆艺主编,具体分工为:项目 1 至项目 5 由王维编写,项目 6 由陆艺编写,王维负责全书的统稿工作。江苏悦通会计师事务所有限公司蒋薇倩(会计师、中国注册会计师、资产评估师、税务师)、中汇江苏税务师事务所有限公司无锡分所吴剑波(中国注册会计师、税务师、资产评估师)两位行业、企业专家为本书提供了案例材料及宝贵意见。本书配套的电子教案、微课由杨惠婷负责制作,王维负责审核。本书在编撰过程中受到"无锡城市职业技术学院重点教材"项目资助。

本书中涉及的案例企业和个人相关信息纯属虚构,如有雷同,实属巧合。

由于编者水平有限,同时教材改革也需要有一个不断探索的过程,因此书中难免存在不足之处,敬请广大教师和读者提出宝贵意见。读者意见反馈信箱:zz_dzyj@pub.hep.cn。

编者

# 目 录

# 项目 **1**

# 办税业务规程

### 学习目标

- 了解一照一码户登记信息确认和信息变更业务；了解发票的种类；了解一照一码户清税申报业务流程
- 能办理增值税一般纳税人登记业务；能够领用发票
- 具备诚实守信的职业道德；能依法纳税；能够进行有效的人际沟通和协作

## 基 础 知 识

### 一、一照一码户登记信息确认

#### 1. 申请条件

从事生产、经营的纳税人自领取营业执照之日起 30 日内,应办理税务登记。已实行"多证合一、一照一码"登记模式的纳税人,首次办理涉税事宜时,对税务机关依据市场监督管理等部门共享信息制作的"多证合一"登记信息确认表进行确认,对其中不全的信息进行补充,对不准确的信息进行更正。

"多证合一"登记信息确认表

#### 2. 办理材料

一照一码户登记信息确认无须提供材料。

### 3. 办理流程

一照一码户登记信息确认业务办理流程如图 1-1 所示。

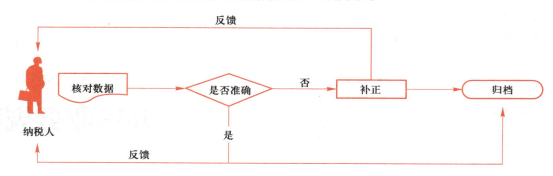

图 1-1　一照一码户登记信息确认业务办理流程

## 二、一照一码户信息变更

### 1. 申请条件

一照一码户市场监管等部门登记信息发生变更的,向市场监管等部门申报办理变更登记。税务机关接收市场监管等部门变更信息,经纳税人确认后更新系统内的对应信息。

一照一码户生产经营地、财务负责人等非市场监管等部门登记信息发生变化时,向主管税务机关申报办理变更。

### 2. 办理材料

(1) 经办人身份证件原件。

(2) 非市场监管等部门登记信息发生变化,还需提供变更信息的有关材料复印件。

### 3. 办理流程

一照一码户信息变更业务办理流程如图 1-2 所示。

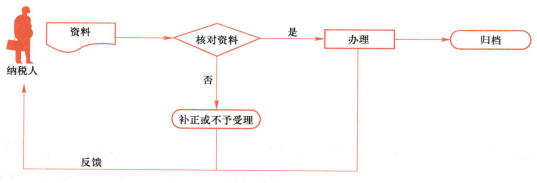

图 1-2　一照一码户信息变更业务办理流程

## 三、增值税一般纳税人登记

### 1. 申请条件

增值税纳税人年应税销售额超过财政部、国家税务总局规定的小规模纳税人标准,或虽未超过标准但会计核算健全、能够提供准确税务资料的,可登记为一般纳税人。

> 增值税小规模纳税人是指年应征增值税销售额在 500 万元及以下,且会计核算不健全,不能按规定报送有关税务资料的增值税纳税人。

### 2. 办理材料

(1) 增值税一般纳税人登记表。

(2) 经办人身份证件原件。

(3) 加载统一社会信用代码的营业执照原件。

增值税一般纳税人登记表

### 3. 办理流程

增值税一般纳税人登记业务办理流程与一照一码户信息变更流程基本相同(见图 1-2)。

## 四、发票票种核定

需要领用发票的单位和个人,在领取税务登记证件后,必须先办理发票票种核定。若需领用增值税专用发票,则还需办理增值税专用发票(增值税税控系统)最高开票限额审批。经主管税务机关审核后,根据核准的发票的种类、数量以及购票方式向主管税务机关领用发票。

微课一发票种类

### 1. 申请条件

纳税人办理税务登记后需领用发票的,向主管税务机关申请办理发票领用手续。主管税务机关根据纳税人的经营范围和规模,确认领用发票的种类、数量、开票限额等事宜。

已办理发票票种核定的纳税人,当前领用发票的种类、数量或者开票限额不能满足经营需要的,可以向主管税务机关提出调整。

### 2. 办理材料

(1) 纳税人领用发票票种核定表。

(2) 加载统一社会信用代码的营业执照原件。

(3) 经办人身份证件原件。

(4) 发票专用章印模。

纳税人领用发票票种核定表

### 3. 办理流程

发票票种核定业务办理流程与一照一码户信息变更流程基本相同(见图 1-2)。

## 五、增值税专用发票(增值税税控系统)最高开票限额审批

### 1. 申请条件

纳税人在初次申请使用增值税专用发票以及变更增值税专用发票限额时,向主管税务机关申请办理增值税专用发票(增值税税控系统)最高开票限额审批。

首次申领增值税发票的新办纳税人办理发票票种核定,增值税专用发票最高开票限额不超过 10 万元,每月最高领用数量不超过 25 份;增值税普通发票最高开票限额不超过 10 万元,每月最高领用数量不超过 50 份。各省税务机关可以在此范围内结合纳税人税收风险程度,自行确定新办纳税人首次申领增值税发票票种核定标准。

### 2. 办理材料

税务行政许
可申请表

（1）税务行政许可申请表。

（2）增值税专用发票最高开票限额申请单。

（3）经办人身份证件原件。

（4）发票专用章印模。

（5）委托代理人提出申请的,还需提供代理委托书、代理人身份证件原件。

### 3. 办理流程

增值税专用发票（增值税税控系统）最高开票限额审批业务办理流程与一照一码户信息变更流程基本相同（见图 1-2）。

## 六、发票领用

微课—
发票领用

### 1. 申请条件

纳税人在发票票种核定的范围（发票的种类、领用数量、开票限额）内领用发票。

### 2. 办理材料

（1）经办人身份证件原件。

（2）领用增值税专用发票、机动车销售统一发票、增值税普通发票和增值税电子普通发票的,还应提供金税盘（税控盘）、报税盘（通过网上领用可不携带相关设备）。

（3）领用税控收款机发票的,应提供税控收款机用户卡。

### 3. 办理流程

发票领用业务办理流程与一照一码户信息变更流程基本相同（见图 1-2）。

（1）首次领用发票。纳税人首次领用发票时,需要持经办人身份证原件、营业执照副本原件、金税盘或税控盘、发票专用章到办税服务厅办理。

（2）非首次领用发票。纳税人再次领用发票时,应按税务机关的规定报告发票使用情况,税务机关应对已开具发票进行验旧。

现已取消增值税发票（包括增值税专用发票、增值税普通发票、增值税电子普通发票、机动车销售统一发票、二手车销售统一发票）的手工验旧,税务机关利用增值税发票管理系统等系统上传的发票数据,通过信息化手段实现增值税发票验旧工作。

## 七、一照一码户清税申报

### 1. 申请条件

已实行一照一码户登记模式的纳税人向市场监督管理等部门申请办理注销登记前,须先向税务机关申报清税。清税完毕后,税务机关向纳税人出具清税证明,纳税人持清税证明到原登记机关办理注销。

### 2. 办理材料

(1)清税申报表。

(2)经办人身份证件原件。

清税申报表

(3)若为上级主管、董事会决议注销,还需提供上级主管部门批复文件或董事会决议复印件。

(4)若为境外企业在中国境内承包建筑、安装、装配、勘探工程和提供劳务的,还需提供项目完工证明、验收证明等相关文件复印件。

(5)若为已领取发票领用簿的纳税人,还需提供发票领用簿。

微课—
强化信用
管理,珍
视诚信
"金名片"

### 3. 办理流程

一照一码户清税申报业务办理流程与一照一码户信息变更流程基本相同(见图1-2)。

**知识拓展**

#### 纳税信用等级

纳税信用等级是指税务机关根据纳税人履行纳税义务情况,就纳税人在一定周期内的纳税信用所评定的级别。其目的在于更好地建设、完善社会信用体系的具体内容,加快社会信用体系的建设速度。

纳税信用的等级分为:

A级:考评分90分以上;

B级:考评分70分以上不满90分;

C级:考评分40分以上不满70分;

D级:考评分40分以下的或直接判级确定;

M级:新企业年度内无收入且考评分70分以上。

信用级别直接与税收服务管理挂钩,对于A级信用纳税人,税务机关将主动公告名单,增加专用发票用量,普通发票按需领用,企业连续三年获A级信用的,将获得绿色通道或专人协办税事。评为B级信用的纳税人,对其实行正常管理,对C级信用纳税人从严管理。若被确定为D级纳税信用,将在发票使用、出口退税审核、纳税评估等方面受到严格审核监督,违法处罚幅度将高于其他纳税人。税务机关还会将其名单通报相关部门,建议在经营、投融资、取得政府供应土地、进出口、出入境、注册新公司、工程招投标、政府采购、获得荣誉、安全许可、生产许可、从业任职资格、资质审核等方面予以限制或禁止,使诚实守信者一路绿灯,违法失信者寸步难行!

# 任务1.1  增值税一般纳税人登记

## ◉ 任务情境

2019年9月3日,无锡市众成软件有限公司(以下简称众成公司)税务会计王琳办理增值税一般纳税人登记。(注:众成公司于2019年9月2日办理完成税务登记。)

众成公司营业执照如图1-3所示。税务会计王琳身份证如图1-4所示,众成公司相关人员信息见表1-1。

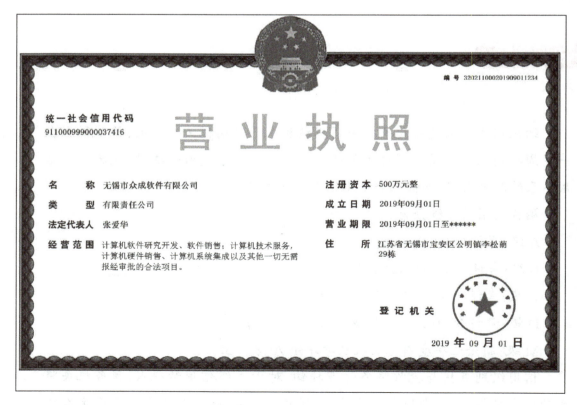

图1-3  众成公司营业执照

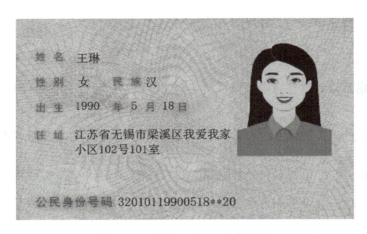

图 1-4 　税务会计王琳身份证

表 1-1

众成公司相关人员信息

| 人员 | 姓名 | 联系电话 | 身份证号码 |
| --- | --- | --- | --- |
| 法人 | 张爱华 | 1380986**32 | 32021119800728**65 |
| 财务负责人 | 周　云 | 1380986**20 | 32021119821015**21 |
| 税务会计 | 王　琳 | 1380986**93 | 32010119900518**20 |

## 业务指导

### 方法一：选择到办税服务厅办理

【步骤一】 填写增值税一般纳税人登记表（见表 1-2）。

【步骤二】 持填好的增值税一般纳税人登记表、经办人身份证件原件、加载统一社会信用代码的营业执照原件，到指定窗口办理登记。

### 方法二：选择通过电子税务局办理

【步骤一】 登录主管税务机关电子税务局，选择："我要办税"→"综合信息报告"→"资格信息报告"→"增值税纳税人类型报告"→"增值税一般纳税人登记"。

【步骤二】 填写"增值税一般纳税人资格登记"页面信息，如图 1-5 所示。

【步骤三】 填写完毕，单击"保存"按钮完成并提交申请。

表 1-2

## 增值税一般纳税人登记表

| 纳税人名称 | 无锡市众成软件有限公司 | | 社会信用代码<br>（纳税人识别号） | | 911000999000037416 | |
|---|---|---|---|---|---|---|
| 法定代表人<br>（负责人、业主） | 张爱华 | 证件名称及号码 | 32021119800728**65 | 联系电话 | 1380986**32 | |
| 财务负责人 | 周云 | 证件名称及号码 | 32021119821015**21 | 联系电话 | 1380986**20 | |
| 办税人员 | 王琳 | 证件名称及号码 | 32010119900518**20 | 联系电话 | 1380986**93 | |
| 税务登记日期 | 2019 年 9 月 2 日 | | | | | |
| 生产经营地址 | 江苏省无锡市宝安区公明镇李松蓢 29 栋 | | | | | |
| 注册地址 | 江苏省无锡市宝安区公明镇李松蓢 29 栋 | | | | | |
| 纳税人类别：企业 ☑　　非企业性单位□　　个体工商户□　　其他□ | | | | | | |
| 主营业务类别：工业 □　　商业 □　　服务业 ☑　　其他□ | | | | | | |
| 会计核算健全：是 ☑ | | | | | | |
| 一般纳税人生效之日：当月 1 日 ☑　　次月 1 日 □ | | | | | | |

纳税人（代理人）承诺：

　　会计核算健全，能够提供准确税务资料，上述各项内容真实、可靠、完整。如有虚假，愿意承担相关法律责任。

经办人：　王琳　　法定代表人：　张爱华　　代理人：　　　　（签章）

2019 年 9 月 3 日

以下由税务机关填写

| 税务机关<br>受理情况 | 受理人：　　　　受理税务机关（章）<br>　　年　　月　　日 |
|---|---|

注：本表一式二份，主管税务机关和纳税人各留存一份。

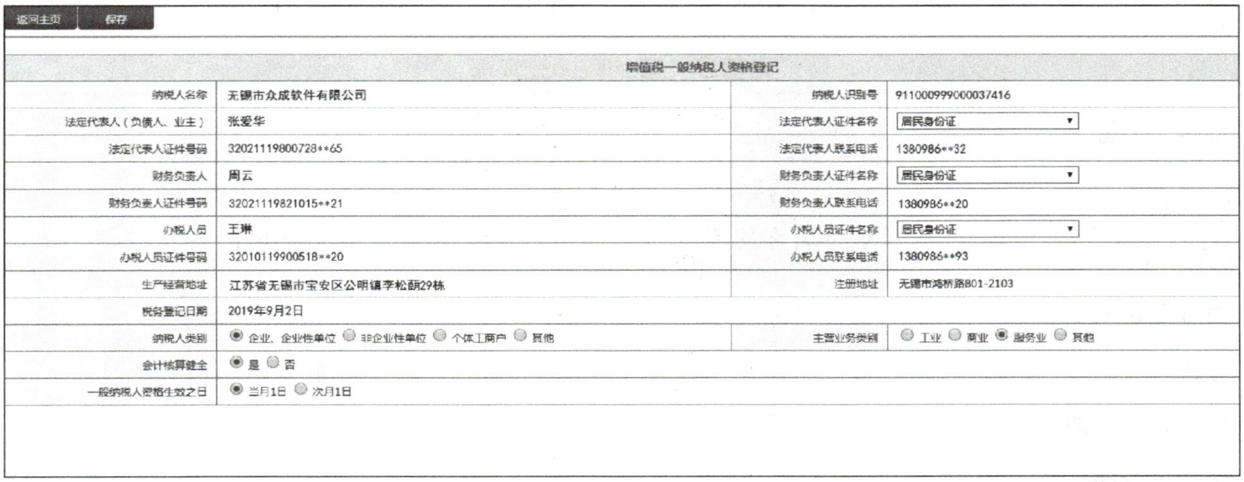

返回主页　保存

| 增值税一般纳税人资格登记 | | | |
|---|---|---|---|
| 纳税人名称 | 无锡市众成软件有限公司 | 纳税人识别号 | 911000999000037416 |
| 法定代表人（负债人、业主） | 张爱华 | 法定代表人证件名称 | 居民身份证 |
| 法定代表人证件号码 | 32021119800728**65 | 法定代表人联系电话 | 1380986**32 |
| 财务负责人 | 周云 | 财务负责人证件名称 | 居民身份证 |
| 财务负责人证件号码 | 32021119821015**21 | 财务负责人联系电话 | 1380986**20 |
| 办税人员 | 王琳 | 办税人员证件名称 | 居民身份证 |
| 办税人员证件号码 | 32010119900518**20 | 办税人员联系电话 | 1380986**93 |
| 生产经营地址 | 江苏省无锡市宝安区公明镇李松蓢29栋 | 注册地址 | 无锡市鸿桥路801-2103 |
| 税务登记日期 | 2019年9月2日 | | |
| 纳税人类别 | ◉ 企业、企业性单位 ○ 非企业性单位 ○ 个体工商户 ○ 其他 | 主营业务类别 | ○ 工业 ○ 商业 ◉ 服务业 ○ 其他 |
| 会计核算健全 | ◉ 是 ○ 否 | | |
| 一般纳税人资格生效之日 | ◉ 当月1日 ○ 次月1日 | | |

图 1–5　“增值税一般纳税人资格登记”页面

## 学习小结

增值税一般纳税人登记业务办理小结见表 1–3。

表 1–3

增值税一般纳税人登记业务办理小结

| 准备资料 | 办理方式 | 操作流程 |
|---|---|---|
| ① 增值税一般纳税人登记表<br>② 经办人身份证件原件<br>③ 加载统一社会信用代码的营业执照原件 | 办税服务厅办理 | 携带材料至办税服务厅办理 |
| | 电子税务局办理 | 路径：“我要办税”→“综合信息报告”→“资格信息报告”→“增值税纳税人类型报告”→“增值税一般纳税人登记” |

## 学习体验

2019 年 10 月 10 日，南京市成才教育有限公司（以下简称成才公司）税务会计钱云办理增值税一般纳税人登记，该公司已于 2019 年 10 月 9 日办理完成税务登记，相关资料如表 1–4 和图 1–6 所示。

表 1–4

成才教育有限公司相关人员信息

| 人员 | 姓名 | 联系电话 | 身份证号码 |
|---|---|---|---|
| 法人 | 李玉华 | 1381234**78 | 32021119800725**86 |
| 财务负责人 | 唐大伟 | 1381234**67 | 32021119821015**49 |
| 税务会计 | 钱　云 | 1381234**56 | 32010119900518**45 |

要求：填写增值税一般纳税人登记表（表 1–5），并说一说办理增值税一般纳税人登记应准备哪些材料。

表1-5

**增值税一般纳税人登记表**

| 纳税人名称 | | | 社会信用代码<br>（纳税人识别号） | | | |
|---|---|---|---|---|---|---|
| 法定代表人<br>（负责人、业主） | | 证件名称及号码 | | 联系电话 | | |
| 财务负责人 | | 证件名称及号码 | | 联系电话 | | |
| 办税人员 | | 证件名称及号码 | | 联系电话 | | |
| 税务登记日期 | | | | | | |
| 生产经营地址 | | | | | | |
| 注册地址 | | | | | | |
| 纳税人类别:企业□ 非企业性单位□ 个体工商户□ 其他□ | | | | | | |
| 主营业务类别:工业□ 商业□ 服务业□ 其他□ | | | | | | |
| 会计核算健全:是□ | | | | | | |
| 一般纳税人生效之日:当月1日□ 次月1日□ | | | | | | |
| 纳税人（代理人）承诺:<br>　　会计核算健全,能够提供准确税务资料,上述各项内容真实、可靠、完整。如有虚假,愿意承担相关法律责任。<br><br><br><br><br>经办人:　　　　法定代表人:　　　　　代理人:　　　　　　（签章）<br><br>　　　　　　　　　　　　　　　　　　　　　　　　　年　　月　　日 | | | | | | |
| 以下由税务机关填写 | | | | | | |
| 税务机关<br>受理情况 | 　<br><br><br><br><br>受理人:　　　　受理税务机关（章）<br>　　年　　月　　日 | | | | | |

注:本表一式二份,主管税务机关和纳税人各留存一份。

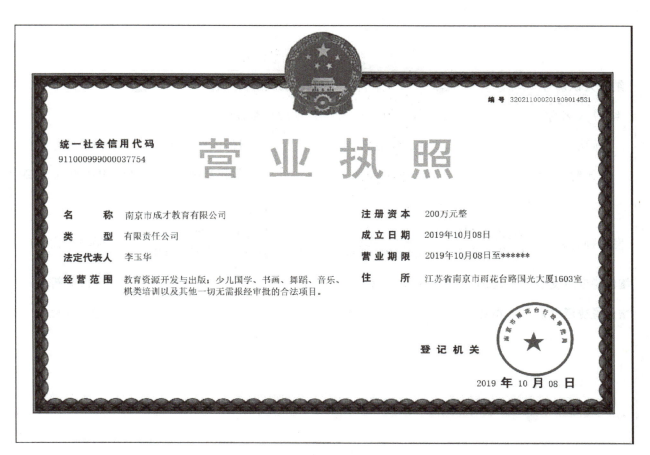

图 1-6　成才公司营业执照

# 任务 1.2　首次领用发票

## 任务情境

2019 年 9 月 5 日,众成公司办理税务登记后,税务会计王琳向主管税务机关提出发票领用申请(需领用增值税专用发票 25 份,增值税普通发票 50 份)。

## 业务指导

### 方法一:选择到办税服务厅办理

【步骤一】 填写纳税人领用发票票种核定表、增值税专用发票最高开票限额申请单和税务行政许可申请表(表 1-6~ 表 1-8)。

表 1-6

纳税人领用发票票种核定表

| 纳税人识别号 | 911000999000037416 | | | | | |
|---|---|---|---|---|---|---|
| 纳税人名称 | **无锡市众成软件有限公司** | | | | | |
| 领票人 | 联系电话 | | 身份证件类型 | | 身份证件号码 | |
| **王琳** | 1380986**93 | | **居民身份证** | | 32010119900518**20 | |
| | | | | | | |
| 发票种类名称 | 发票票种核定操作类型 | 单位（数量） | 每月最高领票数量 | 每次最高领票数量 | 持票最高数量 | 定额发票累计领票金额 | 领票方式 |
| **增值税专用发票** | **增加** | 25 | 25 | 25 | 25 | 0 | **验旧领新** |
| **增值税普通发票** | **增加** | 50 | 50 | 50 | 50 | 0 | **验旧领新** |
| | | | | | | | |
| | | | | | | | |
| | | | | | | | |
| | | | | | | | |

纳税人（签章）

经办人：王琳　　法定代表人（业主、负责人）：张爱华　　填表日期：2019 年 9 月 5 日

发票专用章印模：

注：本表一式一份，由纳税人主管税务机关留存。

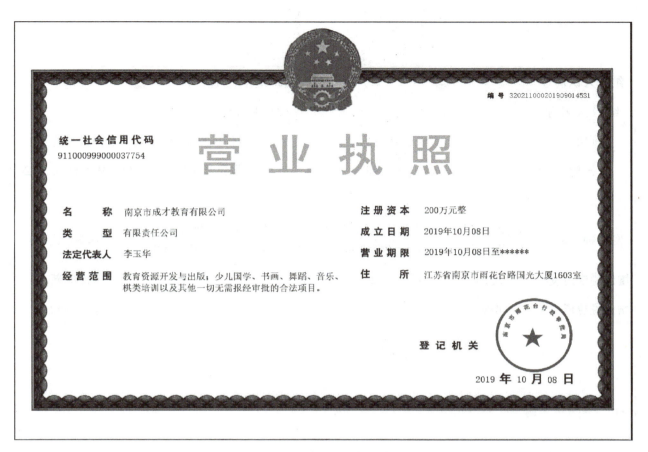

图 1-6　成才公司营业执照

# 任务 1.2　首次领用发票

## 任务情境

2019 年 9 月 5 日,众成公司办理税务登记后,税务会计王琳向主管税务机关提出发票领用申请(需领用增值税专用发票 25 份,增值税普通发票 50 份)。

## 业务指导

### 方法一:选择到办税服务厅办理

【步骤一】　填写纳税人领用发票票种核定表、增值税专用发票最高开票限额申请单和税务行政许可申请表(表 1-6~ 表 1-8)。

表 1-6

**纳税人领用发票票种核定表**

| 纳税人识别号 | 911000999000037416 | | | |
|---|---|---|---|---|
| 纳税人名称 | **无锡市众成软件有限公司** | | | |
| 领票人 | 联系电话 | | 身份证件类型 | 身份证件号码 |
| **王琳** | **1380986**93** | | **居民身份证** | **32010119900518**20** |
| | | | | |

| 发票种类名称 | 发票票种核定操作类型 | 单位（数量） | 每月最高领票数量 | 每次最高领票数量 | 持票最高数量 | 定额发票累计领票金额 | 领票方式 |
|---|---|---|---|---|---|---|---|
| **增值税专用发票** | **增加** | 25 | 25 | 25 | 25 | 0 | **验旧领新** |
| **增值税普通发票** | **增加** | 50 | 50 | 50 | 50 | 0 | **验旧领新** |
| | | | | | | | |
| | | | | | | | |
| | | | | | | | |
| | | | | | | | |

纳税人（签章）

经办人：　王 琳　　法定代表人（业主、负责人）：　张爱华　　填表日期：2019 年 9 月 5 日

发票专用章印模：

注：本表一式一份，由纳税人主管税务机关留存。

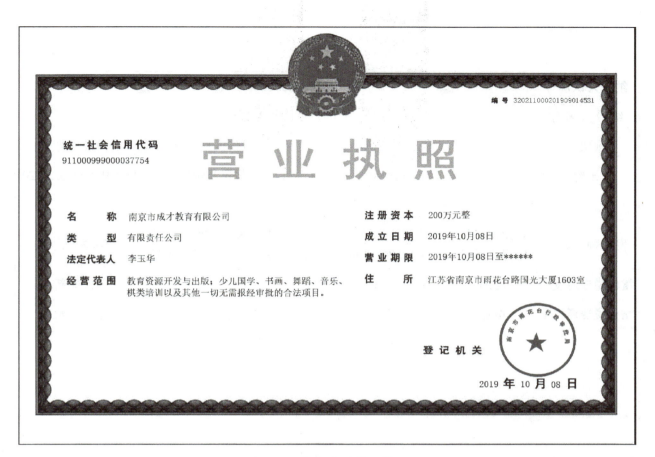

图 1-6　成才公司营业执照

# 任务 1.2　首次领用发票

## ◈· 任务情境

2019 年 9 月 5 日,众成公司办理税务登记后,税务会计王琳向主管税务机关提出发票领用申请(需领用增值税专用发票 25 份,增值税普通发票 50 份)。

## 中· 业务指导

### 方法一:选择到办税服务厅办理

【步骤一】　填写纳税人领用发票票种核定表、增值税专用发票最高开票限额申请单和税务行政许可申请表(表 1-6~ 表 1-8)。

表 1–6

**纳税人领用发票票种核定表**

| 纳税人识别号 | 911000999000037416 | | | | | |
|---|---|---|---|---|---|---|
| 纳税人名称 | **无锡市众成软件有限公司** | | | | | |
| 领票人 | 联系电话 | | 身份证件类型 | | 身份证件号码 | |
| **王琳** | 1380986**93 | | **居民身份证** | | 32010119900518**20 | |
| | | | | | | |
| 发票种类名称 | 发票票种核定操作类型 | 单位（数量） | 每月最高领票数量 | 每次最高领票数量 | 持票最高数量 | 定额发票累计领票金额 | 领票方式 |
| **增值税专用发票** | **增加** | 25 | 25 | 25 | 25 | 0 | **验旧领新** |
| **增值税普通发票** | **增加** | 50 | 50 | 50 | 50 | 0 | **验旧领新** |
| | | | | | | | |
| | | | | | | | |
| | | | | | | | |
| | | | | | | | |

纳税人（签章）

经办人： 王琳    法定代表人（业主、负责人）： 张爱华    填表日期：2019 年 9 月 5 日

发票专用章印模：

注：本表一式一份，由纳税人主管税务机关留存。

表 1-7

### 增值税专用发票最高开票限额申请单

| | | | | |
|---|---|---|---|---|
| 申请事项(由纳税人填写) | 纳税人名称 | 无锡市众成软件有限公司 | 纳税人识别号 | 911000999000037416 |
| | 地址 | 江苏省无锡市宝安区公明镇李松萌 29 栋 | 联系电话 | 0510-56688230 |
| | 购票人信息 | 王琳 | | |
| | 申请增值税专用发票(增值税税控系统)最高开票限额 | ☑初次　　　□变更　　　(请选择一个项目并在□内打"√") <br> □一亿元　　□一千万元　　□一百万元 <br> ☑十万元　　□一万元　　　□一千元 <br> (请选择一个项目并在□内打"√") | | |
| | 申请货物运输业增值税专用发票(增值税税控系统)最高开票限额 | ☑初次　　　□变更　　　(请选择一个项目并在□内打"√") <br> □一亿元　　□一千万元　　□一百万元 <br> ☑十万元　　□一万元　　　□一千元 <br> (请选择一个项目并在□内打"√") | | |
| | 申请理由: <br> 销售产品。 <br><br><br><br> 经办人(签字):　王 琳 <br> 2019 年 9 月 5 日 | | 纳税人(印章): <br> 2019 年 9 月 5 日 | |

| | 发票种类 | 批准最高开票限额 |
|---|---|---|
| 区县税务机关意见 | 增值税专用发票(增值税税控系统) | |
| | 货物运输业增值税专用发票(增值税税控系统) | |
| | 经办人(签字):　　　批准人(签字):　　　　　税务机关(印章): <br> 　年　月　日　　　　年　月　日　　　　　　年　月　日 | |

注:本申请表一式两联;第一联由申请纳税人留存;第二联由区县税务机关留存。

表 1-8

## 税务行政许可申请表

申请日期：2019 年 9 月 5 日

<table>
<tr><td rowspan="8">申请人</td><td>申请人名称</td><td colspan="3">无锡市众成软件有限公司</td></tr>
<tr><td>统一社会信用代码（纳税人识别号）</td><td colspan="3">911000999000037416</td></tr>
<tr><td>法定代表人（负责人）</td><td colspan="3">张爱华</td></tr>
<tr><td>地址及邮政编码</td><td colspan="3">江苏省无锡市宝安区公明镇李松蔚 29 栋 214000</td></tr>
<tr><td>经办人</td><td>王琳</td><td>身份证件号码</td><td>32010119900518**20</td></tr>
<tr><td>联系电话</td><td>1380986**93</td><td>联系地址</td><td>江苏省无锡市宝安区公明镇李松蔚 29 栋</td></tr>
<tr><td>委托代理人</td><td></td><td>身份证件号码</td><td></td></tr>
<tr><td>联系电话</td><td></td><td>联系地址</td><td></td></tr>
<tr><td>申请事项</td><td colspan="4">□企业印制发票审批<br>□对纳税人延期申报的核准<br>□对纳税人延期缴纳税款的核准<br>☑增值税专用发票（增值税税控系统）最高开票限额审批<br>□对纳税人变更纳税定额的核准<br>□对采取实际利润额预缴以外的其他企业所得税预缴方式的核定<br>□非居民企业选择由其主要机构场所汇总缴纳企业所得税的审批</td></tr>
<tr><td>申请材料</td><td colspan="4">除提供经办人身份证件（☑）外，应根据申请事项提供以下相应材料：<br>一、企业印制发票审批<br>□ 1. 印刷经营许可证或其他印刷品印制许可证<br>□ 2. 生产设备、生产流程及安全管理制度<br>□ 3. 生产工艺及产品检验制度<br>□ 4. 保存、运输及交付相关制度<br>二、对纳税人延期缴纳税款的核准<br>□ 1. 延期缴纳税款申请审批表<br>□ 2. 纳税人申请延期缴纳税款报告（详细说明申请延期原因，人员工资、社会保险费支出情况，连续 3 个月缴纳税款情况）<br>□ 3. 当期货币资金余额情况及所有银行存款账户的对账单<br>□ 4. 应付职工工资和社会保险费等省税务机关要求提供的支出预算<br>□ 5. 资产负债表<br>□ 6. 因不可抗力，导致纳税人发生较大损失，正常生产经营活动受到较大影响的，应报送因不可抗力的灾情报告或公安机关出具的事故证明<br>三、对纳税人延期申报的核准<br>□ 1. 延期申报申请核准表<br>□ 2. 确有困难不能正常申报的情况说明<br>四、对纳税人变更纳税定额的核准<br>□申请变更纳税定额的相关证明材料<br>五、增值税专用发票（增值税税控系统）最高开票限额审批<br>☑增值税专用发票最高开票限额申请单<br>六、对采取实际利润额预缴以外的其他企业所得税预缴方式的核定<br>□按照月度或者季度的实际利润额预缴确有困难的证明材料<br>七、非居民企业选择由其主要机构场所汇总缴纳企业所得税的审批<br>□ 1. 汇总缴纳企业所得税的机构、场所对其他机构、场所负有管理责任的证明材料<br>□ 2. 设有完整的账簿、凭证，能够准确反映各机构、场所的收入、成本、费用和盈亏情况的证明材料<br><br>委托代理人提出申请的，还应当提供代理委托书（□）、代理人身份证件（□）。</td></tr>
</table>

收件人：　　　　　　　　　　　　　　　收件日期：　年　月　日

编　号：

【步骤二】 持以下资料到办税服务厅办理业务。

（1）纳税人领用发票票种核定表。

（2）加载统一社会信用代码的营业执照原件。

（3）经办人身份证件原件。

（4）发票专用章印模。

（5）增值税专用发票最高开票限额申请单。

（6）税务行政许可申请表。

【步骤三】 购买并安装税控设备,准备好:经办人身份证原件、营业执照副本原件、金税盘或税控盘、发票专用章,到办税服务厅领用发票。

【步骤四】 将金税盘或税控盘插入专票发售自助终端(图1-7),按引导完成开户、用票信息填写等手续,打印发票领取凭条。

【步骤五】 持发票领取凭条、经办人身份证原件、营业执照副本原件和发票专用章,到指定窗口领取纸质发票。

### 方法二:选择通过电子税务局办理

【步骤一】 登录电子税务局,选择:"我要办税"→"发票使用"→"发票票种、用票量核定及调整"。

【步骤二】 进入"发票票种、用票量核定及调整"页面(图1-8)后,填写相关信息,并上传发票专用章印鉴。

图 1-7 专票发售自助终端

图 1-8 "发票票种、用票量核定及调整"页面

【步骤三】　填写完成单击"保存"按钮并提交申请。

【步骤四】　持相关材料到办税服务厅领取纸质发票,本步骤同方法一。

## 学习小结

申请领用发票业务办理小结见表 1-9。

表 1-9

### 申请领用发票业务办理小结

| 准备资料 | 办理方式 | 操作流程 |
|---|---|---|
| ① 纳税人领用发票票种核定表<br>② 加载统一社会信用代码的营业执照原件<br>③ 经办人身份证件原件<br>④ 发票专用章印模<br>⑤ 增值税专用发票最高开票限额申请单<br>⑥ 税务行政许可申请表<br>注:⑤、⑥项仅申领增值税专用发票时需提供 | 办税服务厅办理 | 携带材料至办税服务厅办理,在发票发售自助终端上完成开户、购票信息填写,打印发票领取凭条;凭发票领取凭条和相关材料到指定窗口领取纸质发票 |
| | 电子税务局办理 | 路径:"我要办税"→"发票使用"→"发票票种、用票量核定及调整" |

## 学习体验

2019 年 10 月 15 日,成才公司向主管税务机关提出领用发票申请。增值税专用发票每月最高领票数量为 25 张,最高开票限额 100000 元;增值税普通发票每月最高领票数量为 50 张,领票方式均为验旧领新。

**要求:**

根据任务 1.1 学习体验中成才公司的相关资料填写纳税人领用发票票种核定表、增值税专用发票最高开票限额申请单和税务行政许可申请表(表 1-10~ 表 1-12)。

表 1-10

**纳税人领用发票票种核定表**

| 纳税人识别号 | | | | | | | |
|---|---|---|---|---|---|---|---|
| 纳税人名称 | | | | | | | |
| 领票人 | | 联系电话 | | 身份证件类型 | | 身份证件号码 | |
| | | | | | | | |
| | | | | | | | |
| 发票种类名称 | 发票票种核定操作类型 | 单位（数量） | 每月最高领票数量 | 每次最高领票数量 | 持票最高数量 | 定额发票累计领票金额 | 领票方式 |
| | | | | | | | |
| | | | | | | | |
| | | | | | | | |
| | | | | | | | |
| | | | | | | | |

纳税人（签章）



经办人：　　　　　法定代表人（业主、负责人）：　　　　　填表日期：　　年　　月　　日

发票专用章印模：




注：本表一式一份，由纳税人主管税务机关留存。

表 1-11

### 增值税专用发票最高开票限额申请单

| 申请事项（由纳税人填写） | 纳税人名称 | | 纳税人识别号 | |
|---|---|---|---|---|
| | 地址 | | 联系电话 | |
| | 购票人信息 | | | |
| | 申请增值税专用发票（增值税税控系统）最高开票限额 | □初次　　　　　□变更<br>（请选择一个项目并在□内打"√"） | | |
| | | □一亿元　　　□一千万元　　　□一百万元<br>□十万元　　　□一万元　　　□一千元<br>（请选择一个项目并在□内打"√"） | | |
| | 申请货物运输业增值税专用发票（增值税税控系统）最高开票限额 | □初次　　　　　□变更<br>（请选择一个项目并在□内打"√"） | | |
| | | □一亿元　　　□一千万元　　　□一百万元<br>□十万元　　　□一万元　　　□一千元<br>（请选择一个项目并在□内打"√"） | | |
| | 申请理由：<br><br><br><br><br>　经办人（签字）：　　　　　　　　　　　　　纳税人（印章）：<br>　　年　月　日　　　　　　　　　　　　　　　年　月　日 | | | |
| 区县税务机关意见 | 发票种类 | 批准最高开票限额 | | |
| | 增值税专用发票（增值税税控系统） | | | |
| | 货物运输业增值税专用发票（增值税税控系统） | | | |
| | <br><br><br><br><br>经办人（签字）：　　　　批准人（签字）：　　　　税务机关（印章）：<br>　年　月　日　　　　　　年　月　日　　　　　年　月　日 | | | |

注：本申请表一式两联：第一联由申请纳税人留存；第二联由区县税务机关留存。

表 1-12

## 税务行政许可申请表

申请日期：　　年　　月　　日

<table>
<tr><td rowspan="8">申请人</td><td>申请人名称</td><td colspan="3"></td></tr>
<tr><td>统一社会信用代码<br>（纳税人识别号）</td><td colspan="3"></td></tr>
<tr><td>法定代表人<br>（负责人）</td><td colspan="3"></td></tr>
<tr><td>地址及邮政编码</td><td colspan="3"></td></tr>
<tr><td>经办人</td><td></td><td>身份证件号码</td><td></td></tr>
<tr><td>联系电话</td><td></td><td>联系地址</td><td></td></tr>
<tr><td>委托代理人</td><td></td><td>身份证件号码</td><td></td></tr>
<tr><td>联系电话</td><td></td><td>联系地址</td><td></td></tr>
<tr><td>申请事项</td><td colspan="4">□企业印制发票审批<br>□对纳税人延期申报的核准<br>□对纳税人延期缴纳税款的核准<br>□增值税专用发票（增值税税控系统）最高开票限额审批<br>□对纳税人变更纳税定额的核准<br>□对采取实际利润额预缴以外的其他企业所得税预缴方式的核定<br>□非居民企业选择由其主要机构场所汇总缴纳企业所得税的审批</td></tr>
<tr><td>申请材料</td><td colspan="4">除提供经办人身份证件（□）外，应根据申请事项提供以下相应材料：<br>**一、企业印制发票审批**<br>□ 1. 印刷经营许可证或其他印刷品印制许可证<br>□ 2. 生产设备、生产流程及安全管理制度<br>□ 3. 生产工艺及产品检验制度<br>□ 4. 保存、运输及交付相关制度<br>**二、对纳税人延期缴纳税款的核准**<br>□ 1. 延期缴纳税款申请审批表<br>□ 2. 纳税人申请延期缴纳税款报告（详细说明申请延期原因，人员工资、社会保险费支出情况，连续 3 个月<br>　　缴纳税款情况）<br>□ 3. 当期货币资金余额情况及所有银行存款账户的对账单<br>□ 4. 应付职工工资和社会保险费等省税务机关要求提供的支出预算<br>□ 5. 资产负债表<br>□ 6. 因不可抗力，导致纳税人发生较大损失，正常生产经营活动受到较大影响的，应报送因不可抗力的灾<br>　　情报告或公安机关出具的事故证明<br>**三、对纳税人延期申报的核准**<br>□ 1. 延期申报申请核准表<br>□ 2. 确有困难不能正常申报的情况说明<br>**四、对纳税人变更纳税定额的核准**<br>□申请变更纳税定额的相关证明材料<br>**五、增值税专用发票（增值税税控系统）最高开票限额审批**<br>□增值税专用发票最高开票限额申请单<br>**六、对采取实际利润额预缴以外的其他企业所得税预缴方式的核定**<br>□按照月度或者季度的实际利润额预缴确有困难的证明材料<br>**七、非居民企业选择由其主要机构场所汇总缴纳企业所得税的审批**<br>□ 1. 汇总缴纳企业所得税的机构、场所对其他机构、场所负有管理责任的证明材料<br>□ 2. 设有完整的账簿、凭证，能够准确反映各机构、场所的收入、成本、费用和盈亏情况的证明材料<br><br>**委托代理人提出申请的，还应当提供代理委托书（ □ ）、代理人身份证件（ □ ）。**</td></tr>
</table>

收件人：　　　　　　　　　　　　　　　　　　　　　　　收件日期：　　年　　月　　日

编　号：

# 任务 1.3　非首次领用发票

## ◆ 任务情境

2019 年 10 月 8 日,众成公司税务会计王琳通过电子税务局申请再次领用发票,需增值税专用发票 25 份,增值税普通发票 50 份。

## ◆ 业务指导

### 方法一:通过电子税务局领用发票

【步骤一】　发票验旧并清卡。

① 登录电子税务局,选择:"我要办税"→"发票使用"→"发票验旧"(图 1-9),进入发票验旧页面。

图 1-9　发票验旧路径

② 核对纳税人信息、发票结存信息和发票开具信息,在需要验旧的发票前进行勾选(图 1-10),单击"验旧"按钮,系统弹出提示"是否验旧所选择发票?",单击"OK",系统提示"验旧成功!"。

③ 登录税控开票软件,选择"报税处理"→"远程清卡"(图 1-11)。

【步骤二】　领用发票。

① 登录电子税务局,选择"我要办税"→"发票使用"→"发票领用"(图 1-12),进入发票领用页面。

② 单击"网上领用发票"或"网上领用增值税电子普通发票"。

| 纳税人识别号 | 911000999000037416 | | 纳税人名称 | 无锡市众成软件有限公司 | | |
| 发票经办人 | 王琳 | | 经办人联系电话 | 1380986**93 | | |

### 发票结存信息

| 发票名称 | 发票代码 | 发票起始号码 | 发票终止号码 | 发票份数 | 领用日期 |
| --- | --- | --- | --- | --- | --- |
| 增值税专用发票（中文三联无金额限制版） | 3200192130 | 12589320 | 12589344 | 25 | 2019-09-06　10:15:32 |
| 2016版增值税普通发票（二联折叠票） | 032001800204 | 16452782 | 16452831 | 50 | 2019-09-06　10:15:32 |
| 合计 | -- | -- | -- | 75 | -- |

### 发票开具信息（待验旧）

全部 ▼

| ☑ | 验旧结果 | 发票名称 | 发票代码 | 发票起始号码 | 发票终止号码 | 发票份数 | 开具金额（元） |
| --- | --- | --- | --- | --- | --- | --- | --- |
| ☑ | 正常开具 | 电脑版专用发票（三联） | 3200192130 | 12589320 | 12589344 | 25 | 98520.20 |
| ☑ | 正常开具 | 电脑版普通发票（二连） | 032001800204 | 16452782 | 16452831 | 50 | 32080.00 |
| | 合计 | | -- | -- | -- | 75 | 130600.20 |

验　旧

图 1-10　发票验旧页面

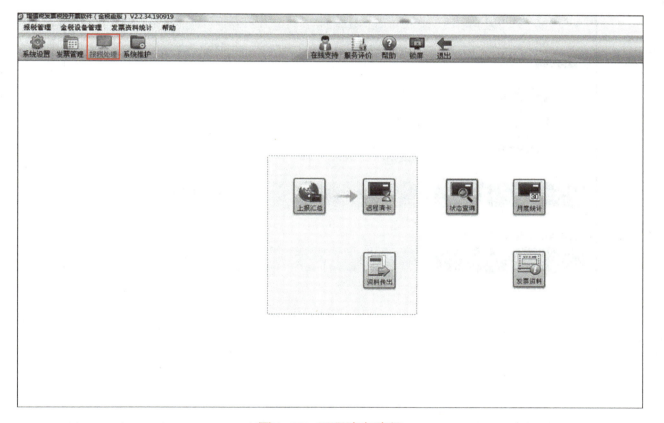

图 1-11　远程清卡路径

　　单击后若出现"您单位在开票系统中尚未清卡，暂不能使用网上发票领用功能"提示，则纳税人需要按上一步中的清卡步骤进行远程清卡。清卡完成后，再次登录电子税务局进入"发票领用"功能即可进行网上领用发票。

图 1-12 发票领用路径

需要领用纸质发票的纳税人，应选择"网上领用发票"；只需领用增值税电子普通发票的纳税人，则应选择"网上领用增值税电子普通发票"（图 1-13）。

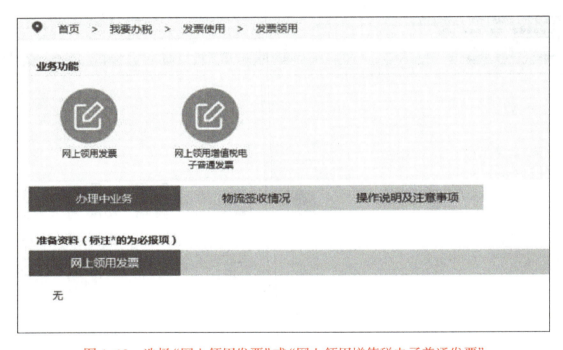

图 1-13 选择"网上领用发票"或"网上领用增值税电子普通发票"

图 1-13 下方有"办理中业务""物流签收情况""操作说明及注意事项"三个标签页。"办理中业务"可查询到已提交的发票领用业务受理情况，"物流签收情况"可查询到已通过审核的发票领用业务纸质发票的邮递情况，"操作说明及注意事项"中对网上领用发票流程和网上领用发票资格检查等进行了说明。

③ 系统弹出邮政资费提醒对话框,该费用为纸质发票邮递费用的收费标准,无异议的,则勾选"我已经详细阅读并接受《国家税务总局江苏省税务局税务专递使用协议》",然后单击"办理"(图 1-14)。

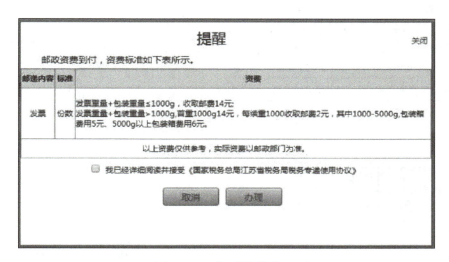

图 1-14  邮政资费提醒

④ 核对收件人信息,选择收件地址、收件人姓名及联系方式,选择需领用发票种类,并填写领用数量,单击"保存"完成(图 1-15)。

图 1-15  收件人信息、发票领用信息

⑤ 返回"发票领用"页面,可在"办理中业务"标签页中查询到领用发票的记录及其表单状态(图 1-16)。表单状态显示为"通过"后,可到"物流签收情况"标签页中查询纸质发票邮递情况。

【步骤三】 发票读入。

① 登录税控开票软件,选择"发票管理"→"发票领用管理"→"网上领票"。或在"发票管理"页面中直接选择"发票读入"(图 1-17)。

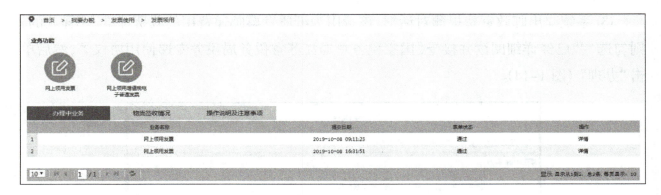

图 1-16    查看表单状态

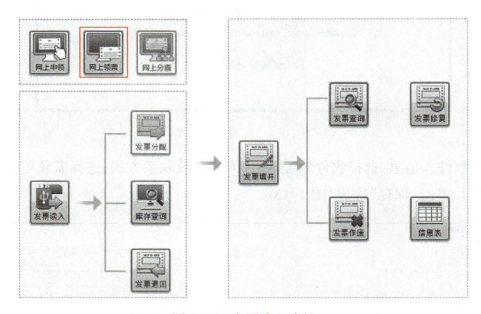

图 1-17    发票读入路径

② 进入"网上领票"页面后,选择需查询的购票日期,单击"查询",核对发票种类、发票代码、起始号码、发票张数,核对无误后勾选需领用发票,单击"发票下载"(图 1-18)。

图 1-18    "网上领票"页面

③ 对下载完毕的发票信息进行核对,如领用的是纸质发票,还需与收到的纸质发票信息进行核对,核对无误后单击"确定",完成网上领用发票业务(图1-19)。

| 从网络读入新购发票 | | | | | | x |
|---|---|---|---|---|---|---|
| 从网络新购发票完毕,发票卷信息如下: | | | | | | |
| 发票种类 | 开票限额 | 类别代码 | 类别名称 | | 起始号码 | 发票张数 |
| 增值税专用发票 | 100000.00 | 3200192130 | 江苏省增值税专用发票 | | 12589370 | 25 |
| 增值税普通发票 | 100000.00 | 032001800204 | 江苏省增值税普通发票 | | 16452802 | 50 |
| | | 确定 | | | | |

图1-19　"从网络读入新购发票"页面

### 方法二:通过税控开票软件(金税盘版)领用发票

【步骤一】　发票验旧并清卡。

① 登录税控开票软件,登录成功后可自动进行发票验旧,完成后系统提示"上报汇总已成功",单击"确认"自动完成清卡,系统提示"金税设备已经完成清卡操作!",单击"确认"完成。

② 也可在税控开票软件中手动完成发票验旧,选择"报税处理"→"上报汇总"(图1-20),系统弹出"正在进行报税"对话框(图1-21),单击"网上报税",系统提示"上报汇总已成功",单击"确认"完成。

选择"报税处理"→"远程清卡",完成清卡(图1-22)。

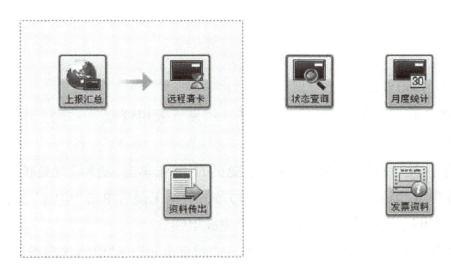

图1-20　上报汇总路径

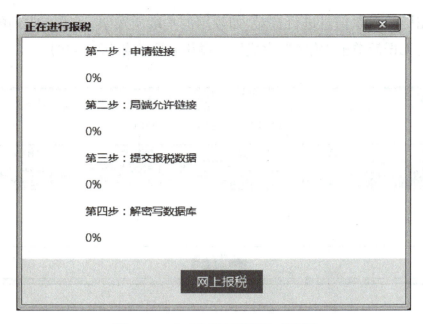

图 1-21 "正在进行报税"对话框

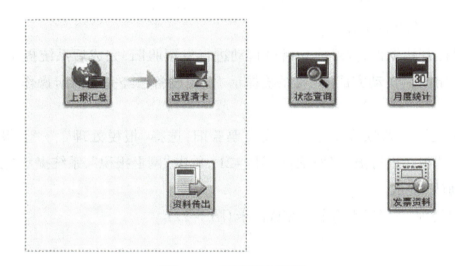

图 1-22 远程清卡路径

【步骤二】 领用发票。

① 登录税控开票软件,选择"发票管理"→"发票领用管理"→"网上申领"→"发票申领"(图 1-23)。

② 如发票种类、数量、开票限额等信息变更的,需先单击"更新"变更相关信息。然后,依次选择发票类型、填入申领数量、选择领票方式,确认无误后单击"申领"(图 1-24)。

系统弹出"申领成功"提示,点击"确认"完成申领。

③ 选择"发票管理"→"发票领用管理"→"网上申领"→"申领状态查询",可以查询发票申领状态(图 1-25)。

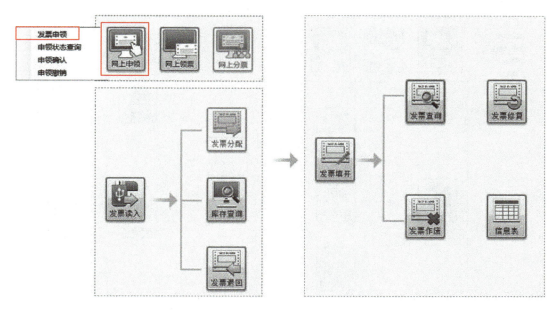

图 1-23 　发票申领路径

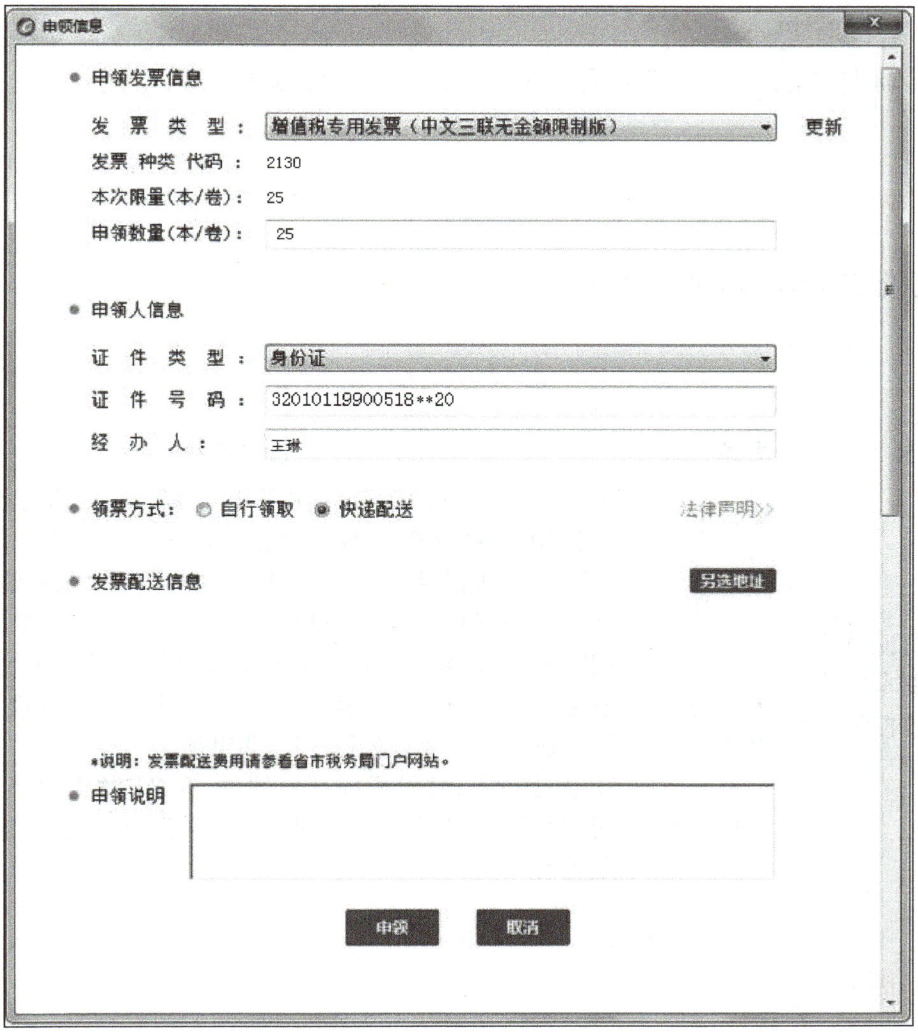

图 1-24 　"申领信息"页面

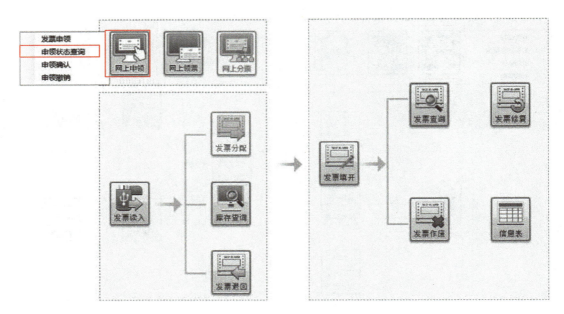

图 1-25    申领状态查询路径

**【步骤三】** 发票读入。

其操作步骤与方法一步骤三发票读入(第 23 页)一致,此处不再赘述。

## 学习小结

领用发票业务办理小结见表 1-13。

表 1-13

**领用发票业务办理小结**

| 准备资料 | 办理方式 | 操作流程 |
|---|---|---|
| ① 发票领用簿<br>② 经办人身份证原件<br>③ 营业执照副本原件<br>④ 金税盘或税控盘<br>⑤ 发票专用章 | 通过电子税务局办理 | ① 发票验旧并清卡:登录电子税务局,选择"我要办税"→"发票使用"→"发票验旧";或登录税控开票软件,选择"报税处理"→"上报汇总"→"网上报税";最后单击"远程清卡"<br>② 领用发票:登录电子税务局,选择"我要办税"→"发票使用"→"发票领用"→"网上领用发票"或"网上领用增值税电子普通发票";或登录税控开票软件,选择"发票管理"→"发票领用管理"→"网上申领"→"发票申领" |
| | 通过税控开票软件办理(金税盘版) | ③ 发票读入:登录税控开票软件,选择"发票管理"→"发票领用管理"→"网上领票";或在"发票管理"页面中直接单击"发票读入" |

## 学习体验

说一说通过电子税务局和税控开票软件(金税盘版)办理领用发票业务流程的异同。

# 项目 2

## 增值税发票的开具

### 学习目标

- 了解增值税防伪税控系统及相应的税控设备;知晓客户编码、商品编码等参数的设置流程
- 能进行客户编码和商品编码的设置;能开具、作废增值税专用发票和增值税普通发票;能开具红字增值税专用发票
- 具备较强的流程规范意识;养成严谨细致的工作作风

## 基 础 知 识

### 一、增值税防伪税控系统

增值税防伪税控系统是国家为加强增值税的征收管理,提高纳税人依法纳税的自觉性,及时发现和查处增值税偷、骗税行为而实施的国家金税工程的主要组成部分。

该系统由四个子系统构成:税务发行子系统、企业发行子系统、防伪开票子系统和认证报税子系统。其中,税务发行、企业发行和认证报税三个子系统是各级税务机关使用的。防伪开票子系统则是纳税人开具发票使用的。防伪开票子系统必须通过纳税人主管税务机关对其所持有的税控设备进行发行后才能使用。

## 二、税控设备

纳税人在完成税务登记后,需要购买税控设备。目前税控设备有两种:金税盘和税控盘,可由纳税人自主选择。

金税盘由航天信息股份有限公司研发并生产,该公司是国内最早的税控设备生产服务商。金税盘的前身是金税卡(插在主机里面使用),在 2015 年全部更换成金税盘。

税控盘是由国家信息安全工程技术研究中心研制的,目前由百望股份有限公司负责技术支持服务。

金税盘和税控盘在使用上没有太大区别,只是金税盘开具的发票票面没有机器编号,税控盘开具的发票左上角有机器编号。

## 三、防伪开票子系统基本操作流程

防伪开票子系统基本操作流程如图 2-1 所示。

纳税人安装防伪开票子系统后,插入税控设备完成注册,之后可登录系统进行系统初始化。还需对系统参数进行设置,并完成客户编码、商品编码等设置。当相关信息发生变更时,需要及时更新。

每次领用发票后,纳税人都要从税控设备读入新领用的发票(操作步骤详见项目 1)。

在日常操作中,纳税人可直接登录防伪开票子系统填开发票,以及进行发票作废处理。

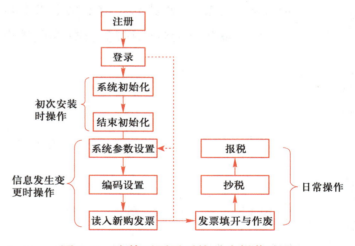

图 2-1　防伪开票子系统基本操作流程

纳税人在每月月初都需完成抄税处理,然后进行报税,报税后需要进行远程清卡(任务 1.3 方法二步骤一,第 25 页)。完成以上操作后,方可开始本月的开票业务。

## 四、客户编码和商品编码的设置

为方便发票的填开,纳税人可将常用客户的信息,常用销售商品、劳务、服务的信息录入防伪开票子系统。

## 五、发票的填开与作废

防伪开票子系统中可进行如下发票的填开与作废操作。

(1) 开具常规正数增值税专用发票。一张发票上如需填写多行货物或应税劳务、服务信息,则通过"增行"按钮添加;如需减少,则点击"减行"。

(2) 开具常规正数增值税普通发票。

(3) 开具带折扣的增值税专用发票或增值税普通发票。纳税人发生有商业折扣(折扣销售)的销售业务,可以开具带折扣的增值税专用发票或增值税普通发票。

(4) 开具带销货清单的增值税专用发票或增值税普通发票。当纳税人一张发票上填写的货物或应税劳务、服务信息超过 8 条时,则需要开具清单发票。

(5) 增值税专用发票、增值税普通发票的作废。

① 已开发票作废。纳税人在开具发票当月,发生销货退回、开票有误等情形,收到退回的发票联、抵扣联符合作废条件的,按作废处理;开具时发现有误的,可即时作废。符合作废条件,是指同时具有以下情形:收到退回的发票联、抵扣联时间未超过销售方开票当月;销售方未抄税并且未记账;购买方未认证或者认证结果为"纳税人识别号认证不符""专用发票代码、号码认证不符"。

② 未开发票作废。当纳税人尚未使用的纸质发票遗失或损毁时,或接到税务局作废未开发票通知时,可利用未开发票作废功能将开票系统中相应的电子发票进行作废处理。系统可以支持多张发票批量作废。

(6) 开具红字增值税专用发票。

① 符合下列情况的可由购买方申请开具红字增值税专用发票:

购买方已抵扣后又退回或发生销售折让需要做进项税额转出。

无法抵扣,包括:专用发票抵扣联、发票联均无法认证;专用发票认证结果为纳税人识别号认证不符;专用发票认证结果为专用发票代码、号码认证不符;所购货物不属于增值税扣税项目范围。

② 符合下列情况的可由销售方申请开具红字增值税专用发票:因开票有误购买方拒收;因开票有误的原因尚未交付。

(7) 开具红字增值税普通发票。

微课—
发票的填
开与作废

微课—
创新"金
税三期",
科技托起
中国梦

**知识拓展**

## "金税三期"工程

　　金税工程自 1994 年起,历经了一期、二期,于 2016 年 10 月在全国全面上线了平稳运行的"金税三期"工程。"金税三期"的全覆盖实施,大力推进了信息系统整合优化和升级,是税收管理和纳税服务实现网络化、信息化、智能化的风向标,标志着我国智慧税务建设在百年奋斗中应时应势地迈上新台阶。

　　作为"互联网 + 税务"的践行者,"金税三期"工程有九大亮点:第一,运用先进税收管理理念和信息技术做好总体规划;第二,统一了全国征管数据标准和口径;第三,实现了全国征管数据大集中;第四,统一国地税征管应用系统版本;第五,统一规范外部信息交换和纳税服务系统;第六,工程实行遵从风险管理;第七,加强税收管理决策;第八,支持个人税收管理;第九,强化数据质量管理。

　　"金税三期"工程是税收领域的重大科技创新工程,给税收管理带来了革命性影响,使税收工作面貌发生了根本改变。

## 任务 2.1　客户编码和商品编码设置

### 任务情境

　　2019 年 10 月 8 日,众成公司新增客户无锡市商业百货有限公司,同时新增商品一件(见表 2-1)。税务会计王琳进行客户编码和商品编码设置。

无锡市商业百货有限公司企业信息如下:

统一社会信用代码:9133010932183896R7

地址及电话:江苏省无锡市梁溪区中山路 100 号,0510-88881234

开户行及账号:中国银行无锡城中支行,88243787654902

表 2-1

新增商品信息

| 商品名称 | 规格型号 | 计量单位 | 不含税单价 / 元 |
|---|---|---|---|
| 监控摄像头 | S301 | 个 | 1000.00 |

## 业务指导

【步骤一】 设置客户编码。

① 登录税控开票软件,选择"系统设置"→"客户编码"(图 2-2)。

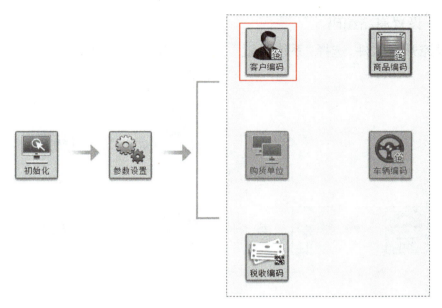

图 2-2  客户编码路径

② 在"客户编码"页面单击"增加"按钮新增客户无锡市商业百货有限公司。在弹出的"客户编码添加"窗口中录入无锡市商业百货有限公司相关信息,单击"保存"完成(图 2-3)。

| 客户编码添加 | | × |
| --- | --- | --- |

保存  取消

| 上级编码 | | *客户名称 | 无锡市商业百货有限公司 |
| --- | --- | --- | --- |
| *编码 | 001 | 客户税号 | 9133010932183896R7 |
| 简码 | WXSSYB | 邮件地址 | |

地址电话  江苏省无锡市梁溪区中山路100号,0510-88881234

银行账号  中国银行无锡城中支行,88243787654902

备注

图 2-3  "客户编码添加"窗口

③ 保存成功后系统回到"客户编码"页面,可以查看新增的客户编码信息(图2-4)。

图2-4 客户编码设置页面(保存成功后)

【步骤二】 设置商品编码。

① 登录税控开票软件,选择"系统设置"→"商品编码"(图2-5)。

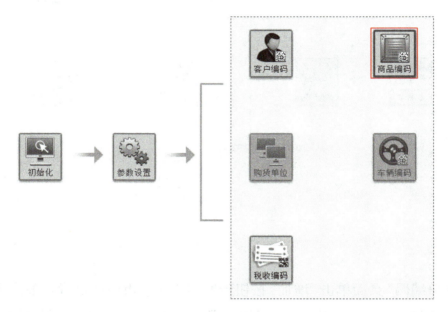

图2-5 商品编码路径

② 在"商品编码"页面单击"增加"按钮新增商品信息。在弹出的"商品编码添加"窗口中录入商品相关信息(图2-6)。

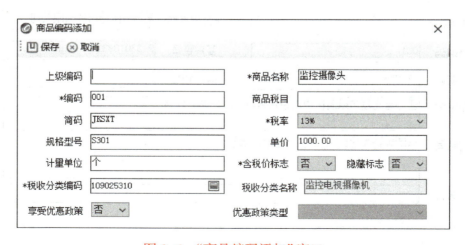

图2-6 "商品编码添加"窗口

单击"税收分类编码"右侧链接按钮，打开"分类编码选择"页面，在检索栏输入关键字，可检索相关商品信息，双击选择最符合的一条（图 2-7）。

"含税价标志"若选择"是"，则表示"单价"为含税价；若选择"否"，则表示"单价"为不含税价。

图 2-7　"分类编码选择"页面

③ 保存成功后系统回到"商品编码"页面，可以查看新增的商品编码信息（图 2-8）。

图 2-8　商品编码设置页面（保存成功后）

## 学习小结

客户编码和商品编码设置业务办理小结见表 2-2。

表 2-2

客户编码和商品编码设置业务办理小结

| 办理步骤 | 操作流程 |
| --- | --- |
| 客户编码设置 | "系统设置"→"客户编码"→"增加"→录入客户信息 |
| 商品编码设置 | "系统设置"→"商品编码"→"增加"→录入商品信息 |

## ✎ 学习体验

在实训软件中对客户编码和商品编码信息进行"修改"和"删除"操作。

# 任务 2.2　开具增值税专用发票

## ◈ 任务情境

2019 年 10 月,众成公司发生如下经济业务:

(1) 8 日,向无锡市商业百货有限公司(统一社会信用代码:9133010932183896R7;地址及电话:江苏省无锡市梁溪区中山路 100 号,0510-88881234;开户行及账号:中国银行无锡城中支行,88243787654902)销售监控摄像头、打印机各一批,货款已收存银行(销售商品信息见表 2-3),开具增值税专用发票。

表 2-3

销售商品信息表

| 产品名称 | 规格型号 | 计量单位 | 出库数量 | 不含税单价(元) | 备注 |
|---|---|---|---|---|---|
| 监控摄像头 | S301 | 个 | 8 | 1000.00 | |
| 打印机 | HP5300 | 台 | 5 | 800.00 | |

(2) 9 日,向杭州市宏图科技有限公司(统一社会信用代码:9133010932176539X5;地址及电话:浙江省杭州市滨江区江南大道 20 号,0571-81231675;开户行及账号:中国工商银行杭州滨江支行,8377658763)销售计算机硬件设备一批,货款已收存银行(销售商品信息见表 2-4),开具增值税专用发票。

表 2-4

销售商品信息表

| 产品名称 | 规格型号 | 计量单位 | 出库数量 | 不含税单价(元) | 备注 |
|---|---|---|---|---|---|
| 存储器 | 1024G | 个 | 30 | 200.00 | |
| 投影仪 | T821 | 台 | 3 | 2000.00 | 给予 5% 销售折扣 |
| 监视器 | P8010 | 台 | 2 | 3000.00 | 给予 5% 销售折扣 |

(3) 9 日,向南京市紫光科技有限公司(统一社会信用代码:903101080896467397;地址及电话:江苏省南京市鼓楼区中山路 201 号,025-88765498;开户行及账号:中国建设银行南京

鼓楼支行,8752659985)销售计算机系统集成设备一批,银行已收到货款。因商品明细超过8条,需开具带销售清单的增值税专用发票,同时在备注栏内注明"合同编号GMZG20190604"(销售商品信息见表2-5)。

表2-5

**销售商品信息表**

| 产品名称 | 规格型号 | 计量单位 | 出库数量 | 不含税单价(元) |
|---|---|---|---|---|
| 扫描枪 | SMQ502 | 把 | 3 | 500.00 |
| 监控摄像头 | S301 | 个 | 2 | 1000.00 |
| 摄像机 | SSJ3021 | 台 | 1 | 6000.00 |
| 存储器 | 1024G | 个 | 10 | 200.00 |
| 投影仪 | T821 | 台 | 2 | 2000.00 |
| 监视器 | P8010 | 台 | 2 | 3000.00 |
| 控制台 | | 台 | 1 | 9000.00 |
| 传感器 | CG201 | 个 | 10 | 700.00 |
| 扫描仪 | SM830 | 台 | 1 | 8000.00 |

## 业务指导

【步骤一】 进入"开具增值税专用发票"页面。

① 登录税控开票软件,选择"发票管理"→"发票填开"→"增值税专用发票填开"(图2-9)。

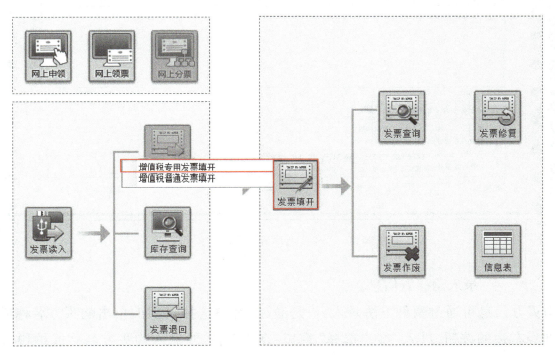

图2-9 增值税专用发票填开路径

② 系统弹出"发票号码确认"窗口,将发票种类、发票代码和发票号码与纸质发票进行核对,核对无误后单击"确认"(图 2-10),进入"开具增值税专用发票"页面(图 2-11)。

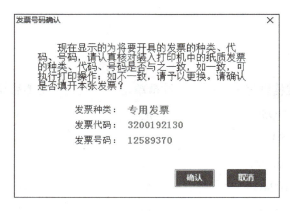

图 2-10 "发票号码确认"窗口

图 2-11 "开具增值税专用发票"页面

【步骤二】 录入购买方信息。

购买方信息可通过两种方法录入:一是通过"客户选择"添加,单击购买方名称或纳税人识别号右边的按钮,进入"客户选择"窗口,在"检索"栏输入购买方名称或纳税人识别号,双击选择正确信息,即可自动填入对应栏次(需要注意的是,通过"客户选择"添加的前提是该购买方信息在"客户编码"设置环节已录入）。二是直接录入信息，即直接在开票时手动录入客户信息。

【步骤三】　录入商品信息。

① 通过单击"增行""减行"按钮，可对商品信息进行增加或删除。

> 商品信息必须从"商品编码选择"中选择录入，即开票前必须将对应的商品信息在"商品编码"设置中录入。在"货物或应税劳务、服务名称"对应的行次中双击即可打开"商品编码选择"窗口，在"检索"栏中搜索商品名称，然后双击选择，即可将商品信息自动填入对应行次（图 2-12）。

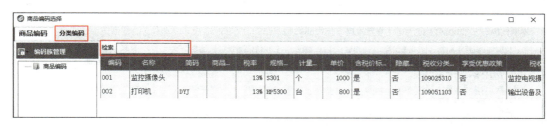

图 2-12　商品编码选择

② 根据表 2-3 至表 2-5 中的商品信息对"数量""单价"进行修改。

> 纳税人可通过"价格"按钮实现含税价和不含税价的切换。但不论纳税人选择的是含税价还是不含税价，最终保存和打印的发票上的价格均为不含税价。

③ 存在折扣的商品，可根据表 2-4 中的商品信息选择需要打折的"货物或应税劳务、服务名称"对应行次，单击"折扣"按钮打开"添加折扣行"窗口，录入折扣行数、折扣率和折扣金额（图 2-13）。

图 2-13　添加折扣行

微课—
开具带折
扣的增值
税发票

折扣行数是指从选中的"货物或应税劳务、服务名称"行次往上数需要打折的行数。

④ 商品条数超过 8 条的，需填开销售清单，单击"清单"按钮打开"销售清单填开"窗口，根据表 2–5 中的商品信息依次录入（图 2–14）。需打印销售清单的，则单击"打印"按钮。销售清单填开完成后单击"完成"，可将销售清单中的商品信息导入发票。

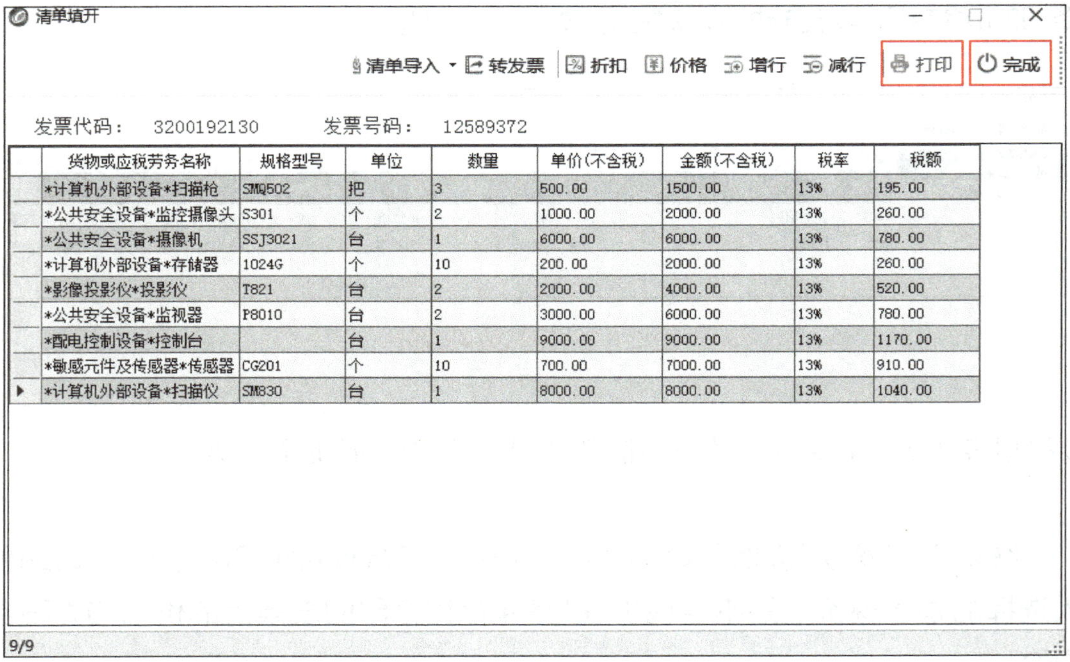


| 货物或应税劳务名称 | 规格型号 | 单位 | 数量 | 单价(不含税) | 金额(不含税) | 税率 | 税额 |
|---|---|---|---|---|---|---|---|
| *计算机外部设备*扫描枪 | SMQ502 | 把 | 3 | 500.00 | 1500.00 | 13% | 195.00 |
| *公共安全设备*监控摄像头 | S301 | 个 | 2 | 1000.00 | 2000.00 | 13% | 260.00 |
| *公共安全设备*摄像机 | SSJ3021 | 台 | 1 | 6000.00 | 6000.00 | 13% | 780.00 |
| *计算机外部设备*存储器 | 1024G | 个 | 10 | 200.00 | 2000.00 | 13% | 260.00 |
| *影像投影仪*投影仪 | T821 | 台 | 2 | 2000.00 | 4000.00 | 13% | 520.00 |
| *公共安全设备*监视器 | P8010 | 台 | 2 | 3000.00 | 6000.00 | 13% | 780.00 |
| *配电控制设备*控制台 | | 台 | 1 | 9000.00 | 9000.00 | 13% | 1170.00 |
| *敏感元件及传感器*传感器 | CG201 | 个 | 10 | 700.00 | 7000.00 | 13% | 910.00 |
| *计算机外部设备*扫描仪 | SM830 | 台 | 1 | 8000.00 | 8000.00 | 13% | 1040.00 |

图 2–14 清单填开

⑤ 需要在备注栏中填写备注信息的，在"开具增值税专用发票"页面选择"备注"栏，录入相关信息（图 2–15）。

【步骤四】 打印发票。

发票信息录入完毕后，需进行再次核对。核对无误后单击"打印"按钮，可进入打印页面。开票人调整发票打印机后，放入纸质发票即可进行打印。

需要提醒的是，一旦点击"打印"按钮，发票即自动保存，开票人无法再对发票信息进行修改。若发票中有信息错误，只能作废后重开。

图 2-15　录入备注信息

微课一
开具带销
货清单的
增值税
发票

## 学习小结

开具增值税专用发票的操作步骤如图 2-16 所示。

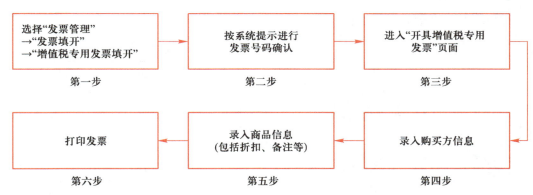

图 2-16　开具增值税专用发票操作步骤

## 学习体验

简要列出开具增值税专用发票业务中的注意事项。

# 任务 2.3 开具增值税普通发票

## 🔸 任务情境

2019 年 10 月 9 日,众成公司向无锡市红谷有限公司(统一社会信用代码:9133010932176548T3;地址及电话:江苏省无锡市梁溪区五爱路 20 号,0510-86543987;开户行及账号:中国农业银行无锡城中支行,7647654903)销售监控摄像头一批,货款已收存银行。要求开具增值税普通发票(销售商品信息见表 2-6)。

表 2-6

### 销售商品信息表

| 产品名称 | 规格型号 | 计量单位 | 出库数量 | 含税单价(元) | 备注 |
|---|---|---|---|---|---|
| 监控摄像头 | S301 | 个 | 2 | 1130.00 | |

## 🔸 业务指导

【步骤一】 进入"开具增值税普通发票"页面。

① 登录税控开票软件,选择"发票管理"→"发票填开"→"增值税普通发票填开"(图 2-17)。

② 按系统提示进行发票号码确认,确认完毕进入"开具增值税普通发票"页面(图 2-18)。

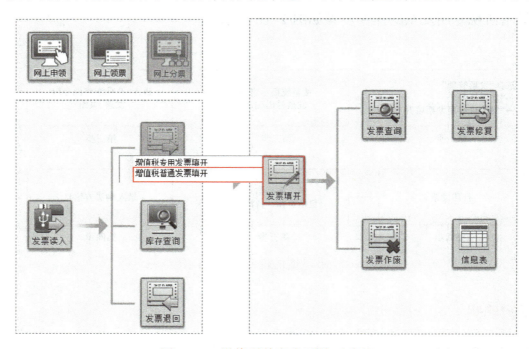

图 2-17 增值税普通发票填开路径

图 2-18 "开具增值税普通发票"页面

【步骤二】 录入购买方信息和商品信息,操作方法同任务 2.2(图 2-19)。

表 2-6 中的价格为含税价,可通过"价格"按钮切换发票价格至"含税价"。

开票员直接按含税价输入,系统自动计算税额。其计算公式为 $\dfrac{含税价}{1+增值税税率}\times$ 增值税税率

【步骤三】 单击"打印"按钮可打印发票。

### 学习小结

开具增值税普通发票的操作步骤如图 2-20 所示。

### 学习体验

查找资料,说一说哪些情况下必须填写增值税发票的备注栏。

微课—
开具增值
税普通
发票

图 2-19 录入购买方信息和商品信息

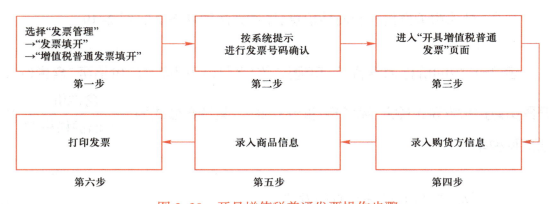

图 2-20 开具增值税普通发票操作步骤

# 任务 2.4 办理增值税专用发票的作废

## 🔖 任务情境

2019 年 10 月 9 日,众成公司当日开出的购买方为杭州市宏图科技有限公司的发票(表 2-7)相关信息有误,需要作废处理。

表 2-7

 3200192130

江苏增值税专用发票
记 账 联

No12589371    3200192130
12589371

开票日期:2019 年 10 月 09 日

| 购买方 | 名　　　称：杭州市宏图科技有限公司<br>纳税人识别号：9133010932176539X5<br>地址、电话：浙江省杭州市滨江区江南大道20号0571-81231675<br>开户行及账号：中国工商银行杭州滨江支行8377658763 | 密码区 | 11》21*&25*2/26-141\61<br>21351132132132100.-**6<br>23/111**212/-1113-11133<br>23211***/>055—11*2223 |
|---|---|---|---|

| 货物或应税劳务、服务名称 | 规格型号 | 单位 | 数量 | 单价 | 金 额 | 税率 | 税 额 |
|---|---|---|---|---|---|---|---|
| *计算机外部设备*存储器 | 1024G | 个 | 30 | 200.00 | 6000.00 | 13% | 780.00 |
| *影像投影仪*投影仪 | T821 | 台 | 3 | 2000.00 | 6000.00 | 13% | 780.00 |
| *影像投影仪*投影仪 | | | | | -300.00 | 13% | -39.00 |
| *公共安全设备*监视器 | P8010 | 台 | 2 | 3000.00 | 6000.00 | 13% | 780.00 |
| *公共安全设备*监视器 | | | | | -300.00 | 13% | -39.00 |
| 合　　计 | | | | | ¥17400.00 | | ¥2262.00 |

| 价税合计（大写） | ⊗壹万玖仟陆佰陆拾贰圆整 | （小写）¥19662.00 |
|---|---|---|

| 销售方 | 名　　　称：无锡市众成软件有限公司<br>纳税人识别号：911000999000037416<br>地址、电话：江苏省无锡市宝安区公明镇李松萌29栋0510-56688230<br>开户行及账号：中国银行无锡市城北支行88245879879789 | 备注 |  |
|---|---|---|---|

收款人：　　　复核：　　　开票人:王 琳　　　销售方:(章)

第一联：记账联 销售方记账凭证

🀄 **业务指导**

【步骤一】 登录税控开票软件,选择:"发票管理"→"发票作废"(图 2-21)。

【步骤二】 选中欲作废的发票号码,单击"作废"按钮(图 2-22)。

【步骤三】 系统弹出提示框,确认是否作废,单击"确认"按钮,弹出"作废发票成功"提示。

微课一
发票的
作废

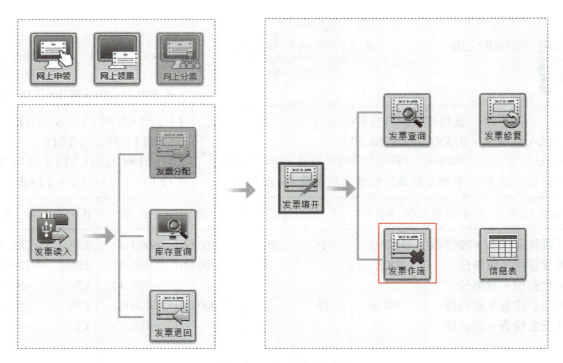

图 2-21　发票作废路径

图 2-22　"发票作废"页面

### 学习小结

增值税专用发票作废的操作步骤如图 2-23 所示。

图 2-23　增值税专用发票作废的操作步骤

### 学习体验

说一说可以作废增值税专用发票的特殊情形。

# 任务 2.5　开具红字增值税专用发票

## 🔖 任务情境

2019 年 10 月 10 日,无锡市三禾有限公司发现 9 月 25 日购买的货物有质量问题,要求退货,众成公司同意退货并已验收退库,需开具红字增值税专用发票。已开具的增值税专用发票如表 2-8 所示。

表 2-8

 3200192130

**江苏增值税专用发票**
**记 账 联**

№12589340　　3200192130
　　　　　　　　　12589340
开票日期:2019 年 09 月 25 日

| 购买方 | 名　称:无锡市三禾有限公司<br>纳税人识别号:9133010932183749T4<br>地址、电话:江苏省无锡市人民路 20 号 0510-87654321<br>开户行及账号:中国银行无锡城中支行 88243787123456 | 密码区 | 11》21*&25*2/26-141\61<br>21351132132132100.-**6<br>23/111**212/-1113-11133<br>23211***/>055—11*3214 |
|---|---|---|---|

| 货物或应税劳务、服务名称 | 规格型号 | 单 位 | 数 量 | 单 价 | 金 额 | 税率 | 税 额 |
|---|---|---|---|---|---|---|---|
| *公共安全设备*监控摄像头 | S301 | 个 | 1.00 | 1000.00 | 1000.00 | 13% | 130.00 |
| 合　计 | | | | | ￥1000.00 | | ￥130.00 |

| 价税合计(大写) | ⊗壹仟壹佰叁拾圆整 | | (小写)￥1130.00 |
|---|---|---|---|

| 销售方 | 名　称:无锡市众成软件有限公司<br>纳税人识别号:911000999000037416<br>地址、电话:江苏省无锡市宝安区公明镇李松萌 29 栋 0510-56688230<br>开户行及账号:中国银行无锡市城北支行 88245879879789 | 备注 |  |
|---|---|---|---|

收款人:　　　　　复核:　　　　　开票人:王　琳　　　　　销售方:(章)

第一联:记账联　销售方记账凭证

## 🔖 业务指导

【步骤一】　登录税控开票软件,选择:"发票管理"→"发票填开"→"增值税专用发票填开"(图 2-24)。

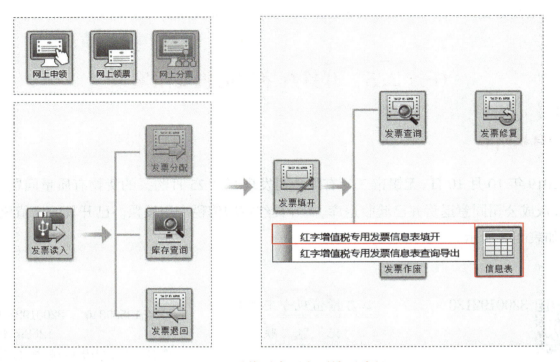

图 2-24 增值税专用发票填开路径

【步骤二】 进行发票号码确认(图 2-25)。

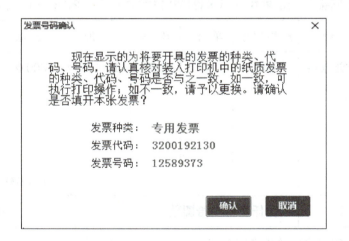

图 2-25 "发票号码确认"窗口

【步骤三】 进入"开具增值税专用发票"页面,单击"红字"按钮,选择"直接开具"。(若已取得购买方传来的红字发票信息表,也可选择"导入红字发票信息表"或"导入网络下载红字发票信息表")(图 2-26)。

【步骤四】 在"销项正数发票代码号码填写、确认"窗口录入需开具红字发票(即销项负数发票)对应的销项正数发票的发票代码和发票号码,单击"下一步"(图 2-27)。

【步骤五】 核对需开具红字发票对应的销项正数发票信息,单击"确定"(图 2-28)。

【步骤六】 系统自动生成红字发票相关信息,审核无误后可单击"打印"(图 2-29)。

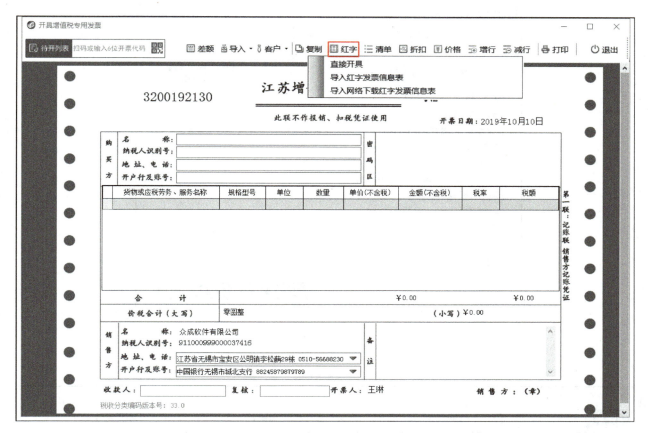

图 2-26　红字发票开具路径

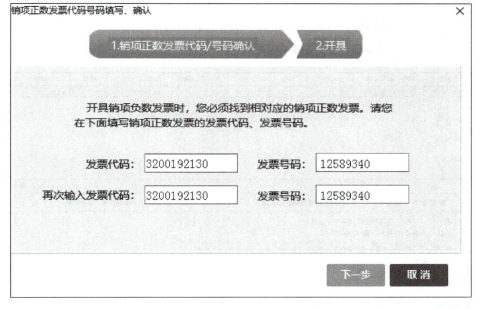

图 2-27　销项正数发票代码号码填写

图 2-28    销项正数发票信息确认

图 2-29    开具红字发票

值得注意的是,销售方开具红字增值税专用发票前,可以由购买方通过税控开票软件申请并提交红字增值税专用发票信息表,操作步骤如下:

① 购买方登录税控开票软件,选择:"发票管理"→"信息表"→"红字增值税专用发票信息表填开",打开"红字增值税专用发票信息表信息选择"窗口,选择"一、购买方申请→1.已抵扣",单击"确定"(图 2-30)。

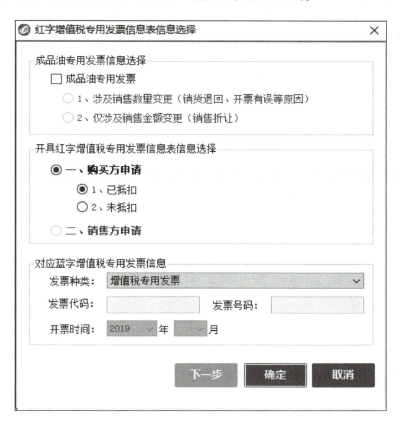

图 2-30　红字增值税专用发票信息表信息选择

② 购买方补充完整"开具红字增值税专用发票信息表"相关信息,选择需上传的红字发票信息表,单击"上传",系统提示已上传等待税务机关审核。销售方在"发票管理"→"信息表"→"红字增值税专用发票信息表查询导出"路径下查询信息表审核状态为"审核通过"后,方可开具红字专用发票。

### 学习小结

开具红字增值税专用发票的操作步骤如图 2-31 所示。

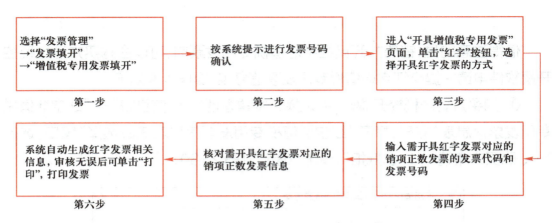

图 2-31  开具红字增值税专用发票操作步骤

## 学习体验

想一想,未抵扣的增值税专用发票,是否可以申请开具红字发票?

增值税
相关政策

項目 **3**

# 增值税网上申报

**学习目标**

- 了解增值税的纳税期限；明确增值税纳税申报所需资料和流程
- 能够进行增值税一般纳税人和增值税小规模纳税人的电子申报
- 通过我国增值税相关税制改革，体会到我国社会主义制度的优越性

## 基 础 知 识

### 一、增值税的纳税期限

增值税的纳税期限分别为 1 日、3 日、5 日、10 日、15 日、1 个月或者 1 个季度。纳税人的具体纳税期限，由主管税务机关根据纳税人应纳税额的大小分别核定；不能按照固定期限纳税的，可以按次纳税。

纳税人以 1 个月或者 1 个季度为 1 个纳税期的，自期满之日起 15 日内申报纳税；以 1 日、3 日、5 日、10 日或者 15 日为 1 个纳税期的，自期满之日起 5 日内预缴税款，于次月 1 日起 15 日内申报纳税并结清上月应纳税款。纳税人进口货物，应当自海关填发海关进口增值税专用缴款书之日起 15 日内缴纳税款。纳税期限遇最后一日是法定休假日的，以休假日期满的次日为期限的最后一日；在期限内有连续 3 日以上法定休假日的，按休假日天数顺延。

## 二、增值税一般纳税人申报

微课——
增值税
网上申报

### 1. 申请条件

增值税一般纳税人依照税收法律、法规、规章及其他有关规定,在规定的纳税期限内填报增值税纳税申报表(一般纳税人适用)、附列资料及其他相关资料,向税务机关进行纳税申报。

### 2. 申报流程

一般纳税人的申报流程分五步:发票认证、抄报税、纳税申报、缴纳税款、返写清卡。

## 三、增值税小规模纳税人申报

### 1. 申请条件

增值税小规模纳税人依照税收法律、法规、规章及其他有关规定,在规定的纳税期限内填报增值税纳税申报表(小规模纳税人适用)、附列资料和其他相关资料,向税务机关进行纳税申报。

### 2. 申报流程

小规模纳税人的申报流程分四步:抄报税、纳税申报、缴纳税款、返写清卡。

## 四、发票认证

增值税一般纳税人取得的防伪税控系统开具的增值税专用发票,需认证通过后方可抵扣进项税额。纳税人在计算应纳税额时,如果出现当期销项税额小于当期进项税额,不足抵扣的部分(即留抵税额),可以结转下期继续抵扣。

纳税人必须自增值税专用发票开具之日起 360 日内认证,否则,不予抵扣进项税额。

> 一般的认证方法有三种:
>
> 方法一:到办税服务厅的自助终端机或柜台办理认证。
>
> 方法二:通过网上认证系统进行手工认证。例如通过电子税务局等进行认证。
>
> 方法三:纳税信用等级被评为 A、B、C、M 级的增值税一般纳税人可以通过增值税发票查询平台(即勾选平台)进行认证。

## 五、抄报税

抄税是指纳税人通过开票软件将上月开票数据抄入报税盘(税控盘)或 IC 卡(金税卡)

的操作。

报税是指纳税人将存有开出的增值税发票七项信息的 IC 卡(金税卡)及相关纸质材料,读入税务机关系统中,上传到国家税务总局的增值税发票比对系统数据库中。

使用税控设备开票的增值税一般纳税人,在进行增值税申报前必须先进行抄税。在网络正常的情况下,当月首次登录开票软件,系统会自动进行上报汇总,提示"抄税成功"。

系统无法自动抄税时,也可手动抄税:在税控开票软件上选择"报税处理"→"上报汇总"(图 3-1),可弹出"正在进行报税"对话框,单击"网上报税"即可进行手动抄税操作,完成后系统提示"上报汇总已成功",单击"确认"关闭。

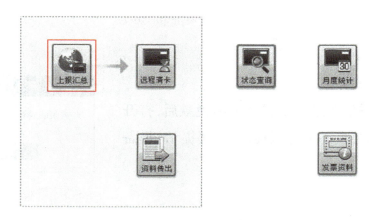

图 3-1  上报汇总路径

## 六、纳税申报及税款缴纳

纳税人可通过办税服务厅或电子税务局完成纳税申报。

通过电子税务局进行纳税申报的操作路径为:"我要办税"→"税费申报及缴纳"→"增值税及附加税费申报"→"增值税一般纳税人月度申报"或"增值税小规模纳税人月(季)申报"(图 3-2)。

完成纳税申报后,当月如有产生税款的,需缴纳相应税款。通过电子税务局进行纳税申报的,在完成申报后,系统会提示是否跳转至"税费缴纳"(图 3-3)。

## 七、返写清卡

返写监控数据是指在纳税人完成报税,且完成增值税纳税申报和清缴税款后,税务机关将监控数据返写至纳税人的报税盘或 IC 卡(金税卡)中,完成报税盘或 IC 卡(金税卡)解锁,使纳税人的税控开票系统在申报期后仍可继续开具发票。返写监控数据又称"清卡"(或

图 3-2　增值税申报路径

"清盘")。

　　纳税人在完成增值税纳税申报和清缴税款后,打开税控开票软件,系统会自动进行远程清卡,并提示"设备已完成清卡操作"。

图 3-3　跳转至"税费缴纳"提示信息

　　如果无法自动完成远程清卡操作的,也可手动进行操作:登录税控开票软件,单击"报税处理"→"远程清卡"(图 3-4),即可进行手动清卡。

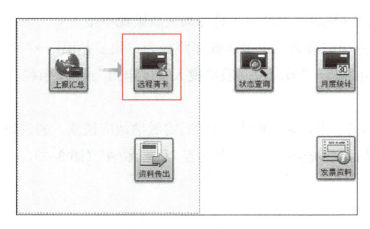

图 3-4　远程清卡路径

**知识拓展**

### 我国增值税发展历程

微课—深化税制改革,利企惠民添动能

我国最早于 1979 年选择部分城市进行增值税试点,1983 年对机器机械、农业两个行业和自行车、缝纫机、电扇三项产品全国范围试行增值税,1984 年进一步扩大征税范围,将原产品税 260 个税目中的 174 个税目纳入增值税的征税范围。1994 年 1 月《中华人民共和国增值税暂行条例》在全国范围开始实施,其征税范围为应税货物和应税劳务,增值税税制也得到进一步完善。

2004 年 7 月 1 日起东北三省开展了增值税转型改革试点,增值税一般纳税人允许抵扣固定资产及相关进项税额,并采用增量抵扣的办法。2009 年 1 月 1 日起,允许全国范围内的所有增值税一般纳税人抵扣其新购进设备所含进项税额,未抵扣完的进项税额可结转下期继续抵扣。增值税由生产型向消费型转变。

2012 年 1 月 1 日起,上海开始实施交通运输业和部分现代服务业的增值税扩围改革试点。2014 年 6 月 1 日,营改增试点覆盖到全国"3+7"个行业。2016 年 5 月 1 日起,全面推开营改增试点,至此,营业税全部改征增值税。

全面营改增后,自 2017 年开始,国家又多次对增值税税率进行调整:自 2017 年 7 月 1 日起,简并增值税税率结构,取消 13% 的增值税税率。自 2018 年 5 月 1 日起,纳税人发生增值税应税销售行为或者进口货物,原适用 17% 和 11% 税率的,税率分别调整为 16%、10%。自 2019 年 4 月 1 日起,增值税一般纳税人发生增值税应税销售行为或者进口货物,原适用 16% 税率的,税率调整为 13%;原适用 10% 税率的,税率调整为 9%。

通过增值税税制改革与增值税税率的多次简并调整,切实落实减税降费,利企惠民,为我国产业结构调整和企业发展增添动能。

## 任务 3.1　一般纳税人增值税网上申报

**任务情境**

2019 年 12 月 1 日,众成公司(增值税一般纳税人)进行上月的增值税纳税申报。

2019 年 11 月,众成公司增值税上期留抵税额为 120.50 元,11 月发生的经济业务如下:

(1) 取得的可抵扣增值税专用发票共 9 份(表 3–1)。

表 3-1

**众成公司 2019 年 11 月取得可抵扣的增值税专用发票信息表**

| 序号 | 发票代码 | 发票号码 | 开票日期 | 销售方识别号 | 销售方名称 | 金额/元 | 税额/元 |
|---|---|---|---|---|---|---|---|
| 1 | 3200192130 | 77382873 | 2019-11-02 | 9031010808893873648 | 南京华通有限公司 | 5929.20 | 770.80 |
| 2 | 3200192130 | 67382919 | 2019-11-08 | 913101283901364726 | 江苏凌动电子有限公司 | 8672.57 | 1127.43 |
| 3 | 3200192130 | 68739282 | 2019-11-14 | 913101283902839482 | 江苏正泰有限公司 | 1132.74 | 147.26 |
| 4 | 3200192130 | 67234281 | 2019-11-16 | 913301093217274839 | 江苏长达电子有限公司 | 2902.65 | 377.34 |
| 5 | 3200192130 | 77382901 | 2019-11-20 | 9031010808893873648 | 南京华通有限公司 | 1061.95 | 138.05 |
| 6 | 3200192130 | 69473835 | 2019-11-23 | 903101080893647283 | 无锡左蓝科技有限公司 | 31150.44 | 4049.56 |
| 7 | 3100193130 | 44770387 | 2019-11-25 | 913101203327765431 | 上海宏伟设备有限公司 | 2566.37 | 333.63 |
| 8 | 3200192130 | 67234320 | 2019-11-28 | 913301093217274839 | 江苏长达电子有限公司 | 10707.96 | 1392.03 |
| 9 | 3200191130 | 68490953 | 2019-11-30 | 913301093218738921 | 江苏速达运输公司 | 2245.28 | 134.72 |
| 合计 | | | | | | 66369.16 | 8470.82 |

（2）开出的增值税专用发票信息见表 3-2。

表 3-2

**众成软件有限公司 2019 年 11 月销项发票信息表**

| 序号 | 发票类别 | 发票代码 | 发票号码 | 开票日期 | 金额/元 | 税额/元 | 税率/征收率 | 货物劳务/服务名称 |
|---|---|---|---|---|---|---|---|---|
| 1 | 增值税专用发票 | 3200192130 | 12598374 | 2019-11-01 | 2831.86 | 368.14 | 0.13 | *公共安全设备*监控摄像头 |
| 2 | 增值税专用发票 | 3200192130 | 12598375 | 2019-11-03 | 5026.55 | 653.45 | 0.13 | *公共安全设备*监视器 |
| 3 | 增值税专用发票 | 3200192130 | 12598376 | 2019-11-03 | 6902.65 | 897.34 | 0.13 | *计算机外部设备*存储器 |
| 4 | 增值税普通发票 | 032001800204 | 16743829 | 2019-11-05 | 1061.95 | 138.05 | 0.13 | *影像投影仪*投影仪 |
| 5 | 增值税专用发票 | 3200192130 | 12598377 | 2019-11-10 | 1929.20 | 250.80 | 0.13 | *公共安全设备*监视器 |
| 6 | 增值税专用发票 | 3200192130 | 12598378 | 2019-11-11 | 3386.73 | 440.27 | 0.13 | *计算机外部设备*扫描枪 |
| 7 | 增值税专用发票 | 3200192130 | 12598379 | 2019-11-11 | 2690.27 | 349.74 | 0.13 | *配电控制设备*控制台 |
| 8 | 增值税专用发票 | 3200192130 | 12598380 | 2019-11-14 | 4184.07 | 543.93 | 0.13 | *敏感元件及传感器*传感器 |
| 9 | 增值税专用发票 | 3200192130 | 12598381 | 2019-11-15 | 10973.45 | 1426.55 | 0.13 | *计算机外部设备*打印机 |
| 10 | 增值税专用发票 | 3200192130 | 12598382 | 2019-11-17 | 3442.48 | 447.52 | 0.13 | *公共安全设备*监视器 |
| 11 | 增值税专用发票 | 3200192130 | 12598383 | 2019-11-18 | 4361.06 | 566.94 | 0.13 | *公共安全设备*监控摄像头 |
| 12 | 增值税专用发票 | 3200192130 | 12598384 | 2019-11-20 | 4247.79 | 552.21 | 0.13 | *公共安全设备*监控摄像头 |
| 13 | 增值税专用发票 | 3200192130 | 12598385 | 2019-11-21 | 2521.24 | 327.76 | 0.13 | *计算机外部设备*打印机 |
| 14 | 增值税专用发票 | 3200192130 | 12598386 | 2019-11-25 | 19759.29 | 2568.71 | 0.13 | *公共安全设备*监控摄像头 |
| 15 | 增值税专用发票 | 3200192130 | 12598387 | 2019-11-28 | 2521.24 | 327.76 | 0.13 | *敏感元件及传感器*传感器 |
| 16 | 增值税专用发票 | 3200192130 | 12598388 | 2019-11-29 | 8699.12 | 1130.89 | 0.13 | *计算机外部设备*打印机 |
| 合计 | | | | | 84538.95 | 10990.06 | | |

（3）18 日,将一套监控设备捐赠给无锡市城市职业学院使用,经专业评估不含税价格为 20000.00 元,未开具发票。

（4）30 日,将外购的 U 盘作为职工福利发放,该批 U 盘已于上月抵扣进项税额 260.00 元。

## 业务指导

【步骤一】　发票认证。

① 登录增值税发票综合服务平台,选择"抵扣勾选"→"发票抵扣勾选",进入"发票抵扣勾选"页面,输入需勾选认证发票的查询条件,单击"查询"。将"勾选状态"选择为"未勾选"。

> 一次勾选认证一定时间段的多张发票的,也可输入"开票日期"进行查询。

系统自动筛选出需勾选的发票,将其与需勾选认证的发票信息进行核对,逐一进行勾选,勾选完毕单击"提交"（图 3-5）。

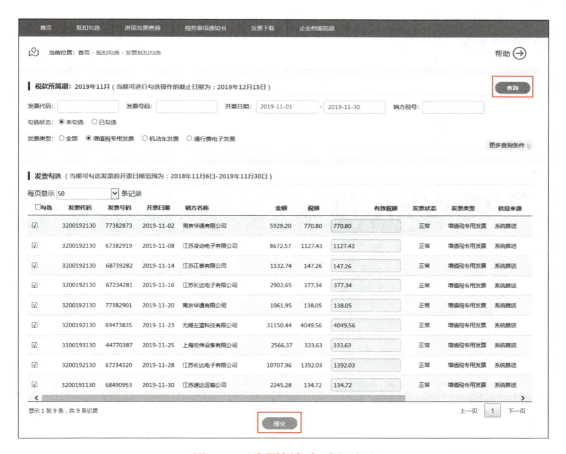

图 3-5　"发票抵扣勾选"页面

② 系统弹出"勾选认证信息"窗口(图 3-6),对勾选份数、金额合计、税额合计、有效税额合计一一进行核对,确认无误后单击"确定"。系统提示"数据提交成功"。

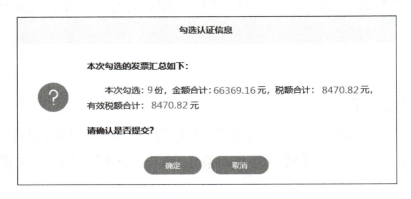

图 3-6　勾选认证信息确认页面

③ 选择"抵扣勾选"→"抵扣勾选统计",进入"抵扣勾选统计"页面,单击"申请统计",系统提示"是否确定申请生成统计报表",单击"确定"。系统自动完成申请统计,当进度条的绿色显示至第 2 步"统计完成"时,单击"确认签名"(图 3-7)。系统弹出提示"是否确认,确认后当前统计报表将作为申报的依据",单击"确定"输入证书密码,系统提示"确认成功"。

图 3-7　确认签名

当绿色进度条显示至第 3 步"确认签名"时,表示发票认证完成(图 3-8)。

图 3-8 认证完成

【步骤二】 抄报税。

登录税控开票软件,选择"报税处理"→"上报汇总"(图 3-9),弹出"正在进行报税"对话框(图 3-10),单击"网上报税",完成后系统提示"上报汇总已成功",单击"确认"完成。

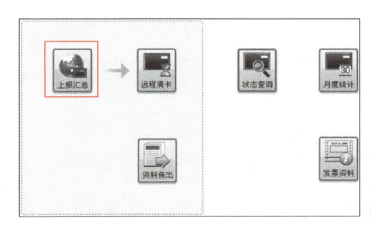

图 3-9 上报汇总路径

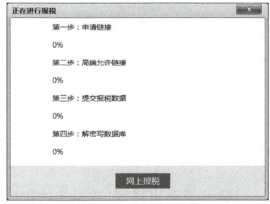

图 3-10 上报汇总进度

【步骤三】 纳税申报初始化。

① 登录电子税务局,选择"我要办税"→"税费申报及缴纳"→"增值税一般纳税人月度申报",进入"增值税一般纳税人月度申报"页面(图 3-11),核对"税款所属期",单击"进入申报"打开"纳税申报"页面。

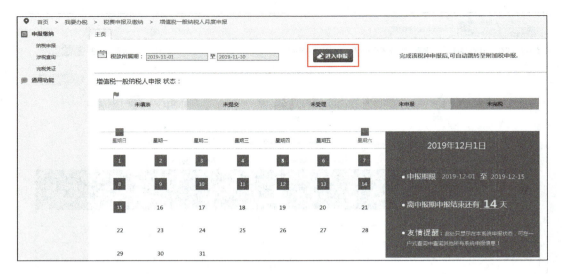

图 3-11　"增值税一般纳税人月度申报"页面

② 进入"纳税申报"页面后,可以查看本企业需填写的纳税申报表主表及其附表。在填写各表之前,需先单击"数据初始化",进行数据初始化(图 3-12)。

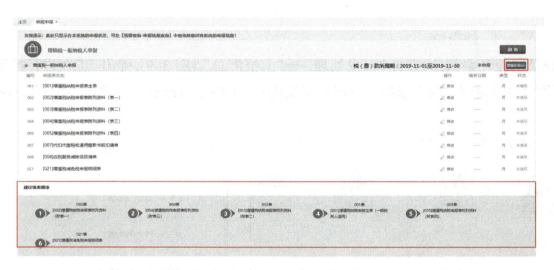

图 3-12　"增值税一般纳税人月度申报纳税申报"页面(未填写)

③ 系统弹出提示"数据初始化操作将会清除您已经填写的表单数据,请确认是否继续?",单击"是",继续初始化。

④ 系统弹出提示"进项发票必须签名确认后方可进行申报,否则将导致申报失败,是否继续?",在确认所有进项发票都已签名确认后单击"是",继续初始化。

⑤ 系统弹出提示"请先抄报税后申报,若未完成抄报税,先行申报税控盘将会锁死,需至税务机关清卡,否则无法开具发票,是否继续?",在确认已完成抄报税后,单击"是",继续初始化。

⑥ 系统弹出提示"初始化成功!",单击"确定",完成数据初始化。

【步骤四】 填写纳税申报表。

① 完成数据初始化后,可参考图 3-12 下方的"建议填表顺序"填写纳税申请表及其附表。

> 一般先填写附表,再填写主表、代扣代缴税收通用缴款书抵扣清单、应税服务减除项目清单、增值税减免税申报明细表等。若为电力、航空运输、邮政等行业的纳税人,则需先填写相应表单后再按上述顺序填写各申报表。

② 单击"[002]增值税纳税申报表附列资料(表一)",打开"本期销售情况明细表"窗口(图 3-13)。单击"销项发票区",打开"销项发票数据区"窗口,可查看抄报税上传的发票数据(图 3-14),单击"发票明细",打开"销项发票明细信息"窗口。

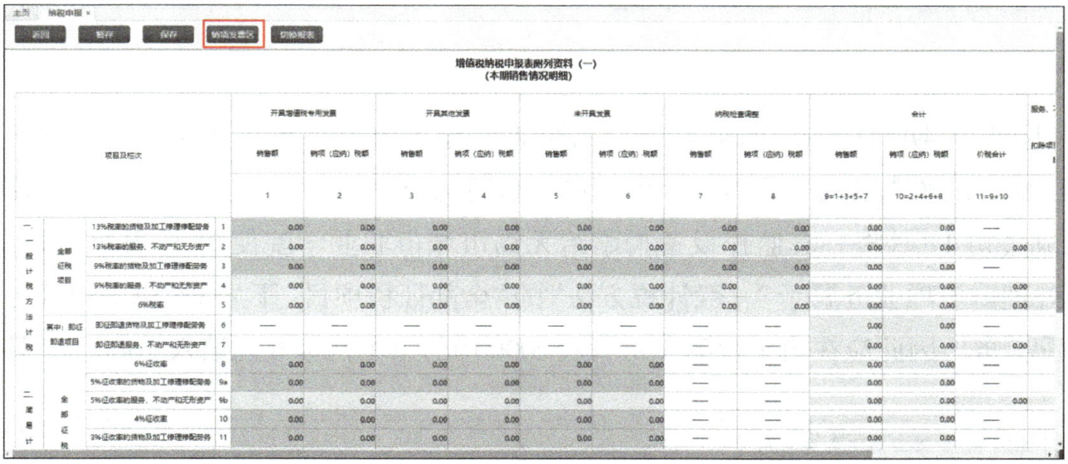

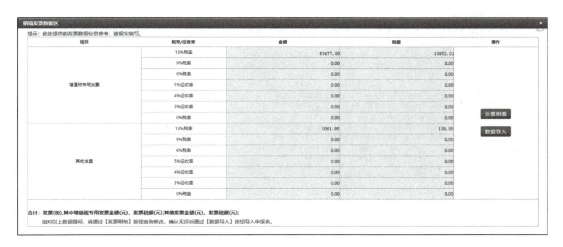

图 3-13 "增值税纳税申报表附列资料(一)(本期销售情况明细)"窗口(未填写)

图 3-14 "销项发票数据区"窗口

③ 在“销项发票明细信息”窗口，将发票明细信息与企业开票信息进行核对，并可根据业务对“征收项目”“计税方式”“即征即退”选项进行修改（图 3–15）。销项发票明细信息确认无误后，关闭该窗口，回到“销项发票数据区”窗口，单击“数据导入”，系统弹出提示“导入成功”。

销项发票明细信息

发票代码： 发票号码： 发票类别： 专用发票 税率： 0%税率 查询

| | 发票类别 | 发票代码 | 发票号码 | 开票日期 | 金额(元) | 税额(元) | 税率/征收率 | 货物劳务/服务名称 | 征收项目 | 计税方式 | 即征即退 |
|---|---|---|---|---|---|---|---|---|---|---|---|
| 1 | 增值税专用发票 | 3200192130 | 12598374 | 2019-11-01 | 2831.86 | 368.14 | 0.13 | *公共安全设备*监控摄像头 | 应税货物 | 一般计税 | 否 |
| 2 | 增值税专用发票 | 3200192130 | 12598375 | 2019-11-03 | 5026.55 | 653.45 | 0.13 | *公共安全设备*监视器 | 应税货物 | 一般计税 | 否 |
| 3 | 增值税专用发票 | 3200192130 | 12598376 | 2019-11-03 | 6902.65 | 897.34 | 0.13 | *计算机外部设备*存储器 | 应税货物 | 一般计税 | 否 |
| 4 | 增值税普通发票 | 032001800204 | 16743829 | 2019-11-05 | 1061.95 | 138.05 | 0.13 | *影像投影仪*投影仪 | 应税货物 | 一般计税 | 否 |
| 5 | 增值税专用发票 | 3200192130 | 12598377 | 2019-11-10 | 1929.20 | 250.80 | 0.13 | *公共安全设备*监视器 | 应税货物 | 一般计税 | 否 |
| 6 | 增值税专用发票 | 3200192130 | 12598378 | 2019-11-11 | 3386.73 | 440.27 | 0.13 | *计算机外部设备*扫描枪 | 应税货物 | 一般计税 | 否 |
| 7 | 增值税专用发票 | 3200192130 | 12598379 | 2019-11-11 | 2690.27 | 349.74 | 0.13 | *配电控制设备*控制台 | 应税货物 | 一般计税 | 否 |
| 8 | 增值税专用发票 | 3200192130 | 12598380 | 2019-11-14 | 4184.07 | 543.93 | 0.13 | *敏感元件及传感器*传感器 | 应税货物 | 一般计税 | 否 |
| 9 | 增值税专用发票 | 3200192130 | 12598381 | 2019-11-15 | 10973.45 | 1426.55 | 0.13 | *计算机外部设备*打印机 | 应税货物 | 一般计税 | 否 |
| 10 | 增值税专用发票 | 3200192130 | 12598382 | 2019-11-17 | 3442.48 | 447.52 | 0.13 | *公共安全设备*监视器 | 应税货物 | 一般计税 | 否 |
| 11 | 增值税专用发票 | 3200192130 | 12598383 | 2019-11-18 | 4361.06 | 566.94 | 0.13 | *公共安全设备*监控摄像头 | 应税货物 | 一般计税 | 否 |
| 12 | 增值税专用发票 | 3200192130 | 12598384 | 2019-11-20 | 4247.79 | 552.21 | 0.13 | *公共安全设备*监控摄像头 | 应税货物 | 一般计税 | 否 |
| 13 | 增值税专用发票 | 3200192130 | 12598385 | 2019-11-21 | 2521.24 | 327.76 | 0.13 | *计算机外部设备*打印机 | 应税货物 | 一般计税 | 否 |
| 14 | 增值税专用发票 | 3200192130 | 12598386 | 2019-11-25 | 19759.29 | 2568.71 | 0.13 | *公共安全设备*监控摄像头 | 应税货物 | 一般计税 | 否 |
| 15 | 增值税专用发票 | 3200192130 | 12598387 | 2019-11-28 | 2521.24 | 327.76 | 0.13 | *敏感元件及传感器*传感器 | 应税货物 | 一般计税 | 否 |
| 16 | 增值税专用发票 | 3200192130 | 12598388 | 2019-11-29 | 8699.12 | 1130.89 | 0.13 | *计算机外部设备*打印机 | 应税货物 | 一般计税 | 否 |

30 第 1 共1页 显示1到16，共16记录

图 3–15 “销项发票明细信息”窗口

④ 返回“本期销售情况明细表”窗口，可查看导入的企业已开具的发票销售额及销项（应纳）税额。纳税人若有未开具发票的视同销售行为，还应在“未开具发票”对应栏次填写。

众成公司 11 月将一套监控设备捐赠给无锡市城市职业学院使用，未开具发票，应做视同销售处理。该项业务属于“一般计税方法”的“全部征税项目”下“13% 税率的货物及加工修理修配劳务”，因此应在第 1 行第 5 列填入 20000 元，第 1 行第 6 列填入 2600 元（图 3–16）。

主页 纳税申报

返回 暂存 保存 销项发票 切换报表

增值税纳税申报表附列资料（一）
（本期销售情况明细）

| 项目及栏次 | | 开具增值税专用发票 | | 开具其他发票 | | 未开具发票 | | 纳税检查调整 | | 合计 | | | 服务、不动产和无形资产 | 扣除后 | |
|---|---|---|---|---|---|---|---|---|---|---|---|---|---|---|---|
| | | 销售额 | 销项（应纳）税额 | 销售额 | 销项（应纳）税额 | 销售额 | 销项（应纳）税额 | 销售额 | 销项（应纳）税额 | 销售额 | 销项（应纳）税额 | 价税合计 | 扣除项目本期实际扣除金额 | 含税（免税）销售额 | 销项（应纳）税额 |
| | | 1 | 2 | 3 | 4 | 5 | 6 | 7 | 8 | 9=1+3+5+7 | 10=2+4+6+8 | 11=9+10 | 12 | 13=11-12 | 14=13÷（100%+税率或征收率）×税率或征收率 |
| 一、一般计税方法计税 全部征税项目 13%税率的货物及加工修理修配劳务 | 1 | 83477.00 | 10852.01 | 1061.95 | 138.05 | 20000.00 | 2600.00 | 0.00 | 0.00 | 104538.95 | 13590.06 | — | — | — | — |
| 13%税率的服务、不动产和无形资产 | 2 | 0.00 | 0.00 | 0.00 | 0.00 | 0.00 | 0.00 | 0.00 | 0.00 | 0.00 | 0.00 | 0.00 | 0.00 | 0.00 | 0.00 |
| 9%税率的货物及加工修理修配劳务 | 3 | 0.00 | 0.00 | 0.00 | 0.00 | 0.00 | 0.00 | 0.00 | 0.00 | 0.00 | 0.00 | — | — | — | — |
| 9%税率的服务、不动产和无形资产 | 4 | 0.00 | 0.00 | 0.00 | 0.00 | 0.00 | 0.00 | 0.00 | 0.00 | 0.00 | 0.00 | 0.00 | 0.00 | 0.00 | 0.00 |
| 6%税率 | 5 | 0.00 | 0.00 | 0.00 | 0.00 | 0.00 | 0.00 | 0.00 | 0.00 | 0.00 | 0.00 | 0.00 | 0.00 | 0.00 | 0.00 |
| 其中：即征即退项目 即征即退货物及加工修理修配劳务 | 6 | — | — | — | — | — | — | — | — | 0.00 | 0.00 | — | — | — | — |
| 即征即退服务、不动产和无形资产 | 7 | — | — | — | — | — | — | — | — | 0.00 | 0.00 | 0.00 | 0.00 | 0.00 | 0.00 |
| 二、简易计税方法计税 全部征税项目 6%征收率 | 8 | 0.00 | 0.00 | 0.00 | 0.00 | 0.00 | 0.00 | — | — | 0.00 | 0.00 | — | — | — | — |
| 5%征收率的货物及加工修理修配劳务 | 9a | 0.00 | 0.00 | 0.00 | 0.00 | 0.00 | 0.00 | — | — | 0.00 | 0.00 | — | — | — | — |
| 5%征收率的服务、不动产和无形资产 | 9b | 0.00 | 0.00 | 0.00 | 0.00 | 0.00 | 0.00 | — | — | 0.00 | 0.00 | 0.00 | 0.00 | 0.00 | 0.00 |
| 4%征收率 | 10 | 0.00 | 0.00 | 0.00 | 0.00 | 0.00 | 0.00 | — | — | 0.00 | 0.00 | — | — | — | — |
| 3%征收率的货物及加工修理修配劳务 | 11 | 0.00 | 0.00 | 0.00 | 0.00 | 0.00 | 0.00 | — | — | 0.00 | 0.00 | — | — | — | — |
| 3%征收率的服务、不动产和无形资产 | 12 | 0.00 | 0.00 | 0.00 | 0.00 | 0.00 | 0.00 | — | — | 0.00 | 0.00 | 0.00 | 0.00 | 0.00 | 0.00 |
| 预征率 % | 13a | 0.00 | 0.00 | 0.00 | 0.00 | 0.00 | 0.00 | — | — | 0.00 | 0.00 | 0.00 | 0.00 | 0.00 | 0.00 |
| 预征率% | 13b | 0.00 | 0.00 | 0.00 | 0.00 | 0.00 | 0.00 | — | — | 0.00 | 0.00 | 0.00 | 0.00 | 0.00 | 0.00 |
| 预征率% | 13c | 0.00 | 0.00 | 0.00 | 0.00 | 0.00 | 0.00 | — | — | 0.00 | 0.00 | 0.00 | 0.00 | 0.00 | 0.00 |
| 其中：即征即退项目 即征即退货物及加工修理修配劳务 | 14 | — | — | — | — | — | — | — | — | 0.00 | 0.00 | — | — | — | — |
| 即征即退服务、不动产和无形资产 | 15 | — | — | — | — | — | — | — | — | 0.00 | 0.00 | 0.00 | 0.00 | 0.00 | 0.00 |
| 三、免抵退税 货物及加工修理修配劳务 | 16 | — | — | 0.00 | — | 0.00 | — | — | — | 0.00 | — | — | — | — | — |
| 服务、不动产和无形资产 | 17 | — | — | 0.00 | — | 0.00 | — | — | — | 0.00 | — | 0.00 | 0.00 | 0.00 | — |
| 四、免税 货物及加工修理修配劳务 | 18 | 0.00 | 0.00 | 0.00 | — | 0.00 | — | — | — | 0.00 | — | — | — | — | — |
| 服务、不动产和无形资产 | 19 | — | — | 0.00 | — | 0.00 | — | — | — | 0.00 | — | 0.00 | 0.00 | 0.00 | — |

图 3–16 “增值税纳税申报表附列资料（一）（本期销售情况明细）”窗口（已填写）

在所有项目填写完成后,单击"保存"完成。

⑤ 单击"切换报表"按钮选择下一张需填写的报表,根据图 3–12 的建议填表顺序,选择"〔004〕增值税纳税申报表附列资料(三)"。

⑥ 打开"增值税纳税申报表附列资料(三)(服务、不动产和无形资产扣除项目明细)"窗口(图 3–17)。若纳税人有服务、不动产和无形资产扣除项目应在该表中填写,填写完成后单击"保存";若无需填写的项目,则直接单击"保存"完成。

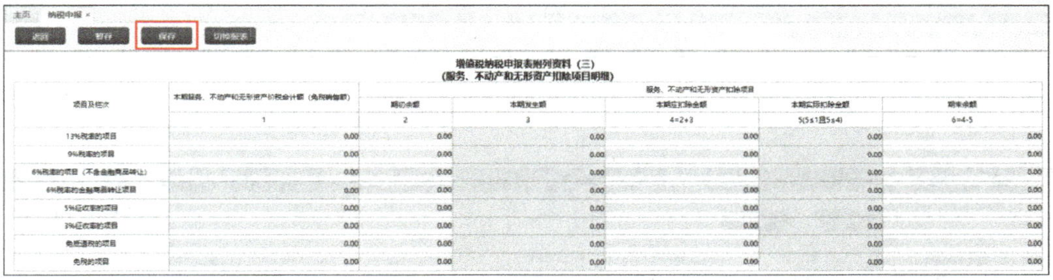

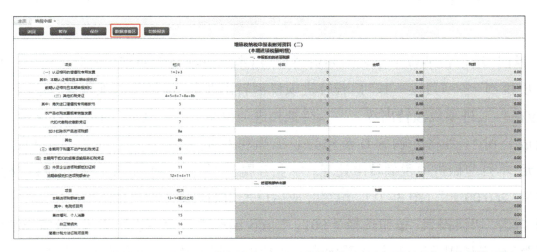

图 3–17　"增值税纳税申报表附列资料(三)(服务、不动产和无形资产扣除项目明细)"窗口

⑦ 单击"切换报表"按钮选择"〔003〕增值税纳税申报表附列资料(二)",打开"增值税纳税申报表附列资料(二)(本期进项税额明细)"窗口,单击"数据准备区"(图 3–18)。

图 3–18　"增值税纳税申报表附列资料(二)(本期进项税额明细)"窗口(未填写)

⑧ "数据准备区"窗口可以看到纳税人本月认证抵扣的增值税专用发票、货物运输专用发票等各类抵扣凭证的"合计份数""合计金额""合计税额",应将其与勾选认证抵扣数据进行核对。单击"查看明细"按钮,可查询本月勾选认证抵扣的明细信息。核对无误返回"数据准备区"窗口,单击"导入"按钮完成某一项目的导入。有多种抵扣凭证的,也可单击"全部导入"按钮一次完成导入(图 3–19)。

导入完成后的明细信息见图 3–20。

图 3-19　"数据准备区"窗口

图 3-20　本月进项税额明细信息

⑨ 返回"增值税纳税申报表附列资料（二）（本期进项税额明细）"窗口。对"一、申报抵扣的进项税额"各项目逐一核对，若有进项税额转出业务、待抵扣进项税额、代扣代缴税额等，则应在"二、进项税额转出额""三、待抵扣进项税额""四、其他"对应项目填写。

众成公司 11 月将外购的 U 盘作为职工福利发放，该批 U 盘已于上月抵扣进项税额 260.00 元，本月应做进项税额转出处理。本业务属于"集体福利、个人消费"，应在"栏次 15"填写税额"260.00 元"（图 3-21）。填写完成后单击"保存"。

⑩ 单击"切换报表"按钮选择"［001］增值税纳税申报表主表"，进入"增值税纳税申报表（一般纳税人适用）"窗口，核对系统自动生成的各附表数据，如有需补充填写的本月数项目应补充填写。

众成公司 11 月初有上期留抵税额 120.50 元，应在"栏次 13"的"一般项目""本月数"中填写（图 3-22），单击"保存"完成。

⑪ 单击"切换报表"按钮选择"［005］增值税纳税申报表附列资料（四）"，进入"增值税纳税申报表附列资料（四）（税额抵减情况表）"窗口（图 3-23）。如企业有增值税税控系统专业设备费及技术维护费、分支机构预征缴纳税款等符合税额递减优惠政策的业务，或者有符合加计递减优惠政策的业务，应在相应栏次填写对应的金额；填写完成后单击"保存"；若无

主页　纳税申报 ×

返回　暂存　保存　数据准备区　切换报表

## 增值税纳税申报表附列资料（二）
### （本期进项税额明细）

#### 一、申报抵扣的进项税额

| 项目 | 栏次 | 份数 | 金额 | 税额 |
|---|---|---|---|---|
| （一）认证相符的增值税专用发票 | 1=2+3 | 9 | 66369.16 | 8470.82 |
| 其中：本期认证相符且本期申报抵扣 | 2 | 9 | 66369.16 | 8470.82 |
| 前期认证相符且本期申报抵扣 | 3 | 0 | 0.00 | 0.00 |
| （二）其他扣税凭证 | 4=5+6+7+8a+8b | 0 | 0.00 | 0.00 |
| 其中：海关进口增值税专用缴款书 | 5 | 0 | 0.00 | 0.00 |
| 农产品收购发票或者销售发票 | 6 | 0 | 0.00 | 0.00 |
| 代扣代缴税收缴款凭证 | 7 | 0 | —— | 0.00 |
| 加计扣除农产品进项税额 | 8a | —— | —— | 0.00 |
| 其他 | 8b | 0 | 0.00 | 0.00 |
| （三）本期用于购建不动产的扣税凭证 | 9 | 0 | 0.00 | 0.00 |
| （四）本期用于抵扣的旅客运输服务扣税凭证 | 10 | 0 | 0.00 | 0.00 |
| （五）外贸企业进项税额抵扣证明 | 11 | —— | —— | 0.00 |
| 当期申报抵扣进项税额合计 | 12=1+4+11 | 9 | 66369.16 | 8470.82 |

#### 二、进项税额转出额

| 项目 | 栏次 | 税额 |
|---|---|---|
| 本期进项税额转出额 | 13=14至23之和 | 260.00 |
| 其中：免税项目用 | 14 | 0.00 |
| 集体福利、个人消费 | 15 | 260.00 |
| 非正常损失 | 16 | 0.00 |
| 简易计税方法征税项目用 | 17 | 0.00 |
| 免抵退税办法不得抵扣的进项税额 | 18 | 0.00 |
| 纳税检查调减进项税额 | 19 | 0.00 |
| 红字专用发票信息表注明的进项税额 | 20 | 0.00 |
| 上期留抵税额抵减欠税 | 21 | 0.00 |
| 上期留抵税额退税 | 22 | 0.00 |
| 其他应作进项税额转出的情形 | 23 | 0.00 |

#### 三、待抵扣进项税额

| 项目 | 栏次 | 份数 | 金额 | 税额 |
|---|---|---|---|---|
| （一）认证相符的增值税专用发票 | 24 | —— | —— | —— |
| 期初已认证相符但未申报抵扣 | 25 | 0 | 0.00 | 0.00 |
| 本期认证相符且本期未申报抵扣 | 26 | 0 | 0.00 | 0.00 |
| 期末已认证相符但未申报抵扣 | 27 | 0 | 0.00 | 0.00 |
| 其中：按照税法规定不允许抵扣 | 28 | 0 | 0.00 | 0.00 |
| （二）其他扣税凭证 | 29=30至33之和 | 0 | 0.00 | 0.00 |
| 其中：海关进口增值税专用缴款书 | 30 | 0 | 0.00 | 0.00 |
| 农产品收购发票或者销售发票 | 31 | 0 | 0.00 | 0.00 |
| 代扣代缴税收缴款凭证 | 32 | 0 | 0.00 | 0.00 |
| 其他 | 33 | 0 | 0.00 | 0.00 |
|  | 34 |  |  |  |

#### 四、其他

| 项目 | 栏次 | 份数 | 金额 | 税额 |
|---|---|---|---|---|
| 本期认证相符的增值税专用发票 | 35 | 9 | 66369.16 | 8470.82 |
| 代扣代缴税额 | 36 |  |  | 0.00 |

图 3-21 "增值税纳税申报表附列资料（二）（本期进项税额明细）"窗口（已填写）

主页　纳税申报 ×

[返回]　[暂存]　[保存]　[切换报表]

**增值税纳税申报表（一般纳税人适用）**

| 项目 | | 栏次 | 一般项目 | | 即征即退项目 | |
|---|---|---|---|---|---|---|
| | | | 本月数 | 本年累计 | 本月数 | 本年累计 |
| 销售额 | （一）按适用税率计税销售额 | 1 | 104538.95 | 191306.27 | 0.00 | 0.00 |
| | 其中：应税货物销售额 | 2 | 104538.95 | 191306.27 | 0.00 | 0.00 |
| | 应税劳务销售额 | 3 | 0.00 | 0.00 | 0.00 | 0.00 |
| | 纳税检查调整的销售额 | 4 | 0.00 | 0.00 | 0.00 | 0.00 |
| | （二）按简易办法计税销售额 | 5 | 0.00 | 0.00 | 0.00 | 0.00 |
| | 其中：纳税检查调整的销售额 | 6 | 0.00 | 0.00 | 0.00 | 0.00 |
| | （三）免、抵、退办法出口销售额 | 7 | 0.00 | 0.00 | — | — |
| | （四）免税销售额 | 8 | 0.00 | 0.00 | — | — |
| | 其中：免税货物销售额 | 9 | 0.00 | 0.00 | — | — |
| | 免税劳务销售额 | 10 | 0.00 | 0.00 | — | — |
| 税款计算 | 销项税额 | 11 | 13590.06 | 24869.82 | 0.00 | 0.00 |
| | 进项税额 | 12 | 8470.82 | 12960.35 | 0.00 | 0.00 |
| | 上期留抵税额 | 13 | 120.50 | 0.00 | 0.00 | — |
| | 进项税额转出 | 14 | 260.00 | 260.00 | 0.00 | 0.00 |
| | 免、抵、退应退税额 | 15 | 0.00 | 0.00 | 0.00 | 0.00 |
| | 按适用税率计算的纳税检查应补缴税额 | 16 | 0.00 | 0.00 | — | — |
| | 应抵扣税额合计 | 17=12+13-14-15+16 | 8331.32 | — | 0.00 | 0.00 |
| | 实际抵扣税额 | 18（如17<11，则为17，否则为11） | 8331.32 | 12700.35 | 0.00 | 0.00 |
| | 应纳税额 | 19=11-18 | 5258.74 | 12169.47 | 0.00 | 0.00 |
| | 期末留抵税额 | 20=17-18 | 0.00 | 0.00 | 0.00 | — |
| | 简易计税办法计算的应纳税额 | 21 | 0.00 | 0.00 | 0.00 | 0.00 |
| | 按简易计税办法计算的纳税检查应补缴税额 | 22 | 0.00 | 0.00 | — | — |
| | 应纳税额减征额 | 23 | 0.00 | 0.00 | 0.00 | 0.00 |
| | 应纳税额合计 | 24=19+21-23 | 5258.74 | 12169.47 | 0.00 | 0.00 |
| 税款缴纳 | 期初未缴税额（多缴为负数） | 25 | 534.50 | 1010.20 | 0.00 | 0.00 |
| | 实收出口开具专用缴款书退税额 | 26 | 0.00 | 0.00 | — | — |
| | 本期已缴税额 | 27=28+29+30+31 | 534.50 | 7920.93 | 0.00 | 0.00 |
| | ①分次预缴税额 | 28 | 0.00 | — | — | — |
| | ②出口开具专用缴款书预缴税额 | 29 | 0.00 | — | — | — |
| | ③本期缴纳上期应纳税额 | 30 | 534.50 | 7920.93 | 0.00 | 0.00 |
| | ④本期缴纳欠缴税额 | 31 | 0.00 | 0.00 | 0.00 | 0.00 |
| | 期末未缴税额（多缴为负数） | 32=24+25+26-27 | 5258.74 | 5258.74 | 0.00 | 0.00 |
| | 其中：欠缴税额（≥0） | 33=25+26-27 | 0.00 | — | 0.00 | — |
| | 本期应补(退)税额 | 34=24-28-29 | 5258.74 | — | 0.00 | — |
| | 即征即退实际退税额 | 35 | — | — | 0.00 | 0.00 |
| | 期初未缴查补税额 | 36 | 0.00 | 0.00 | — | — |
| | 本期入库查补税额 | 37 | 0.00 | 0.00 | — | — |
| | 期末未缴查补税额 | 38=16+22+36-37 | 0.00 | 0.00 | — | — |

受理信息

| 是否代理申报 | ○是 ●否 | 代理人名称 | | 代理人地址 | |
|---|---|---|---|---|---|
| 代理人员身份证件类型 | | 代理人员身份证件号码 | | 授权人 | |
| 声明人 | 张爱华 | 接收日期 | 2019-12-01 | | |

图 3-22　"增值税纳税申报表（一般纳税人适用）"窗口（已填写）

图 3-23 "增值税纳税申报表附列资料(四)(税额抵减情况表)"窗口

需填写的项目,则直接单击"保存"完成。

⑫ 单击"切换报表"按钮选择"[021]增值税减免税申报明细表",进入"增值税减免税申报明细表"窗口(图 3-24)。如企业有符合减免税优惠政策的业务,应在相应栏次填写对应的金额。填写完成后单击"保存";若无需填写的项目,则直接单击"保存"完成。

图 3-24 "增值税减免税申报明细表"窗口

⑬ 单击"切换报表"按钮,选择"[007]代扣代缴税收通用缴款书抵扣清单",进入"代扣代缴税收通用缴款书抵扣清单"窗口(图 3-25)。如企业有代扣代缴税款,应在该表单相应栏次填写对应的金额。填写完成后单击"保存";若无需填写的项目,则直接单击"保存"完成。

⑭ 单击"切换报表"按钮选择"[008]应税服务减除项目清单",进入"应税服务减除项目清单(差额征收资格纳税人适用)"窗口(图 3-26)。如差额征收资格的纳税人有应税服务

图 3-25　"代扣代缴税收通用缴款书抵扣清单"窗口

图 3-26　"应税服务减除项目清单(差额征收资格纳税人适用)"窗口

减除项目,应在相应栏次填写对应的金额。填写完成后,单击"保存";若无需填写项目,则直接单击"保存"完成。

⑮ 所有申报表均填写完成后,返回"纳税申报"页面,单击"申报"(图 3-27)。

图 3-27　"增值税一般纳税人月度申报"页面(已填写)

系统弹出提示"您本次申报的应补(退)税(费)额为:5258.74 元"(图 3-28),确认无误后单击"是",可跳转至税费缴纳。

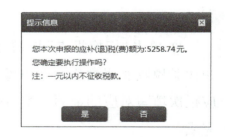

图 3-28　应补(退)税(费)额提示

【步骤五】　税费缴纳。

增值税纳税申报完成后,系统会提示"为便利申报,是否跳转税费缴纳(含申报及更正)?",单击"税费缴纳",系统自动完成税费扣款。

【步骤六】　返写清卡。

税费缴纳完成后,打开税控开票软件,系统可自动进行远程清卡,提示"设备已完成清卡操作"。

## 学习小结

一般纳税人增值税网上申报的操作步骤见图 3-29。

图 3-29　一般纳税人增值税网上申报操作步骤

## 学习体验

东方华夏食品有限公司为增值税一般纳税人,2019 年 6 月发生如下经济业务。

(1) 销售业务发票开具情况(表 3-3):

表 3-3

### 东方华夏食品有限公司 6 月销项发票信息汇总表

| 序号 | 发票种类 | 开票日期 | 购货方 | 货物或应税劳务、服务名称 | 金额 / 元 | 税率 /% | 税额 / 元 |
|---|---|---|---|---|---|---|---|
| 1 | 增值税专用发票 | 20190603 | 丰华商贸有限公司 | *糖果类食品 *巧克力 | 181500.00 | 13 | 23595.00 |
| 2 | 增值税专用发票 | 20190605 | 东鹏商贸有限公司 | *糖果类食品 *棉花糖 | 231000.00 | 13 | 30030.00 |
| 3 | 增值税普通发票 | 20190608 | 南华商贸有限公司 | *糖果类食品 *棉花糖 | 369600.00 | 13 | 48048.00 |
| 4 | 增值税专用发票 | 20190610 | 高京商贸有限公司 | *糖果类食品 *巧克力 | 363000.00 | 13 | 47190.00 |
| 5 | 增值税专用发票 | 20190615 | 苏福商贸有限公司 | *糖果类食品 *棉花糖 | 231000.00 | 13 | 30030.00 |
| 6 | 增值税普通发票 | 20190618 | 安信商贸有限公司 | *糖果类食品 *棉花糖 | 369600.00 | 13 | 48048.00 |
| 合计 | | | | | 1745700.00 | — | 226941.00 |

（2）25 日，将自制的巧克力作为职工福利发放，共 300 千克。该类巧克力市场不含税售价为 60.50 元 / 千克，产品成本为 55 元 / 千克。

（3）26 日，将外购的奶粉作为职工福利发放，共 300 千克。该类奶粉购进时的不含税价格为 80 元 / 千克（进项税额在 5 月已经抵扣）。

（4）本月采购业务收到增值税专用发票均已认证，具体情况见表 3-4。

表 3-4

### 东方华夏食品有限公司 6 月认证发票信息汇总表

| 序号 | 发票种类 | 开票日期 | 销货方 | 货物或应税劳务、服务名称 | 金额 / 元 | 税率 /% | 税额 / 元 |
|---|---|---|---|---|---|---|---|
| 1 | 增值税专用发票 | 20190605 | 青岚食品有限公司 | *糖果类食品 *代可可脂巧克力 | 128000.00 | 13 | 16640.00 |
| 2 | 增值税专用发票 | 20190614 | 康康食品有限公司 | *糖果类食品 *代可可脂巧克力 | 180000.00 | 13 | 23400.00 |
| 3 | 增值税专用发票 | 20190620 | 自然乳业有限公司 | *乳制品 *奶粉 | 390000.00 | 13 | 50700.00 |
| 合计 | | | | | 698000.00 | — | 90740.00 |

（5）20 日，销售员王涛报销差旅费，见图 3-30。

图 3-30　需报销差旅费火车票

（6）30 日，收到江苏航天信息科技有限公司开具的防伪税控技术维护费发票 407.00 元，款项已支付，发票见表 3-5。

（7）5 月末，增值税纳税申报表中"期末留抵税额"为 7320.50 元（表 3-6）。

**表 3-5**

　350018262078

江苏增值税普通发票

发 票 联

No 00256753　　350018262078

00256753

开票日期：2019 年 06 月 30 日

| 购买方 | 名　　　　称：东方华夏食品有限公司<br>纳税人识别号：913535011161133600<br>地址、电话：南京市江宁区港南路 15 号,02586541235<br>开户行及账号：中国银行南京分行江宁支行 0402562123547 | 密码区 | 67/*+3*0/611*++0/+0*/*+3+2/9<br>*11*+66666**066611*+66666*<br>1**+216***6000*261*2*4/*547<br>203994+-42*64151*6915361/3* |
|---|---|---|---|

| 货物或应税劳务、服务名称 | 规格型号 | 单位 | 数量 | 单价 | 金额 | 税率 | 税额 |
|---|---|---|---|---|---|---|---|
| *现代服务*防伪税控维护费 | | | 1 | 383.96 | 383.96 | 6% | 23.04 |
| 合　　计 | | | | | ¥383.96 | | ¥23.04 |

| 价税合计（大写） | ⊗肆佰零柒圆整 | （小写）¥407.00 |
|---|---|---|

| 销售方 | 名　　　　称：江苏航天信息科技有限公司<br>纳税人识别号：913501027593710699<br>地址、电话：南京市江宁区秣陵街道诚信大道 998 号,02584568423<br>开户行及账号：中国银行南京分行江宁支行 0402562123542 | 备注 | |
|---|---|---|---|

收款人：　　　　复核：　　　　开票人：陈丽莎　　　　销售方:（章）

第二联：发票联　购买方记账凭证

---

**表 3-6**

## 增值税纳税申报表

### （一般纳税人适用）

根据国家税收法律法规及增值税相关规定制定本表。纳税人不论有无销售额,均应按税务机关核定的纳税期限填写本表,并向当地税务机关申报。

税款所属时间：自 2019 年 05 月 01 日至 2019 年 05 月 31 日

填表日期：2019 年 06 月 05 日　　金额单位:元至角分

纳税人识别号:913535011161133600　　　　所属行业:食品制造业

纳税人名称:东方华夏食品有限公司(公章)　　法定代表人姓名:张红

注册地址:南京市江宁区港南路 15 号　　　　生产经营地址:南京市江宁区港南路 15 号

开户银行及账号:中国银行南京分行江宁支行 0402562123547

登记注册类型:一般纳税人　　　　　　　　电话号码:02586541235

| 项目 | | 栏次 | 一般项目 | | 即征即退项目 | |
|---|---|---|---|---|---|---|
| | | | 本月数 | 本年累计 | 本月数 | 本年累计 |
| 销售额 | （一）按适用税率计税销售额 | 1 | 1677869.37 | 10041460.91 | | |
| | 其中:应税货物销售额 | 2 | 1677869.37 | 10041460.91 | | |
| | 应税劳务销售额 | 3 | 0.00 | 0.00 | | |

续表

| 项目 | | 栏次 | 一般项目 | | 即征即退项目 | |
|---|---|---|---|---|---|---|
| | | | 本月数 | 本年累计 | 本月数 | 本年累计 |
| 销售额 | 纳税检查调整的销售额 | 4 | 0.00 | 0.00 | | |
| | （二）按简易办法计税销售额 | 5 | 0.00 | 0.00 | | |
| | 其中：纳税检查调整的销售额 | 6 | 0.00 | 0.00 | | |
| | （三）免、抵、退办法出口销售额 | 7 | 0.00 | 0.00 | | |
| | （四）免税销售额 | 8 | 0.00 | 0.00 | | |
| | 其中：免税货物销售额 | 9 | 0.00 | 0.00 | | |
| | 免税劳务销售额 | 10 | 0.00 | 0.00 | | |
| 税款计算 | 销项税额 | 11 | 218123.02 | 1305389.92 | | |
| | 进项税额 | 12 | 225443.52 | 987649.80 | | |
| | 上期留抵税额 | 13 | 0.00 | 0.00 | | |
| | 进项税额转出 | 14 | 0.00 | 7800.00 | | |
| | 免、抵、退应退税额 | 15 | 0.00 | 0.00 | | |
| | 按适用税率计算的纳税检查应补缴税额 | 16 | 0.00 | 0.00 | | |
| | 应抵扣税额合计 | 17=12+13−14−15+16 | 225443.52 | | | |
| | 实际抵扣税额 | 18（如 17<11，则为 17，否则为 11） | 218123.02 | 0.00 | | |
| | 应纳税额 | 19=11−18 | 0.00 | 325540.12 | | |
| | 期末留抵税额 | 20=17−18 | 7320.50 | 0.00 | | |
| | 简易计税办法计算的应纳税额 | 21 | 0.00 | 0.00 | | |
| | 按简易计税办法计算的纳税检查应补缴税额 | 22 | 0.00 | 0.00 | | |
| | 应纳税额减征额 | 23 | 0.00 | 0.00 | | |
| | 应纳税额合计 | 24=19+21−23 | 0.00 | 325540.12 | | |
| 税款缴纳 | 期初未缴税额（多缴为负数） | 25 | 12090.00 | 0.00 | | |
| | 实收出口开具专用缴款书退税额 | 26 | 0.00 | 0.00 | | |
| | 本期已缴税额 | 27=28+29+30+31 | 12090.00 | 325540.12 | | |

续表

| 项目 | 栏次 | 一般项目 | | 即征即退项目 | |
| | | 本月数 | 本年累计 | 本月数 | 本年累计 |
|---|---|---|---|---|---|
| ① 分次预缴税额 | 28 | 0.00 | | | |
| ② 出口开具专用缴款书预缴税额 | 29 | 0.00 | | | |
| ③ 本期缴纳上期应纳税额 | 30 | 12090.00 | 325540.12 | | |
| ④ 本期缴纳欠缴税额 | 31 | 0.00 | 0.00 | | |
| 期末未缴税额（多缴为负数） | 32=24+25 +26−27 | 0.00 | 0.00 | | |
| 其中:欠缴税额（≥0） | 33=25+26 −27 | 0.00 | | | |
| 本期应补（退）税额 | 34=24−28 −29 | 0.00 | | | |
| 即征即退实际退税额 | 35 | | | | |
| 期初未缴查补税额 | 36 | 0.00 | 0.00 | | |
| 本期入库查补税额 | 37 | 0.00 | 0.00 | | |
| 期末未缴查补税额 | 38=16+22+ 36−37 | 0.00 | 0.00 | | |

（税款缴纳）

（授权声明）

如果你已委托代理人申报,请填写下列资料:
为代理一切税务事宜,现授权（地址）为本纳税人的代理申报人,任何与本申报表有关的往来文件,都可寄予此人。

授权人签字:

申报人声明

　　本纳税申报表是根据国家税收法律法规及相关规定填报的,我确定它是真实的、可靠的、完整的。

声明人签字:张红

主管税务机关:南京市江宁区税务局第一税务所　　接收人:李明亮　　接收日期:2019 年 06 月 05 日

　　要求:2019 年 7 月 3 日,东方华夏食品有限公司申报缴纳本年 6 月的增值税,计算填列增值税纳税申报表及其相关附表（表 3-7~ 表 3-12）。（金额需要四舍五入的保留两位小数。）

**增值税纳税申报表附列资料（一）**

（本期销售情况明细）

纳税人名称：东方华夏食品有限公司（公章）　税款所属时间：2019 年 06 月 01 日至 2019 年 06 月 30 日

表 3-7　　　　　　　　　　　　　　　　　　　　　　　　　　　　　　　　　　　　　　　　金额单位：元至角分

| 项目及栏次 | | 开具增值税专用发票 | | 开具其他发票 | | 未开具发票 | | 纳税检查调整 | | 合计 | | 价税合计 | 服务、不动产和无形资产扣除项目本期实际扣除金额 | 扣除后 | |
|---|---|---|---|---|---|---|---|---|---|---|---|---|---|---|---|
| | | 销售额 | 销项（应纳）税额 | 销售额 | 销项（应纳）税额 | 销售额 | 销项（应纳）税额 | 销售额 | 销项（应纳）税额 | 销售额 | 销项（应纳）税额 | | | 含税（免税）销售额 | 销项（应纳）税额 |
| | | 1 | 2 | 3 | 4 | 5 | 6 | 7 | 8 | $9=1+3+5+7$ | $10=2+4+6+8$ | $11=9+10$ | 12 | $13=11-12$ | $14=13÷(100\%+$ 税率或征收率$)×$ 税率或征收率 |
| 一、一般计税方法计税 | 全部征税项目 | | | | | | | | | | | | | | |
| | 1 13% 税率的货物及加工修理修配劳务 | | | | | | | | | | | | | | |
| | 2 13% 税率的服务、不动产和无形资产 | | | | | | | | | | | | | | |
| | 3 9% 税率的货物及加工修理修配劳务 | | | | | | | | | | | | | | |
| | 4 9% 税率的服务、不动产和无形资产 | | | | | | | | | | | | | | |
| | 5 6% 税率 | | | | | | | | | | | | | | |
| | 其中：即征即退项目 6 即征即退货物及加工修理修配劳务 | | | | | | | | | | | | | | |
| | 7 即征即退服务、不动产和无形资产 | | | | | | | | | | | | | | |
| 二、简易计税方法计税 | 全部征税项目 8 6% 征收率 | | | | | | | | | | | | | | |
| | 9a 5% 征收率的货物及加工修理修配劳务 | | | | | | | | | | | | | | |

续表

| 项目及栏次 | 栏次 | 开具增值税专用发票 销售额 | 开具增值税专用发票 销项(应纳)税额 | 开具其他发票 销售额 | 开具其他发票 销项(应纳)税额 | 未开具发票 销售额 | 未开具发票 销项(应纳)税额 | 纳税检查调整 销售额 | 纳税检查调整 销项(应纳)税额 | 合计 销售额 | 合计 销项(应纳)税额 | 价税合计 | 服务、不动产和无形资产扣除项目本期实际扣除金额 | 扣除后 含税(免税)销售额 | 扣除后 销项(应纳)税额 |
|---|---|---|---|---|---|---|---|---|---|---|---|---|---|---|---|
| | | 1 | 2 | 3 | 4 | 5 | 6 | 7 | 8 | 9=1+3+5+7 | 10=2+4+6+8 | 11=9+10 | 12 | 13=11-12 | 14=13÷(100%+税率或征收率)×税率或征收率 |
| 二、简易计税方法计税　全部征税项目　5%征收率的服务、不动产和无形资产 | 9b | | | | | | | | | | | | | | |
| 4%征收率 | 10 | | | | | | | | | | | | | | |
| 3%征收率的货物及加工修理修配劳务 | 11 | | | | | | | | | | | | | | |
| 3%征收率的服务、不动产和无形资产 | 12 | | | | | | | | | | | | | | |
| 预征率　% | 13a | | | | | | | | | | | | | | |
| 预征率　% | 13b | | | | | | | | | | | | | | |
| 预征率　% | 13c | | | | | | | | | | | | | | |
| 其中:即征即退项目　即征即退货物及加工修理修配劳务 | 14 | | | | | | | | | | | | | | |
| 即征即退服务、不动产和无形资产 | 15 | | | | | | | | | | | | | | |
| 三、免抵退税　货物及加工修理修配劳务 | 16 | | | | | | | | | | | | | | |
| 服务、不动产和无形资产 | 17 | | | | | | | | | | | | | | |
| 四、免税　货物及加工修理修配劳务 | 18 | | | | | | | | | | | | | | |
| 服务、不动产和无形资产 | 19 | | | | | | | | | | | | | | |

表 3-8

## 增值税纳税申报表附列资料(二)
### (本期进项税额明细)

税款所属时间:2019 年 06 月 01 日至 2019 年 06 月 30 日

纳税人名称:东方华夏食品有限公司(公章)                    金额单位:元至角分

| 一、申报抵扣的进项税额 | | | | |
|---|---|---|---|---|
| 项目 | 栏次 | 份数 | 金额 | 税额 |
| (一)认证相符的增值税专用发票 | 1=2+3 | | | |
| 其中:本期认证相符且本期申报抵扣 | 2 | | | |
| 前期认证相符且本期申报抵扣 | 3 | | | |
| (二)其他扣税凭证 | 4=5+6+7+8a+8b | | | |
| 其中:海关进口增值税专用缴款书 | 5 | | | |
| 农产品收购发票或者销售发票 | 6 | | | |
| 代扣代缴税收缴款凭证 | 7 | | | |
| 加计扣除农产品进项税额 | 8a | | | |
| 其他 | 8b | | | |
| (三)本期用于购建不动产的扣税凭证 | 9 | | | |
| (四)本期用于抵扣的旅客运输服务扣税凭证 | 10 | | | |
| (五)外贸企业进项税额抵扣证明 | 11 | | | |
| 当期申报抵扣进项税额合计 | 12=1+4+11 | | | |
| 二、进项税额转出额 | | | | |
| 项目 | 栏次 | 税额 | | |
| 本期进项税额转出额 | 13=14 至 23 之和 | | | |
| 其中:免税项目用 | 14 | | | |
| 集体福利、个人消费 | 15 | | | |
| 非正常损失 | 16 | | | |
| 简易计税方法征税项目用 | 17 | | | |
| 免抵退税办法不得抵扣的进项税额 | 18 | | | |
| 纳税检查调减进项税额 | 19 | | | |
| 红字专用发票信息表注明的进项税额 | 20 | | | |
| 上期留抵税额抵减欠税 | 21 | | | |
| 上期留抵税额退税 | 22 | | | |
| 其他应作进项税额转出的情形 | 23 | | | |

续表

| 三、待抵扣进项税额 | | | | |
|---|---|---|---|---|
| 项目 | 栏次 | 份数 | 金额 | 税额 |
| (一)认证相符的增值税专用发票 | 24 | | | |
| 期初已认证相符但未申报抵扣 | 25 | | | |
| 本期认证相符且本期未申报抵扣 | 26 | | | |
| 期末已认证相符但未申报抵扣 | 27 | | | |
| 其中:按照税法规定不允许抵扣 | 28 | | | |
| (二)其他扣税凭证 | 29=30 至 33 之和 | | | |
| 其中:海关进口增值税专用缴款书 | 30 | | | |
| 农产品收购发票或者销售发票 | 31 | | | |
| 代扣代缴税收缴款凭证 | 32 | | | |
| 其他 | 33 | | | |
| | 34 | | | |
| 四、其他 | | | | |
| 项目 | 栏次 | 份数 | 金额 | 税额 |
| 本期认证相符的增值税专用发票 | 35 | | | |
| 代扣代缴税额 | 36 | | | |

表 3-9

**增值税纳税申报表附列资料(三)**
**(服务、不动产和无形资产扣除项目明细)**

税款所属时间:2019 年 06 月 01 日至 2019 年 06 月 30 日

纳税人名称:东方华夏食品有限公司(公章)　　　　　　　　金额单位:元至角分

| 项目及栏次 | | 本期服务、不动产和无形资产价税合计额(免税销售额) | 服务、不动产和无形资产扣除项目 | | | | |
|---|---|---|---|---|---|---|---|
| | | | 期初余额 | 本期发生额 | 本期应扣除金额 | 本期实际扣除金额 | 期末余额 |
| | | 1 | 2 | 3 | 4=2+3 | 5(5≤1 且 5≤4) | 6=4-5 |
| 13% 税率的项目 | 1 | | | | | | |
| 9% 税率的项目 | 2 | | | | | | |
| 6% 税率的项目(不含金融商品转让) | 3 | | | | | | |

续表

| 项目及栏次 | | 本期服务、不动产和无形资产价税合计额（免税销售额） | 服务、不动产和无形资产扣除项目 | | | | |
|---|---|---|---|---|---|---|---|
| | | | 期初余额 | 本期发生额 | 本期应扣除金额 | 本期实际扣除金额 | 期末余额 |
| | | 1 | 2 | 3 | 4=2+3 | 5(5≤1且5≤4) | 6=4-5 |
| 6%税率的金融商品转让项目 | 4 | | | | | | |
| 5%征收率的项目 | 5 | | | | | | |
| 3%征收率的项目 | 6 | | | | | | |
| 免抵退税的项目 | 7 | | | | | | |
| 免税的项目 | 8 | | | | | | |

表 3-10

**增值税纳税申报表附列资料（四）**

**（税额抵减情况表）**

税款所属时间：2019 年 06 月 01 日至 2019 年 06 月 30 日

纳税人名称：东方华夏食品有限公司（公章）　　　　　　　　　　　　　　金额单位：元至角分

| 一、税额抵减情况 | | | | | | |
|---|---|---|---|---|---|---|
| 序号 | 抵减项目 | 期初余额 | 本期发生额 | 本期应抵减税额 | 本期实际抵减税额 | 期末余额 |
| | | 1 | 2 | 3=1+2 | 4≤3 | 5=3-4 |
| 1 | 增值税税控系统专用设备费及技术维护费 | | | | | |
| 2 | 分支机构预征缴纳税款 | | | | | |
| 3 | 建筑服务预征缴纳税款 | | | | | |
| 4 | 销售不动产预征缴纳税款 | | | | | |
| 5 | 出租不动产预征缴纳税款 | | | | | |

| 二、加计抵减情况 | | | | | | | |
|---|---|---|---|---|---|---|---|
| 序号 | 加计抵减项目 | 期初余额 | 本期发生额 | 本期调减额 | 本期可抵减额 | 本期实际抵减额 | 期末余额 |
| | | 1 | 2 | 3 | 4=1+2-3 | 5 | 6=4-5 |
| 6 | 一般项目加计抵减额计算 | | | | | | |
| 7 | 即征即退项目加计抵减额计算 | | | | | | |
| 8 | 合计 | | | | | | |

表 3–11

## 增值税减免税申报明细表

税款所属时间:2019 年 06 月 01 日至 2019 年 06 月 30 日

纳税人名称:东方华夏食品有限公司(公章)　　　　　　　　　　金额单位:元至角分

| 一、减税项目 | | | | | | |
|---|---|---|---|---|---|---|
| 减税性质代码及名称 | 栏次 | 期初余额 | 本期发生额 | 本期应抵减税额 | 本期实际抵减税额 | 期末余额 |
| | | 1 | 2 | 3=1+2 | 4≤3 | 5=3-4 |
| 合 计 | 1 | | | | | |
| | 2 | | | | | |
| | 3 | | | | | |
| | 4 | | | | | |
| | 5 | | | | | |
| | 6 | | | | | |

| 二、免税项目 | | | | | | |
|---|---|---|---|---|---|---|
| 免税性质代码及名称 | 栏次 | 免征增值税项目销售额 | 免税销售额扣除项目本期实际扣除金额 | 扣除后免税销售额 | 免税销售额对应的进项税额 | 免税额 |
| | | 1 | 2 | 3=1-2 | 4 | 5 |
| 合 计 | 7 | | | | | |
| 出口免税 | 8 | | | | | |
| 其中:跨境服务 | 9 | | | | | |
| | 10 | | | | | |
| | 11 | | | | | |
| | 12 | | | | | |
| | 13 | | | | | |
| | 14 | | | | | |
| | 15 | | | | | |
| | 16 | | | | | |

表 3-12

## 增值税纳税申报表
### （一般纳税人适用）

根据国家税收法律法规及增值税相关规定制定本表。纳税人不论有无销售额,均应按税务机关核定的纳税期限填写本表,并向当地税务机关申报。

税款所属时间:自 2019 年 06 月 01 日至 2019 年 06 月 30 日

填表日期:2019 年 07 月 03 日　　　　　　金额单位:元至角分

纳税人识别号:913535011161133600　　　所属行业:食品制造业

纳税人名称:东方华夏食品有限公司(公章)　法定代表人姓名:张红

注册地址:南京市江宁区港南路 15 号　　生产经营地址:南京市江宁区港南路 15 号

开户银行及账号:中国银行南京分行江宁支行 0402562123547

登记注册类型:一般纳税人　　　　　　　电话号码:02586541235

| 项目 | | 栏次 | 一般项目 | | 即征即退项目 | |
|---|---|---|---|---|---|---|
| | | | 本月数 | 本年累计 | 本月数 | 本年累计 |
| 销售额 | （一）按适用税率计税销售额 | 1 | | | | |
| | 其中:应税货物销售额 | 2 | | | | |
| | 　应税劳务销售额 | 3 | | | | |
| | 　纳税检查调整的销售额 | 4 | | | | |
| | （二）按简易办法计税销售额 | 5 | | | | |
| | 其中:纳税检查调整的销售额 | 6 | | | | |
| | （三）免、抵、退办法出口销售额 | 7 | | | | |
| | （四）免税销售额 | 8 | | | | |
| | 其中:免税货物销售额 | 9 | | | | |
| | 免税劳务销售额 | 10 | | | | |
| 税款计算 | 销项税额 | 11 | | | | |
| | 进项税额 | 12 | | | | |
| | 上期留抵税额 | 13 | | | | |
| | 进项税额转出 | 14 | | | | |
| | 免、抵、退应退税额 | 15 | | | | |
| | 按适用税率计算的纳税检查应补缴税额 | 16 | | | | |
| | 应抵扣税额合计 | 17=12+13-14-15+16 | | | | |
| | 实际抵扣税额 | 18(如 17<11,则为 17,否则为 11) | | | | |
| | 应纳税额 | 19=11-18 | | | | |
| | 期末留抵税额 | 20=17-18 | | | | |

续表

| 项目 | | 栏次 | 一般项目 | | 即征即退项目 | |
|---|---|---|---|---|---|---|
| | | | 本月数 | 本年累计 | 本月数 | 本年累计 |
| 税款计算 | 简易计税办法计算的应纳税额 | 21 | | | | |
| | 按简易计税办法计算的纳税检查应补缴税额 | 22 | | | | |
| | 应纳税额减征额 | 23 | | | | |
| | 应纳税额合计 | 24=19+21−23 | | | | |
| 税款缴纳 | 期初未缴税额(多缴为负数) | 25 | | | | |
| | 实收出口开具专用缴款书退税额 | 26 | | | | |
| | 本期已缴税额 | 27=28+29+30+31 | | | | |
| | ① 分次预缴税额 | 28 | | | | |
| | ② 出口开具专用缴款书预缴税额 | 29 | | | | |
| | ③ 本期缴纳上期应纳税额 | 30 | | | | |
| | ④ 本期缴纳欠缴税额 | 31 | | | | |
| | 期末未缴税额(多缴为负数) | 32=24+25+26−27 | | | | |
| | 其中:欠缴税额(≥0) | 33=25+26−27 | | | | |
| | 本期应补(退)税额 | 34=24−28−29 | | | | |
| | 即征即退实际退税额 | 35 | | | | |
| | 期初未缴查补税额 | 36 | | | | |
| | 本期入库查补税额 | 37 | | | | |
| | 期末未缴查补税额 | 38=16+22+36−37 | | | | |
| 授权声明 | 如果你已委托代理人申报,请填写下列资料:<br>为代理一切税务事宜,现授权(地址)为本纳税人的代理申报人,任何与本申报表有关的往来文件,都可寄予此人。<br><br>授权人签字: | 申报人声明 | 本纳税申报表是根据国家税收法律法规及相关规定填报的,我确定它是真实的、可靠的、完整的。<br><br>声明人签字: | | | |

主管税务机关:　　　　　　　接收人:　　　　　　　　接收日期:

# 任务 3.2　小规模纳税人增值税网上申报

◈ **任务情境**

2019 年 4 月 2 日,无锡市凌飞鞋帽有限公司(以下简称凌飞公司)(增值税小规模纳税人)进行 2019 年第一季度增值税纳税申报。

(1) 凌飞公司营业执照(图 3-31):

图 3-31  凌飞公司营业执照

(2) 凌飞公司有关人员信息(表 3-13):

表 3-13

**凌飞公司人员信息表**

| 人员 | 姓名 | 联系电话 | 身份证号码 |
|------|------|----------|-----------|
| 法人 | 孙玲 | 1380986**34 | 32030219720308**40 |
| 财务负责人 | 王红 | 1380986**78 | 32030219811028**92 |
| 税务会计 | 张明 | 1380986**90 | 32032119930620**28 |

(3) 凌飞公司 2019 年第一季度销售业务(表 3-14):

表 3-14

**凌飞公司 2019 年第一季度销售信息**

| 序号 | 货物劳务/服务名称 | 发票类别 | 发票代码 | 发票号码 | 开票日期 | 不含税销售额/元 | 征收率/% | 税额/元 | 价税合计数/元 |
|------|------------------|----------|----------|----------|----------|----------------|---------|---------|---------------|
| 1 | ＊鞋＊儿童雨鞋 | 增值税普通发票 | 032001900204 | 18928373 | 2019-01-12 | 1165.05 | 3 | 34.95 | 1200.00 |
| 2 | ＊鞋＊女士拖鞋 | 增值税普通发票 | 032001900204 | 18928373 | 2019-01-12 | 2912.62 | 3 | 87.38 | 3000.00 |
| 3 | ＊鞋＊男士拖鞋 | 增值税普通发票 | 032001900204 | 18928373 | 2019-01-12 | 2718.45 | 3 | 81.55 | 2800.00 |
| 4 | ＊鞋＊男士皮鞋 | 增值税普通发票 | 032001900204 | 18928374 | 2019-02-14 | 82524.27 | 3 | 2475.73 | 85000.00 |
| 5 | ＊鞋＊女士皮鞋 | 增值税普通发票 | 032001900204 | 18928375 | 2019-02-18 | 776.70 | 3 | 23.30 | 800.00 |

续表

| 序号 | 货物劳务／服务名称 | 发票类别 | 发票代码 | 发票号码 | 开票日期 | 不含税销售额／元 | 征收率 /% | 税额／元 | 价税合计数／元 |
|---|---|---|---|---|---|---|---|---|---|
| 6 | ＊鞋＊女士皮靴 | 增值税普通发票 | 032001900204 | 18928375 | 2019－02－18 | 582.52 | 3 | 17.48 | 600.00 |
| 7 | ＊鞋＊儿童棉鞋 | 增值税普通发票 | 032001900204 | 18928375 | 2019－02－18 | 58252.43 | 3 | 1747.57 | 60000.00 |
| 8 | ＊鞋＊男士皮鞋 | 增值税普通发票 | 032001900204 | 18928375 | 2019－02－18 | 252.43 | 3 | 7.57 | 260.00 |
| 9 | ＊鞋＊女士皮鞋 | 增值税普通发票 | 032001900204 | 18928376 | 2019－03－25 | 970.87 | 3 | 29.13 | 1000.00 |
| 10 | ＊鞋＊女士皮靴 | 增值税普通发票 | 032001900204 | 18928376 | 2019－03－25 | 776.70 | 3 | 23.30 | 800.00 |
| 11 | ＊鞋＊男士皮鞋 | 增值税普通发票 | 032001900204 | 18928376 | 2019－03－25 | 75728.16 | 3 | 2271.84 | 78000.00 |
| 12 | ＊鞋＊女士皮鞋 | 增值税普通发票 | 032001900204 | 18928376 | 2019－03－25 | 310.68 | 3 | 9.32 | 320.00 |
| 合计 | | | | | | 226970.88 | | 6809.12 | 233780.00 |

## 业务指导

【步骤一】　抄报税。

登录税控开票软件,选择"报税处理"→"上报汇总",系统弹出"正在进行报税"对话框,单击"网上报税",完成后系统提示"上报汇总已成功",单击"确认"完成(同任务 3.1)。

【步骤二】　纳税申报初始化。

① 登录电子税务局,选择"我要办税"→"税费申报及缴纳"→"增值税小规模纳税人月(季)申报"。进入"增值税小规模纳税人月(季)申报"页面(图 3-32),核对"税款所属期",单击"进入申报"进入纳税申报页面(图 3-33)。

图 3-32　"增值税小规模纳税人月(季)申报"页面

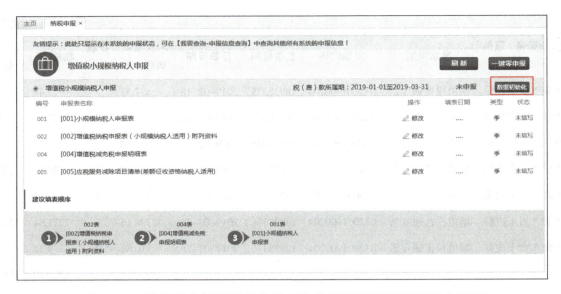

图 3-33　"增值税小规模纳税人月（季）申报纳税申报"页面（未填写）

② 进入"纳税申报"页面后，可以查看到本企业需填写的纳税申报表主表及其附表。在填写各表之前，需先单击"数据初始化"进行数据初始化。

③ 系统弹出提示"请先抄报税后申报，若未完成抄报税，先行申报税控盘将会锁死，需至税务机关清卡，否则无法开具发票，是否继续？"，报税员确认已抄报税后，单击"是"继续。

系统弹出提示"数据初始化操作将会清除您已经填写的表单数据，请确认是否继续？"，单击"是"继续。

系统弹出提示"初始化成功！"，单击"确定"完成数据初始化。

【步骤三】　填写纳税申报表。

① 完成数据初始化后，可参考图 3-33 下方的"建议填表顺序"填写。一般先填写［002］增值税纳税申报表（小规模纳税人适用）附列资料、［004］增值税减免税申报明细表，再填写［001］小规模纳税人申报表等。

② 单击"［002］增值税纳税申报表（小规模纳税人适用）附列资料"，打开填写窗口，可查看抄报税自动上传的各项目金额，核对无误后单击"保存"，系统提示"保存成功"，完成填写（图 3-34）。

③ 单击"切换报表"按钮，进入"选择切换"窗口（图 3-35），可选择下一张需填写的报表，按照建议填表顺序，选择"［004］增值税减免税申报明细表"。

④ 打开"增值税减免税申报明细表"窗口（图 3-36），若纳税人有符合减免税条件的业务，应在该表中填写。可通过"增加一行"或"删除"按钮来增加/删除减免税信息。填写完成后单击"保存"完成。

图 3-34　"增值税纳税申报表(小规模纳税人适用)附列资料"窗口

 不在此处

| 报表编号 | 报表名称 | 状态 |
|---|---|---|
| 10102001 | [001]小规模纳税人申报表 | 未填写 |
| 10102002 | [002]增值税纳税申报表（小规模纳税人适用）附列资料 | 已填写 |
| 10102004 | [004]增值税减免税申报明细表 | 未填写 |
| 10102005 | [005]应税服务减除项目清单(差额征收资格纳税人适用) | 未填写 |

图 3-35　"选择切换"窗口

图 3-36　"增值税减免税申报明细表"窗口

• 若纳税人有符合条件的重点群体人员,应单击"企业重点群体人员采集"按钮,打开"企业重点群体人员采集"窗口(图 3-37)。

图 3-37 "企业重点群体人员采集"窗口

可以通过"增行"或"删行"来增减人员信息,也可通过"模板下载"来下载 Excel 表单,填好人员信息后再通过"导入 EXCEL"功能填写。填写完成后单击"保存"。

• 若纳税人有符合条件的退役士兵,应单击"企业退役士兵采集"按钮,打开"企业退役士兵采集"窗口(图 3-38)。

图 3-38 "企业退役士兵采集"窗口

可以通过"增行"或"删行"来增减自主就业退役士兵信息,也可通过"EXCEL 模板"来下载 Excel 表单,填写好信息后再通过"上传 EXCEL"功能填写。填写完成后单击"保存"。

⑤ 单击"切换报表"按钮选择"[ 001 ]小规模纳税人申报表",打开"2016 版增值税纳税申报表(小规模纳税人适用)"窗口,可以看到前面填写过的信息已自动导入至该表(图 3-39)。

图 3-39　"2016 版增值税纳税申报表(小规模纳税人适用)"窗口

凌飞公司本季度不含税销售额为 226970.88 元,小于 30 万元,符合增值税小规模纳税人免征增值税优惠条款。又因为该金额为销售货物金额,因此系统将该金额填至栏次 10"其中:小微企业免税销售额"　本期数　"货物及劳务"列。

说明:自 2021 年 4 月 1 日起至 2022 年 12 月 31 日,增值税小规模纳税人以所有增值税应税销售行为(包括销售货物、劳务、服务、无形资产和不动产)合并计算销售额,合计月销售额未超过 15 万元(含)的,免征增值税(2019 年 1 月 1 日至 2020 年 12 月 31 日的免征月销售额为 10 万元)。

若纳税人有销售使用过的应税固定资产的业务,应手动填写栏次 7 和栏次 8。

⑥ 单击"切换报表"按钮,选择"[005]应税服务减除项目清单(差额征收资格纳税人适用)",打开"应税服务减除项目清单(差额征收资格纳税人适用)"窗口(图 3–40)。

若企业有差额征收业务,应在该表中填写。

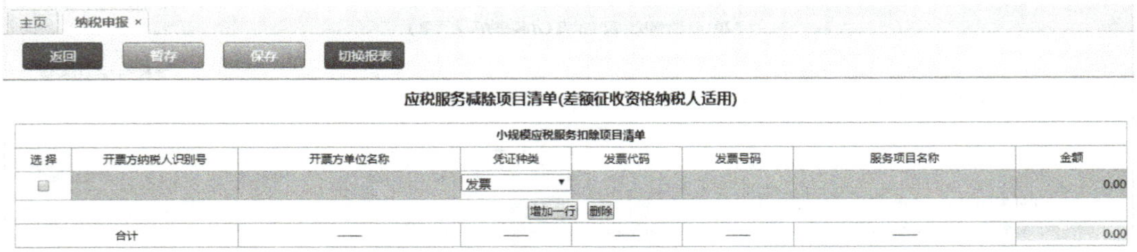

图 3–40　"应税服务减除项目清单(差额征收资格纳税人适用)"窗口

⑦ 所有申报表均填写完成后,返回"增值税小规模纳税人申报"页面,单击"申报"(图 3–41)。

图 3–41　"增值税小规模纳税人月(季)申报"页面(已填写)

⑧ 系统自动弹出本次申报应补(退)税(费)额的提示信息,确认无误后单击"是",可跳转至税费缴纳。

【步骤四】　税费缴纳。

增值税纳税申报完成后,系统会提示"为便利申报,是否跳转税费缴纳(含申报及更正)?",单击"税费缴纳",系统自动完成税费扣款。

【步骤五】　返写清卡。

税费缴纳后,打开税控开票软件,系统可自动进行远程清卡,提示"设备已完成清卡操作"。

## 学习小结

小规模纳税人增值税网上申报的操作步骤见图 3-42。

| 抄报税 | → | 纳税申报初始化 | → | 填写纳税申报表 | → | 税费缴纳 | → | 返写清卡 |
|---|---|---|---|---|---|---|---|---|
| 第一步 | | 第二步 | | 第三步 | | 第四步 | | 第五步 |

图 3-42　小规模纳税人增值税网上申报操作步骤

申报流程分五步：抄报税、纳税申报初始化、填写纳税申报表、税费缴纳、返写清卡。其中，抄报税、税费缴纳、返写清卡的操作方法同增值税一般纳税人。

## 学习体验

江苏科创制造有限公司为增值税小规模纳税人，2019 年 1—3 月发生如下经济业务。

（1）1 月 5 日，购置金税盘（公司初次购买增值税税控系统专用设备），取得增值税普通发票（表 3-15）。

表 3-15

035001926204　　江苏增值税普通发票　发票联　　NO 00205474　035001926204　00205474

开票日期：2019 年 01 月 05 日

| 购买方 | 名　称：江苏科创制造有限公司<br>纳税人识别号：911138322031501547<br>地址、电话：无锡市梁溪区东方路 230 号,051085462135<br>开户行及账号：中国银行无锡分行梁溪支行 21325486654125 | 密码区 | 67/\*+3\*0/611\*++0/+0\*/\*+3+2/9<br>\*11++66666\*\*066611\*+66666\*<br>1\*\*+216\*\*\*6000\*261\*2\*4/\*547<br>203994+-42\*64151\*6915361/3\* |
|---|---|---|---|

| 货物或应税劳务、服务名称 | 规格型号 | 单位 | 数量 | 单价 | 金额 | 税率 | 税额 |
|---|---|---|---|---|---|---|---|
| \*信息安全产品\*金税盘 | TCP-01 | 个 | 1 | 422.41 | 422.41 | 16% | 67.59 |
| 合　计 | | | | | ￥422.41 | | ￥67.59 |

| 价税合计（大写） | ⊗肆佰玖拾圆整 | （小写）￥490.00 |
|---|---|---|

| 销售方 | 名　称：江苏航天信息科技有限公司<br>纳税人识别号：913501027593710699<br>地址、电话：南京市江宁区秣陵街道诚信大道 998 号,02584568423<br>开户行及账号：中国银行南京分行江宁支行 0402562123542 | 备注 | |
|---|---|---|---|

第二联：发票联　购买方记账凭证

收款人：　　　复核：　　　开票人：陈丽莎　　　销售方：章

（2）销售业务发票开具情况见表 3–16。

表 3–16

**江苏科创制造有限公司 2019 年第一季度销项发票信息汇总表**

| 序号 | 发票种类 | 开票日期 | 购货方 | 货物或应税劳务、服务名称 | 金额 / 元 | 税率 /% | 税额 / 元 |
|---|---|---|---|---|---|---|---|
| 1 | 增值税普通发票 | 20190125 | 百灵超市有限公司 | ＊照明装置 ＊LED 台灯 | 85400.00 | 3 | 2562.00 |
| 2 | 增值税普通发票 | 20190208 | 华丰百货有限公司 | ＊照明装置 ＊LED 台灯 | 230000.00 | 3 | 6900.00 |
| 3 | 增值税普通发票 | 20190223 | 天蓝商贸有限公司 | ＊照明装置 ＊LED 台灯 | 182000.00 | 3 | 5460.00 |
| 4 | 增值税普通发票 | 20190310 | 盛大百货有限公司 | ＊照明装置 ＊LED 台灯 | 56200.00 | 3 | 1686.00 |
| | 合计 | | | | 553600.00 | | 16608.00 |

（3）3 月 21 日，销售自己使用过的作为固定资产核算的空调 3 台，该空调于 2018 年 12 月购入，开具增值税普通发票（表 3–17）。

表 3–17

要求：2019 年，4 月 3 日，江苏科创制造有限公司申报缴纳本年第一季度的增值税，计算填列增值税纳税申报表及其附列资料（表 3–18～表 3–20）。（金额需要四舍五入，保留两位小数。）

表 3-18

### 增值税纳税申报表(小规模纳税人适用)附列资料

税款所属期:2019 年 01 月 01 日至 2019 年 03 月 31 日　　　　　填表日期:2019 年 04 月 03 日

纳税人名称:江苏科创制造有限公司　　(公章)　　　　　　　　金额单位:元至角分

| 应税行为(3%征收率)扣除额计算 | | | |
|---|---|---|---|
| 期初余额 | 本期发生额 | 本期扣除额 | 期末余额 |
| 1 | 2 | 3(3≤1+2 之和,且 3≤5) | 4=1+2-3 |
| | | | |
| 应税行为(3%征收率)计税销售额计算 | | | |
| 全部含税收入(适用 3%征收率) | 本期扣除额 | 含税销售额 | 不含税销售额 |
| 5 | 6=3 | 7=5-6 | 8=7÷1.03 |
| | | | |
| 应税行为(5%征收率)扣除额计算 | | | |
| 期初余额 | 本期发生额 | 本期扣除额 | 期末余额 |
| 9 | 10 | 11(11≤9+10 之和,且 11≤13) | 12=9+10-11 |
| | | | |
| 应税行为(5%征收率)计税销售额计算 | | | |
| 全部含税收入(适用 5%征收率) | 本期扣除额 | 含税销售额 | 不含税销售额 |
| 13 | 14=11 | 15=13-14 | 16=15÷1.05 |
| | | | |

表 3-19

### 增值税减免税申报明细表

税款所属时间:2019 年 01 月 01 日至 2019 年 03 月 31 日

纳税人名称:江苏科创制造有限公司　　(公章)　　　　　　金额单位:元至角分

| 一、减税项目 | | | | | | |
|---|---|---|---|---|---|---|
| 减税性质代码及名称 | 栏次 | 期初余额 | 本期发生额 | 本期应抵减税额 | 本期实际抵减税额 | 期末余额 |
| | | 1 | 2 | 3=1+2 | 4≤3 | 5=3-4 |
| 合计 | 1 | | | | | |
| | 2 | | | | | |
| | 3 | | | | | |
| | 4 | | | | | |
| | 5 | | | | | |
| | 6 | | | | | |

续表

| 二、免税项目 | | | | | | |
|---|---|---|---|---|---|---|
| 免税性质代码及名称 | 栏次 | 免征增值税项目销售额 | 免税销售额扣除项目本期实际扣除金额 | 扣除后免税销售额 | 免税销售额对应的进项税额 | 免税额 |
| | | 1 | 2 | 3=1-2 | 4 | 5 |
| 合计 | 7 | | | | | |
| 出口免税 | 8 | | | | | |
| 其中:跨境服务 | 9 | | | | | |
| | 10 | | | | | |
| | 11 | | | | | |
| | 12 | | | | | |
| | 13 | | | | | |
| | 14 | | | | | |
| | 15 | | | | | |
| | 16 | | | | | |

表 3-20

**增值税纳税申报表**

（小规模纳税人适用）

纳税人识别号:911138322031501547

纳税人名称:江苏北京科创制造有限公司　　（公章）　　　　　　　　金额单位:元至角分

税款所属期:2019 年 01 月 01 日至 2019 年 03 月 31 日　　　　　　填表日期:2019 年 04 月 03 日

| 项目 | | 栏次 | 本期数 | | 本年累计 | |
|---|---|---|---|---|---|---|
| | | | 货物及劳务 | 服务、不动产和无形资产 | 货物及劳务 | 服务、不动产和无形资产 |
| 一、计税依据 | （一）应征增值税不含税销售额(3% 征收率) | 1 | | | | |
| | 税务机关代开的增值税专用发票不含税销售额 | 2 | | | | |
| | 税控器具开具的普通发票不含税销售额 | 3 | | | | |
| | （二）应征增值税不含税销售额(5% 征收率) | 4 | | | | |
| | 税务机关代开的增值税专用发票不含税销售额 | 5 | | | | |
| | 税控器具开具的普通发票不含税销售额 | 6 | | | | |
| | （三）销售使用过的固定资产不含税销售额 | 7(7≥8) | | | | |

续表

| 项目 | 栏次 | 本期数 | | 本年累计 | |
|---|---|---|---|---|---|
| | | 货物及劳务 | 服务、不动产和无形资产 | 货物及劳务 | 服务、不动产和无形资产 |
| 一、计税依据　其中:税控器具开具的普通发票不含税销售额 | 8 | | | | |
| （四）免税销售额 | 9=10+11+12 | | | | |
| 其中:小微企业免税销售额 | 10 | | | | |
| 未达起征点销售额 | 11 | | | | |
| 其他免税销售额 | 12 | | | | |
| （五）出口免税销售额 | 13(13≥14) | | | | |
| 其中:税控器具开具的普通发票销售额 | 14 | | | | |
| 二、税款计算　本期应纳税额 | 15 | | | | |
| 本期应纳税额减征额 | 16 | | | | |
| 本期免税额 | 17 | | | | |
| 其中:小微企业免税额 | 18 | | | | |
| 未达起征点免税额 | 19 | | | | |
| 应纳税额合计 | 20=15-16 | | | | |
| 本期预缴税额 | 21 | | | | |
| 本期应补(退)税额 | 22=20-21 | | | | |

| 纳税人或代理人声明: | 如纳税人填报,由纳税人填写以下各栏: | |
|---|---|---|
| 本纳税申报表是根据国家税收法律法规及相关规定填报的,我确定它是真实的、可靠的、完整的。 | 办税人员: | 财务负责人: |
| | 法定代表人: | 联系电话: |
| | 如委托代理人填报,由代理人填写以下各栏: | |
| | 代理人名称(公章): | 经办人: |
| | 联系电话: | |

主管税务机关:　　　　　　　　　　接收人:　　　　　　　　　　接收日期:

增值税
申报相关
政策

# 项目 4

## 消费税网上申报

**学习目标**

- 了解消费税纳税期限;明确消费税征收范围和申报流程;了解其他消费税网上申报
- 能进行烟类、酒类消费税网上申报
- 理解合理消费,践行环保、节约、低碳的健康生活方式

## 基 础 知 识

### 一、消费税纳税期限

在我国境内生产、委托加工和进口规定的消费品的单位和个人,以及国务院确定的销售规定的消费品的其他单位和个人,依据相关税收法律、法规、规章及其他有关规定,应在规定的纳税申报期限内填报消费税申报表、附表和其他相关资料,向税务机关进行纳税申报。

消费税的纳税期限分别为 1 日、3 日、5 日、10 日、15 日、1 个月或者 1 个季度。纳税人的具体纳税期限,由主管税务机关根据纳税人应纳税额的大小分别核定;不能按照固定期限纳税的,可以按次纳税。纳税人以 1 个月或者 1 个季度为 1 个纳税期的,自期满之日起 15 日内申报纳税;以 1 日、3 日、5 日、10 日或者 15 日为 1 个纳税期的,自期满之日起 5 日内预缴税款,于次月 1 日起 15 日内申报纳税并结清上月应纳税款。纳税期限遇最后一日是法定休假日的,以休假日期满的次日为期限的最后一日;在期限内有连续 3 日以上法定休假日的,

按休假日天数顺延。

## 二、消费税申报

### (一) 纳税义务人

在我国境内生产、委托加工和进口规定的消费品的单位和个人,以及国务院确定的销售规定的消费品的其他单位和个人,为消费税的纳税义务人。

微课——
消费税
网上申报

### (二) 申报流程

消费税纳税人按其应税业务适用消费税税目不同,填写的纳税申报表种类也不同。消费税纳税申报表主要包括:烟类应税消费品消费税纳税申报表、卷烟批发环节消费税纳税申报表、酒类应税消费品消费税纳税申报表、成品油消费税纳税申报表、小汽车消费税纳税申报表、电池消费税纳税申报表、涂料消费税纳税申报表、其他应税消费品消费税纳税申报表,其中其他应税消费品消费税纳税申报表用于企业发生高档化妆品、贵重首饰及珠宝玉石、金银首饰(铂金首饰、钻石及钻石饰品)、鞭炮焰火、摩托车、高尔夫球及球具、高档手表、游艇、木制一次性筷子、实木地板、超豪华小汽车应税业务的申报。

纳税人需填写哪种类型的消费税纳税申报表由其所属主管税务机关根据其应税业务决定。主管税务机关在网上申报系统中先为纳税人选定需填写的申报表种类,纳税人直接从电子税务局的"消费税月度申报"进入完成申报即可。

## 知识拓展

### 我国消费税税目、税率变化历程

我国 1994 年实施《中华人民共和国消费税暂行条例》,标志着消费税制度正式建立,其设立的主要目的是调节消费结构、引导合理消费,保证财政收入稳定。最初的消费税制度下征税对象涵盖十一大类消费品:① 奢侈品和非生活必需品,包括化妆品、护发护肤品、贵重首饰及珠宝玉石。② 过度消费会对人体、社会、生态等方面造成危害的消费品,包括烟、酒及酒精、鞭炮焰火。③ 高能耗和高档消费品,包括摩托车、小汽车、汽车轮胎。④ 不可再生不可替代的石油产品,包括汽油、柴油。

微课——
引导合理
消费,共建
和谐社会

2006 年是我国消费税改革规模最大的一次,主要包括四项内容:① 新增税目。新增游艇、高尔夫球、高档手表、一次性筷子和实木地板。新增税目主要考虑到了环境和资源因素。② 取消汽油和柴油税目,开设成品油税目。在不改变税率的情况下将汽油和柴油划分为同一税目,增设石脑油、润滑油、溶剂油、燃料油以及航空煤油五个子项目,对抑制消费、引导节约意义重大。③ 改革护肤护发产品税目,将其中的高档商品列入化妆品税目。这一变革是适应经济发展对高档消费品及奢侈品定义的变革进行的。④ 考虑节能环保,尽量限制大排量汽车使用情况,将汽车及摩托车类产品的税率按照排量重新设定梯级税率。

2008 年调整了小汽车的消费税税率,将其分为乘用车与中轻型商用客车两种类型,分别征税。

2009 年开始实行燃油费改税,将公路运输管理费、公路养路费、航道养护费等 6 个收费项目取消,同时调高成品油消费税税率。这一改革体现了政府利用税收杠杆推动节能减排、加强宏观调控的决心。

2014 年取消对小排量摩托车、车用含铅汽油、酒精征收的消费税,将汽车轮胎税目完全取消,消费税的税目减少到 13 个。

2015 年确定了电池和涂料两个新的税目,消费税税目增加至 15 个。

2016 年取消对普通美容、修饰类化妆品征收消费税,将"化妆品"税目更名为"高档化妆品",征收范围包括高档美容、修饰类化妆品、高档护肤类化妆品和成套化妆品,税率调整为 15%。

随着经济发展,产业结构变化,居民生活水平提高,消费结构与偏好变化,我国消费税税目、税率也在不断变化。这些政策变更都是为了帮助消费税更好地发挥在经济调控、引导居民消费、保护环境等方面的积极作用,为构建和谐社会贡献力量。

# 任务 4.1　烟类消费税网上申报

## 🔶 任务情境

无锡市华丰烟草有限公司(以下简称华丰公司)(增值税一般纳税人)主营烟类产品的生产销售,2019 年 12 月 1 日,公司税务会计张峰申报 11 月的消费税。

(1) 2019 年 11 月,华丰公司期初库存外购烟丝买价 60 万元,当期购进烟丝买价 110 万元,期末库存外购烟丝买价 40 万元。

(2) 11 月生产及销售情况(表 4–1):

表 4-1

### 华丰公司 11 月生产及销售情况汇总表

| 商品名称 | 产量 / 万支 | 单价(不含增值税)/(元 / 条) | 已核定消费税计税价格 /(元 / 条) | 销量 / 条 | 销售额(不含增值税)/ 元 | 备注 |
|---|---|---|---|---|---|---|
| 卷烟 1300 | 30 | 350 | 320 | 1500 | 525000.00 | 1 万支烟 =50 条烟 |
| 卷烟 725 | 98 | 65 | 63 | 4900 | 318500.00 | |

（3）2019 年 11 月的期初未缴税额 8700 元，在本期补缴。

#### 中。业务指导

【步骤一】 纳税申报数据初始化。

① 登录电子税务局，选择"我要办税"→"税费申报及缴纳"→"消费税月度申报"（图 4-1）。

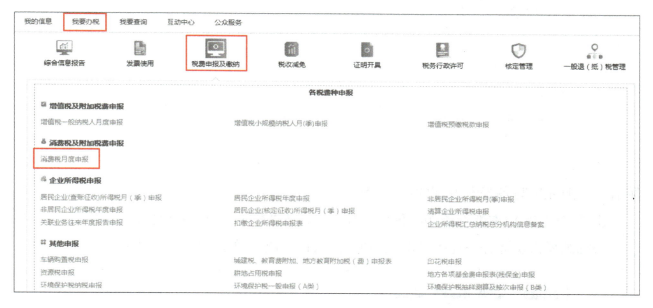

图 4-1　消费税月度申报路径

② 进入"消费税月度申报"页面，核对税款所属期，单击"进入申报"（图 4-2）。

③ 单击"数据初始化"，为申报数据填写做准备（图 4-3）。

④ 系统弹出提示"数据初始化操作将会清除您已经填写的表单数据，请确认是否继续？"，单击"是"继续。系统弹出提示"初始化成功！"，表示数据初始化完成。

【步骤二】 填写纳税申报表。

数据初始化完成后，可参考图 4-3 下方的"建议填表顺序"填写消费税月度申报表及其

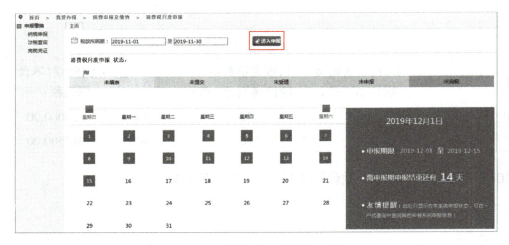

图 4-2  "消费税月度申报"页面

图 4-3  "消费税月度申报"填写页面(未填写)

附表。一般先填写各张附表,再填写主表。

① 单击"[ 002 ]本期准予扣除税额计算表",进入"本期准予扣除税额计算表"页面。根据纳税人实际经济业务情况填写所有项目,完成后单击"保存"(图 4-4)。

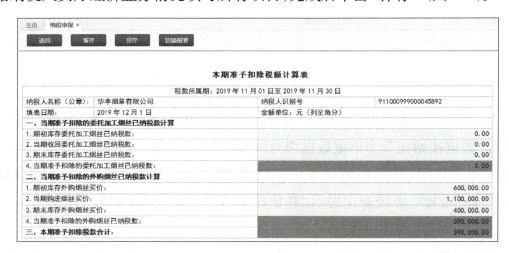

图 4-4  "本期准予扣除税额计算表"页面

本期准予扣除税额计算表作为烟类应税消费品消费税纳税申报表的附报资料,由外购或委托加工收回烟丝后连续生产卷烟的纳税人填报。

"当期准予扣除的委托加工烟丝已纳税款"计算公式如下:

$$
\begin{array}{l}
\text{当期准予扣除的} \\
\text{委托加工烟丝} \\
\text{已纳税款}
\end{array}
=
\begin{array}{l}
\text{期初库存} \\
\text{委托加工烟丝} \\
\text{已纳税款}
\end{array}
+
\begin{array}{l}
\text{当期收回} \\
\text{委托加工烟丝} \\
\text{已纳税款}
\end{array}
-
\begin{array}{l}
\text{期末库存} \\
\text{委托加工烟丝} \\
\text{已纳税款}
\end{array}
$$

"当期准予扣除的外购烟丝已纳税款"计算公式如下:

$$
\begin{array}{l}
\text{当期准予扣除的} \\
\text{外购烟丝} \\
\text{已纳税款}
\end{array}
=
\left(
\begin{array}{l}
\text{期初库存} \\
\text{外购烟丝} \\
\text{买价}
\end{array}
+
\begin{array}{l}
\text{当期购进} \\
\text{烟丝买价}
\end{array}
-
\begin{array}{l}
\text{期末库存} \\
\text{外购烟丝} \\
\text{买价}
\end{array}
\right)
\times
\begin{array}{l}
\text{外购烟丝} \\
\text{适用税率}
\end{array}
$$

"本期准予扣除税款合计"为本期外购及委托加工收回烟丝后连续生产卷烟准予扣除烟丝已纳税款的合计数,应与烟类应税消费品消费税纳税申报表中对应项目一致。

② 单击"切换报表"按钮选择"〔003〕本期代收代缴税额计算表",进入"本期代收代缴税额计算表"页面。

本期代收代缴税额计算表作为烟类应税消费品消费税纳税申报表的附报资料,由烟类应税消费品受托加工方填报。当企业存在受托加工卷烟、雪茄烟、烟丝时,作为受托方代收代缴的消费税应在该表填写。

"受托加工数量"的计量单位为卷烟为万支,雪茄烟为支,烟丝为千克。"同类产品销售价格"为受托方同类产品销售价格。"组成计税价格"的计算公式如下:

从价定率:组成计税价格=(材料成本+加工费)÷(1-消费税比例税率)

复合计税:

$$
\begin{array}{l}
\text{组成计税} \\
\text{价格}
\end{array}
=
\left(
\begin{array}{l}
\text{材料} \\
\text{成本}
\end{array}
+
\begin{array}{l}
\text{加工} \\
\text{费}
\end{array}
+
\begin{array}{l}
\text{委托加工} \\
\text{数量}
\end{array}
\times
\begin{array}{l}
\text{定额} \\
\text{税率}
\end{array}
\right)
\div
\left(
1-
\begin{array}{l}
\text{消费税} \\
\text{比例税率}
\end{array}
\right)
$$

"本期代收代缴税款"的计算公式如下:

当受托方有同类产品销售价格时：

$$\text{本期代收代缴税款} = \text{同类产品销售价格} \times \text{受托加工数量} \times \text{适用税率} + \text{受托加工数量} \times \text{适用税率}$$

当受托方没有同类产品销售价格时：

$$\text{本期代收代缴税款} = \text{组成计税价格} \times \text{适用税率} + \text{受托加工数量} \times \text{适用税率}$$

根据纳税人实际经济业务情况填写所有项目，完成后单击"保存"（图 4-5）。

图 4-5　"本期代收代缴税额计算表"页面

③ 单击"切换报表"按钮选择"［004］卷烟生产企业年度销售明细表"，进入"卷烟生产企业年度销售明细表"（图 4-6）页面。

图 4-6　"卷烟生产企业年度销售明细表"页面

本表为年报,作为烟类应税消费品消费税纳税申报表的附报资料于次年1月办理消费税纳税申报时一并报送。由于此案例为申报 11 月消费税,因此无须填写,直接单击"保存"完成。

④ 单击"切换报表"按钮选择"[ 005 ]各牌号规格卷烟消费税计税价格",进入"各牌号规格卷烟消费税计税价格"页面(图 4-7)。

**各牌号规格卷烟消费税计税价格**

所属期:2019年11月01日至2019年11月30日

| 纳税人名称(公章): | 华丰烟草有限公司 | | 纳税人识别号: | 91100099900003716 | |
| --- | --- | --- | --- | --- | --- |
| 填表日期: | 2019 年 12 月 1 日 | | | 单位:万支、元、元/条(200 支) | |
| 卷烟牌号 | 烟支包装规格 | 销量 | 消费税计税价格 | 销售额 | 备注 |
| 合计 | — | 6,400.00 | | | — |
| 卷烟 1300 | 一类卷烟 | 1,500.00 | 350.00 | 525,000.00 | 0.00 |
| 卷烟 725 | 二类卷烟 | 4,900.00 | 65.00 | 318,500.00 | 0.00 |
| | | | | 0.00 | 0.00 |
| | | | | 0.00 | 0.00 |
| | | | | 0.00 | 0.00 |
| | | | | 0.00 | 0.00 |
| | | | | 0.00 | 0.00 |
| | | | | 0.00 | 0.00 |
| | | | | 0.00 | 0.00 |
| | | | | 0.00 | 0.00 |

图 4-7　"各牌号规格卷烟消费税计税价格"页面

各牌号规格卷烟消费税计税价格为月报,作为烟类应税消费品消费税纳税申报表的附报资料,由卷烟消费税纳税人每月办理消费税纳税申报时报送,同时报送本表的 Excel 格式电子文件。

"消费税计税价格"为计算缴纳消费税的卷烟价格。已核定消费税计税价格的卷烟,实际销售价格高于核定消费税计税价格的,填写实际销售价格;实际销售价格低于核定消费税计税价格的,填写核定消费税计税价格;同时,在备注栏中填写核定消费税计税价格的文号。由于该案例中实际销售价格高于核定计税价格,故应按实际销售价格填制。

未核定消费税计税价格的,以及出口、委托加工收回后直接销售的卷烟,填写实际销售价格。在同一所属期内该栏数值发生变化的,应分行填写,并在备注栏中标注变动日期。

本表"销售额"的计算公式如下:

销售额 = 销量 × 消费税计税价格

⑤ 单击"切换报表"按钮选择"[ 006 ]本期减(免)税额明细表",进入"本期减(免)税额明细表"页面(图 4-8)。

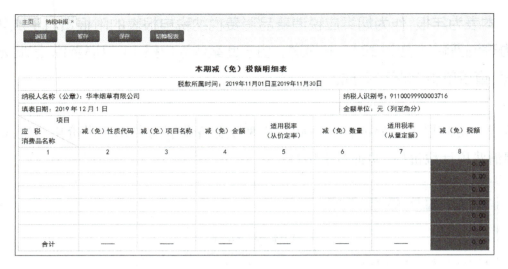

图 4-8　"本期减（免）税额明细表"页面

> "本期减（免）税额明细表"作为消费税纳税申报表的附列资料，由符合消费税减免税政策规定的纳税人填报。未发生减（免）消费税业务的纳税人和受托加工方不填报本表。

⑥ 单击"切换报表"按钮选择"［001］烟类应税消费品消费税缴纳申报表"，进入"烟类应税消费品消费税缴纳申报"页面。所有信息填写完成后，单击"保存"（图 4-9）。

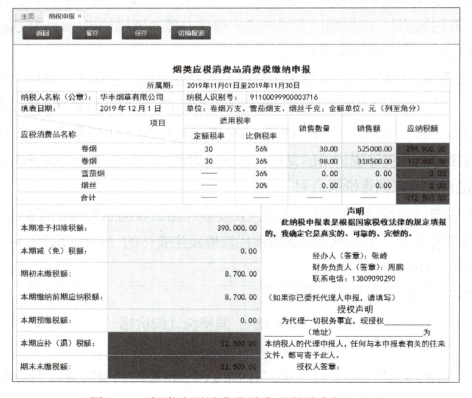

图 4-9　"烟类应税消费品消费税缴纳申报"页面

⑦ 单击"返回"回到"消费税月度申报"页面,单击"申报"(图 4-10)。

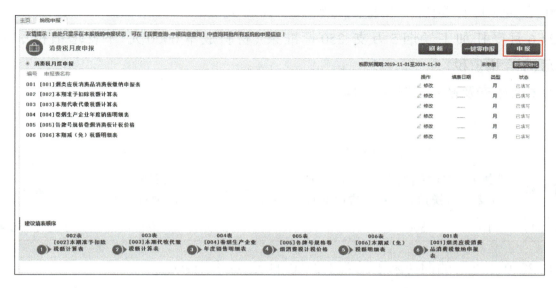

图 4-10　"消费税月度申报"填写页面(已填写)

⑧ 系统弹出提示本期应补(退)税(费)金额,核对无误后单击"是"(图 4-11)。

【步骤三】　税费缴纳。

纳税申报完成后,系统会弹出提示"为便利申报,是否跳转税费缴纳(含申报及更正)?",单击"税费缴纳"系统可完成税费扣款。

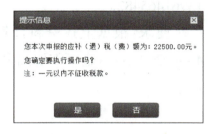

图 4-11　消费税应补(退)税(费)额提示信息

## 📋。 学习小结

烟类消费税网上申报的操作步骤(图 4-12)。

图 4-12　烟类消费税网上申报操作步骤

## ✍。 学习体验

南京市红杉烟草有限公司(增值税一般纳税人)主营烟类产品的生产销售,2019 年 6 月发生如下经济业务:

（1）期初库存委托加工烟丝已纳税款 100000 元,当期收回委托加工烟丝已纳税款 800000 元,期末库存委托加工烟丝已纳税款 250000 元。

（2）6 月受托加工卷烟 5 万支(250 标准条),材料成本 6000 元(不含增值税),加工费 4000 元(不含增值税)。

（3）6 月生产及销售情况见表 4–2。

表 4–2

### 南京市红杉烟草有限公司 6 月生产及销售情况汇总表

| 商品名称 | 产量／万支 | 单价(不含增值税)/(元／条) | 已核定消费税计税价格/(元／条) | 销量／条 | 销售额(不含增值税)/元 | 备注 |
|---|---|---|---|---|---|---|
| 卷烟 3243 | 110 | 360 | 320 | 5500 | 1980000.00 | 1 万支烟 =50 条烟 |

（4）2019 年 6 月的期初未缴税额 452100.00 元,在本期补缴。

南京市红杉烟草有限公司报税员为张兰,财务负责人为陶鸿飞,联系电话为 13961465482。

要求:根据上述资料计算填列烟类应税消费品消费税缴纳申报表及其相关附表(表 4–3~ 表 4–8)。(金额需要四舍五入的保留两位小数。)

表 4–3

### 本期准予扣除税额计算表

税款所属时间:2019 年 06 月 01 日至 2019 年 06 月 30 日

纳税人名称:红杉烟草有限公司　(公章)　　　　　　纳税人识别号:911000999000054871

填表日期:2019 年 07 月 01 日　　　　　　　　　　金额单位:元(列至角分)

| | |
|---|---|
| **一、当期准予扣除的委托加工烟丝已纳税款计算** | |
| 1. 期初库存委托加工烟丝已纳税款: | |
| 2. 当期收回委托加工烟丝已纳税款: | |
| 3. 期末库存委托加工烟丝已纳税款: | |
| 4. 当期准予扣除的委托加工烟丝已纳税款: | |
| **二、当期准予扣除的外购烟丝已纳税款计算** | |
| 1. 期初库存外购烟丝买价: | |
| 2. 当期购进烟丝买价: | |
| 3. 期末库存外购烟丝买价: | |
| 4. 当期准予扣除的外购烟丝已纳税款: | |
| **三、本期准予扣除税款合计:** | |

表 4-4

## 本期代收代缴税额计算表

税款所属时间:2019 年 06 月 01 日至 2019 年 06 月 30 日

纳税人名称:红杉烟草有限公司 （公章）　　　　　　纳税人识别号:911000999000054871

填表日期:2019 年 07 月 01 日　　　　　　　　　　金额单位:元(列至角分)

| 应税消费品名称 项目 | | 卷烟 | 卷烟 | 雪茄烟 | 烟丝 | 合计 |
|---|---|---|---|---|---|---|
| 适用税率 | 定额税率 | 30 元 / 万支 | 30 元 / 万支 | | | |
| | 比例税率 | 56% | 36% | 36% | 30% | |
| 受托加工数量 | | | | | | |
| 同类产品销售价格 | | | | | | |
| 材料成本 | | | | | | |
| 加工费 | | | | | | |
| 组成计税价格 | | | | | | |
| 本期代收代缴税款 | | | | | | |

表 4-5

## 卷烟生产企业年度销售明细表

税款所属时间:2019 年 01 月 01 日至 2019 年 12 月 31 日

纳税人名称:红杉烟草有限公司 （公章）　　　　　　纳税人识别号:911000999000054871

填表日期:　年　月　日　　　　　　　　　　单位:万支、元、元 / 条(200 支)

| 卷烟条包装商品条码 1 | 卷烟牌号规格 2 | 产量 3 | 销量 4 | 销售价格 5 | 调拨价格 6 | 消费税计税价格 7 | 销售额 8 | 备注 9 |
|---|---|---|---|---|---|---|---|---|
| | | | | | | | | |
| | | | | | | | | |
| | | | | | | | | |
| | | | | | | | | |
| | | | | | | | | |
| | | | | | | | | |
| | | | | | | | | |
| | | | | | | | | |
| | | | | | | | | |
| | | | | | | | | |
| 合计 | | | | | | | | |

表 4-6

## 各牌号规格卷烟消费税计税价格

税款所属时间:2019 年 06 月 01 日至 2019 年 06 月 30 日

纳税人名称:红杉烟草有限公司 （公章）　　　　纳税人识别号:911000999000054871

填表日期:2019 年 07 月 01 日　　　　　　　　单位:万支、元、元/条(200 支)

| 卷烟牌号 | 烟支包装规格 | 销量 | 消费税计税价格 | 销售额 | 备注 |
|---|---|---|---|---|---|
| 合计 | | | | | |
| | | | | | |
| | | | | | |
| | | | | | |
| | | | | | |
| | | | | | |
| | | | | | |
| | | | | | |
| | | | | | |
| | | | | | |
| | | | | | |

表 4-7

## 本期减（免）税额明细表

税款所属时间:2019 年 06 月 01 日至 2019 年 06 月 30 日

纳税人名称:红杉烟草有限公司 （公章）　　　　纳税人识别号:911000999000054871

填表日期:2019 年 07 月 01 日　　　　　　　　金额单位:元(列至角分)

| 项目／应税消费品名称 | 减（免）性质代码 | 减（免）项目名称 | 减（免）金额 | 适用税率（从价定率） | 减（免）数量 | 适用税率（从量定额） | 减（免）税额 |
|---|---|---|---|---|---|---|---|
| 1 | 2 | 3 | 4 | 5 | 6 | 7 | $8=4\times5+6\times7$ |
| | | | | | | | |
| | | | | | | | |
| | | | | | | | |
| | | | | | | | |
| | | | | | | | |
| | | | | | | | |
| 合计 | | | | | | | |

表 4-8

## 烟类应税消费品消费税纳税申报表

税款所属时间:2019 年 06 月 01 日至 2019 年 06 月 30 日

纳税人名称:红杉烟草有限公司　(公章)　　　　　　纳税人识别号:911000999000054871

填表日期:2019 年 07 月 01 日　　单位:卷烟万支、雪茄烟支、烟丝千克;金额单位:元(列至角分)

| 应税消费品名称 ＼ 项目 | 适用税率 | | 销售数量 | 销售额 | 应纳税额 |
|---|---|---|---|---|---|
| | 定额税率 | 比例税率 | | | |
| 卷烟 | 30 元 / 万支 | 56% | | | |
| 卷烟 | 30 元 / 万支 | 36% | | | |
| 雪茄烟 | | 36% | | | |
| 烟丝 | | 30% | | | |
| 合计 | | | | | |

| | |
|---|---|
| 本期准予扣除税额: | **声明** |
| | 　此纳税申报表是根据国家税收法律的规定填报的,我确定它是真实的、可靠的、完整的。 |
| 本期减(免)税额: | |
| | 经办人(签章):<br>财务负责人(签章):<br>联系电话: |
| 期初未缴税额: | |
| | (如果你已委托代理人申报,请填写)<br>**授权声明**<br>　为代理一切税务事宜,现授权<br>(地址) |
| 本期缴纳前期应纳税额: | |
| 本期预缴税额: | |
| 本期应补(退)税额: | 为本纳税人的代理申报人,任何与本申报表有关的往来文件,都可寄予此人。 |
| 期末未缴税额: | 授权人签章: |

**以下由税务机关填写**

受理人(签章):　　　　　受理日期:　年　月　日　　　　受理税务机关(章):

# 任务 4.2　酒类消费税网上申报

## 📚 任务情境

无锡市太白酒业有限公司(以下简称太白酒业)(增值税一般纳税人)主营各类酒生产与

销售, 2019 年 4 月 1 日, 公司税务会计汤莉莉申报 3 月的消费税。太白酒业 2019 年 3 月发生如下经济业务:

(1) 3 月销售情况见表 4-9。

表 4-9

太白酒业 2019 年 3 月销售情况汇总表

| 商品名称 | 销量 / 斤 | 单价(不含增值税)/(元 / 斤) | 销售额(不含增值税)/ 元 |
|---|---|---|---|
| 粮食白酒 | 20000 | 15 | 300000.00 |
| 薯类白酒 | 15000 | 10 | 150000.00 |

(2) 3 月 15 日, 将一批 10000 斤的红酒发给职工作为福利, 该产品市场售价为 20000.00 元(不含增值税), 实际成本为 14000.00 元。

(3) 2019 年 3 月的期初未缴税额 158020.50 元, 在本期补缴。

🔹 **业务指导**

【步骤一】 纳税申报数据初始化。

本步骤操作与任务 4.1【步骤一】基本相同, 此处不再赘述。

【步骤二】 填写纳税申报表。

数据初始化完成后, 可参考图 4-13 下方的"建议填表顺序"填写消费税月度申报表及其附表。一般先填写各张附表, 再填写主表。

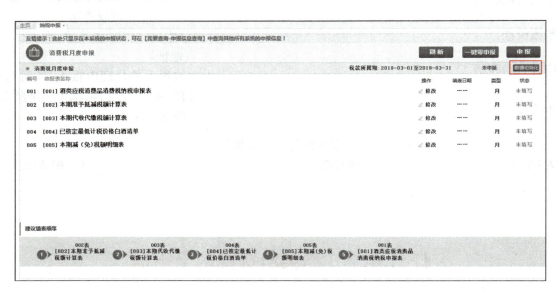

图 4-13 "消费税月度申报"填写页面(未填写)

① 单击"[002]本期准予抵减税额计算表", 进入"本期准予抵减税额计算表"页面(图 4-14)。

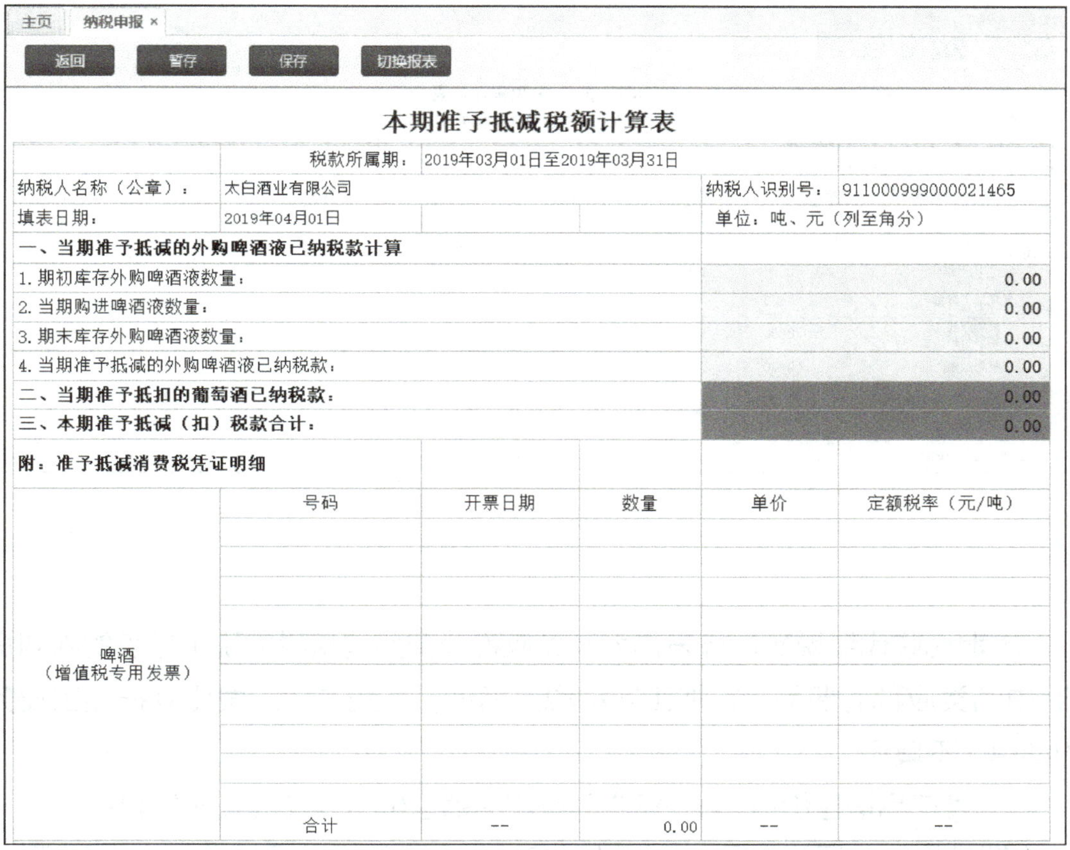

图 4-14　"本期准予抵减税额计算表"页面

本期准予抵减税额计算表作为酒类应税消费品消费税纳税申报表的附列资料,由以外购啤酒液为原料连续生产啤酒的纳税人、以外购(仅限从生产企业购进,下同)或进口葡萄酒为原料连续生产葡萄酒的纳税人填报。未发生以外购啤酒液为原料连续生产啤酒、以外购或进口葡萄酒为原料连续生产葡萄酒业务的纳税人不填报。

"当期准予抵减的外购啤酒液已纳税款"计算公式如下:

$$\text{当期准予抵减的外购啤酒液已纳税款} = \left( \text{期初库存外购啤酒液数量} + \text{当期购进啤酒液数量} - \text{期末库存外购啤酒液数量} \right) \times \text{外购啤酒液适用定额税率}$$

其中,外购啤酒液适用定额税率由购入方取得的销售方销售啤酒液所开具的增值税专用发票上记载的单价确定。适用定额税率不同的,应分别核算外购啤酒液数量和当期准予抵减的外购啤酒液已纳税款,并在表中填写合计数。

② 单击"切换报表"按钮,选择"[ 003 ]本期代收代缴税额计算表",进入"本期代收代缴税额计算表"页面(图 4-15)。

| 主页　纳税申报 × |
| 返回　暂存　保存　切换报表 |

**本期代收代缴税额计算表**

税款所属期：2019年03月01日至2019年03月31日

纳税人名称（公章）：太白酒业有限公司　　纳税人识别号：911000999000021465

填表日期：2019年04月01日　　单位：吨、元（列至角分）

| 项目 | 应税消费品名称 | 粮食白酒 | 薯类白酒 | 啤酒 | 啤酒 | 黄酒 | 其他酒 | 合计 |
|---|---|---|---|---|---|---|---|---|
| 适用税率 | 定额税率 | 0.5元/斤 | 0.5元/斤 | 250元/吨 | 220元/吨 | 240元/吨 | ---- | ---- |
| | 比例税率 | 20% | 20% | ---- | ---- | ---- | 10% | ---- |
| 受托加工数量 | | 0.00 | 0.00 | 0.00 | 0.00 | 0.00 | 0.00 | ---- |
| 同类产品销售价格 | | 0.00 | 0.00 | 0.00 | 0.00 | -- | 0.00 | ---- |
| 材料成本 | | 0.00 | 0.00 | 0.00 | 0.00 | -- | 0.00 | ---- |
| 加工费 | | 0.00 | 0.00 | 0.00 | 0.00 | -- | 0.00 | ---- |
| 组成计税价格 | | 0.00 | 0.00 | 0.00 | 0.00 | -- | 0.00 | ---- |
| 本期代收代缴税款 | | 0.00 | 0.00 | 0.00 | 0.00 | 0.00 | 0.00 | 0.00 |

图 4-15　"本期代收代缴税额计算表"页面

本期代收代缴税额计算表作为酒类应税消费品消费税纳税申报表的附列资料，由酒类应税消费品受托加工方纳税人填报。委托方和未发生受托加工业务的纳税人不填报。

"同类产品销售价格"为受托方同类产品销售价格，其计算公式如下：

$$本期代收代缴税款 = 同类产品销售价格 \times 受托加工数量 \times 适用税率 + 受托加工数量 \times 适用税率$$

若无同类产品销售价格则需要组价，其计算公式如下：

$$组成计税价格 = \left( 材料成本 + 加工费 \right) \div \left( 1 - 消费税税率 \right)$$

$$本期代收代缴税款 = 组成计税价格 \times 适用税率 + 受托加工数量 \times 适用税率$$

该表所有项目填写完成后，点击"保存"（图 4-15）。

③ 单击"切换报表"按钮选择"［004］已核定最低计税价格白酒清单"，进入"已核定最低计税价格白酒清单"页面（图 4-16）。

已核定最低计税价格白酒清单作为酒类应税消费品消费税纳税申报表的附列资料。第 2 栏"品名"填写白酒产品标签标示的产品名称。第 3 栏"规格"填写白酒产品的酒精度。品名、规格相同但价格不同的白酒按两个规格分别填列。第 4 栏"出厂价格"为生产企业销售白酒价格。第 5 栏"核定消费税最低计税价格"为税务机关核定的白酒消费税最低计税价格。

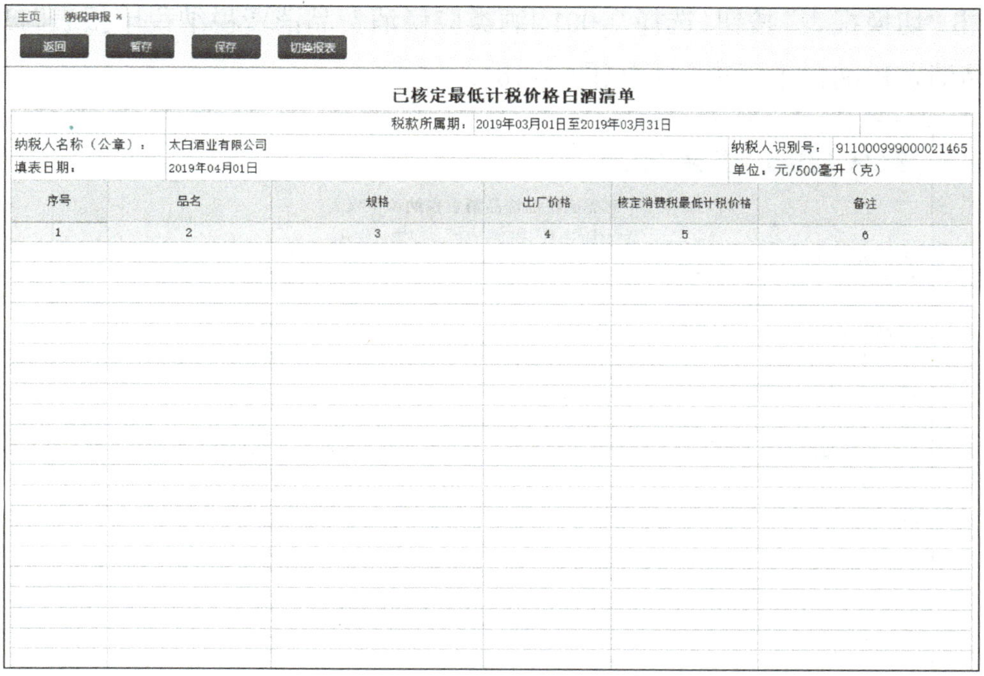

图 4-16　"已核定最低计税价格白酒清单"页面

④ 单击"切换报表"按钮,选择"[005]本期减(免)税额明细表",进入"本期减(免)税额明细表"页面(图 4-17)。

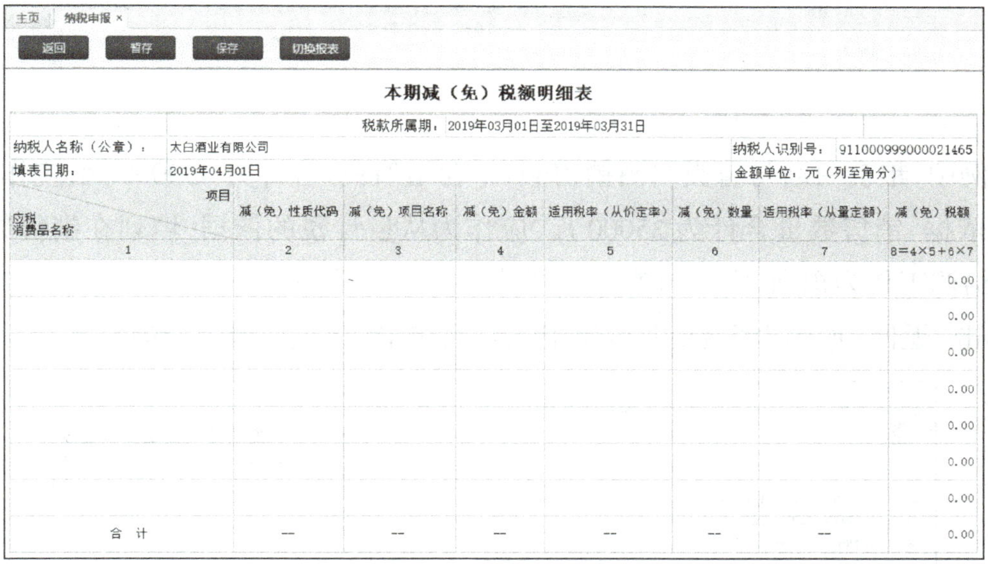

图 4-17　"本期减(免)税额明细表"页面

　　本期减(免)税额明细表作为消费税纳税申报表的附列资料,由符合消费税减免税政策规定的纳税人填报。未发生减(免)消费税业务的纳税人和受托加工方不填报。

⑤ 单击“切换报表”按钮，选择“[ 001 ]酒类应税消费品消费税纳税申报表”，进入“酒类应税消费品消费税纳税申报表”页面（图 4–18）。

主页　纳税申报 ×

返回　暂存　保存　切换报表

**酒类应税消费品消费税纳税申报表**

| | | | | | |
|---|---|---|---|---|---|
| 税款所属期：2019年03月01日至2019年03月31日 | | | | | |
| 纳税人名称（公章）： | 太白酒业有限公司 | | | 纳税人识别号： | 911000999000021465 |
| 填表日期： | 2019年04月01日 | | | 金额单位：元（列至角分） | |
| 项目<br>应税消费品名称 | 适用税率 | | 销售数量 | 销售额 | 应纳税额 |
| | 定额税率 | 比例税率 | | | |
| 白酒（从价计算） | | 20% | 0.00 | 450,000.00 | 90,000.00 |
| 白酒（从量计算） | 0.5 | | 35,000.00 | 0.00 | 17,500.00 |
| 黄酒 | 240 | | 0.00 | 0.00 | 0.00 |
| 啤酒（3000元/吨以上） | 250 | | 0.00 | 0.00 | 0.00 |
| 啤酒（3000元/吨以下） | 220 | | 0.00 | 0.00 | 0.00 |
| 酒精 | | 5% | 0.00 | 0.00 | 0.00 |
| 其他酒 | | 10% | 0.00 | 20,000.00 | 2,000.00 |
| | | | | | 0.00 |
| | | | | | 0.00 |
| | | | | | 0.00 |
| 合计 | —— | —— | —— | —— | 109,500.00 |

| | | |
|---|---|---|
| 本期准予抵减税额： | 0.00 | **声明**<br>**此纳税申报表是根据国家税收法律的规定填报的，我确定它是真实的、可靠的、完整的。**<br>经办人（签章）：汤莉莉<br>财务负责人（签章）：张鹏飞<br>联系电话：13961854523 |
| 本期减（免）税额： | 0.00 | |
| 期初未缴税额： | 158,020.50 | |
| 本期缴纳前期应纳税额： | 158,020.50 | （如果你已委托代理人申报，请填写）<br>**授权声明**<br>为代理一切税务事宜，现授权＿＿＿＿＿＿＿＿＿＿（地址）＿＿＿＿＿＿＿＿＿＿<br>为本纳税人的代理申报人，任何与本申报表有关的往来文件，都可寄予此人。<br>授权人签章： |
| 本期预缴税额： | 0.00 | |
| 本期应补（退）税额： | 109,500.00 | |
| 期末未缴税额： | 109,500.00 | |

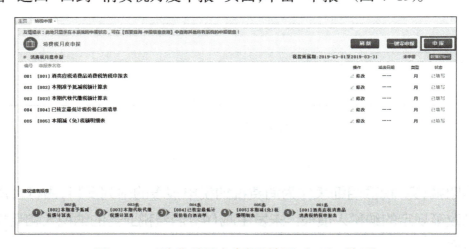

图 4–18　“酒类应税消费品消费税纳税申报表”页面

该案例中，粮食白酒与薯类白酒销售额（不含增值税）合计为 450000 元，应作为白酒从价计税的依据，销售数量合计为 35000 斤，应作为从量计税的依据，填列在销售数量一栏。红酒发放给职工作为福利，应视同销售，在“其他酒”一行填列。

⑥ 单击“返回”回到“消费税月度申报”页面，单击“申报”（图 4–19）。

图 4–19　“消费税月度申报”填写页面（已填写）

⑦ 系统弹出提示本期应补（退）税（费）金额，核对无误后单击"是"（图 4-20）。

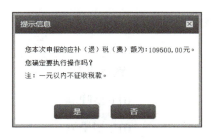

【步骤三】　税费缴纳。

纳税申报完成后，系统会弹出提示"为便利申报，是否跳转税费缴纳（含申报及更正）？"，单击"税费缴纳"，系统可完成税费扣款。

图 4-20　消费税应补（退）税（费）额提示信息

## 学习小结

酒类消费税网上申报的操作步骤见图 4-21。

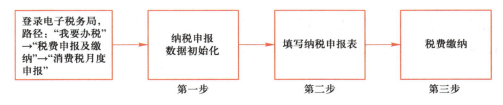

图 4-21　酒类消费税网上申报操作步骤

## 学习体验

南京市缤纷酒业有限公司（增值税一般纳税人）主营啤酒、果酒的生产销售，2019 年 6 月发生如下经济业务：

（1）期初库存外购啤酒液数量 15 吨，当期购进啤酒液数量 52 吨，期末库存外购啤酒液数量 12 吨（表 4-10）。

表 4-10

**南京市缤纷酒业有限公司 6 月准予抵减消费税的啤酒增值税专用发票信息表**

| 号码 | 开票日期 | 数量 / 吨 | 单价 / 元 |
| --- | --- | --- | --- |
| 440019162007176579 | 2019-05-15 | 15.00 | 6000.00 |
| 440019162007178432 | 2019-06-02 | 40.00 | 6000.00 |

（2）6 月受托加工 012 型果酒 5 吨，材料成本 50000 元（不含增值税），加工费 100000 元（不含增值税）。

（3）6 月生产及销售情况（表 4-11）。

表 4-11

### 南京市缤纷酒业有限公司 6 月生产及销售情况汇总表

| 商品名称 | 销售数量/吨 | 单价(不含增值税)/(元/吨) |
|---|---|---|
| 011 型啤酒 | 80 | 5725 |
| 012 型果酒 | 20 | 35000 |

(4) 2019 年 6 月的期初未缴税额 65000.00 元,在本期补缴。

(5) 啤酒出厂价在每吨 3000 元以上的,适用消费税定额为每吨 250 元;不足 3000 元的,适用消费税定额为每吨 220 元。

南京市缤纷酒业有限公司报税员为周云梅,财务负责人为陆宏伟,联系电话为13954162354。

要求:根据上述资料计算填列酒类应税消费品消费税纳税申报表及其相关附表(表 4-12~ 表 4-16)。(金额需要四舍五入的保留两位小数。)

表 4-12

### 本期准予抵减税额计算表

税款所属时间:2019 年 06 月 01 日至 2019 年 06 月 30 日

纳税人名称:缤纷酒业有限公司　(公章)　　　　　纳税人识别号:911000999000045682

填表日期:2019 年 07 月 01 日　　　　　　　　　金额单位:吨、元(列至角分)

| 一、当期准予抵减的外购啤酒液已纳税款计算 | | | | |
|---|---|---|---|---|
| 1. 期初库存外购啤酒液数量: | | | | |
| 2. 当期购进啤酒液数量: | | | | |
| 3. 期末库存外购啤酒液数量: | | | | |
| 4. 当期准予抵减的外购啤酒液已纳税款: | | | | |
| 二、当期准予抵扣的葡萄酒已纳税款: | | | | |
| 三、本期准予抵减(扣)税款合计: | | | | |
| 附:准予抵减消费税凭证明细 | | | | |
| 啤酒<br>(增值税专用发票) | 号码 | 开票日期 | 数量 | 单价 | 定额税率(元/吨) |
| | | | | | |
| | 合计 | | | | |

表 4-13

## 本期代收代缴税额计算表

税款所属时间:2019 年 06 月 01 日至 2019 年 06 月 30 日

纳税人名称:缤纷酒业有限公司　(公章)　　　　　　纳税人识别号:911000999000045682

填表日期:2019 年 07 月 01 日　　　　　　　　　　金额单位:吨、元(列至角分)

| 项目＼应税消费品名称 | | 粮食白酒 | 薯类白酒 | 啤酒 | 啤酒 | 黄酒 | 其他酒 | 合计 |
|---|---|---|---|---|---|---|---|---|
| 适用税率 | 定额税率 | 0.5 元/斤 | 0.5 元/斤 | 250 元/吨 | 220 元/吨 | 240 元/吨 | | |
| | 比例税率 | 20% | 20% | | | | 10% | |
| 受托加工数量 | | | | | | | | |
| 同类产品销售价格 | | | | | | | | |
| 材料成本 | | | | | | | | |
| 加工费 | | | | | | | | |
| 组成计税价格 | | | | | | | | |
| 本期代收代缴税款 | | | | | | | | |

表 4-14

## 已核定最低计税价格白酒清单

税款所属时间:2019 年 06 月 01 日至 2019 年 06 月 30 日

纳税人名称:缤纷酒业有限公司　(公章)　　　　　　纳税人识别号:911000999000045682

填表日期:2019 年 07 月 01 日　　　　　　　　　　单位:元/500 毫升(克)

| 序号 | 品名 | 规格 | 出厂价格 | 核定消费税最低计税价格 | 备注 |
|---|---|---|---|---|---|
| 1 | 2 | 3 | 4 | 5 | 6 |
| | | | | | |
| | | | | | |
| | | | | | |
| | | | | | |
| | | | | | |
| | | | | | |
| | | | | | |
| | | | | | |

表 4-15

## 本期减（免）税额明细表

税款所属时间：2019 年 06 月 01 日至 2019 年 06 月 30 日

纳税人名称：缤纷酒业有限公司 （公章） 纳税人识别号：911000999000045682

填表日期：2019 年 07 月 01 日 金额单位：元（列至角分）

| 项目<br>应税<br>消费品名称 | 减（免）<br>性质代码 | 减（免）<br>项目名称 | 减（免）<br>金额 | 适用税率<br>（从价定率） | 减（免）<br>数量 | 适用税率<br>（从量定额） | 减（免）税额 |
|---|---|---|---|---|---|---|---|
| 1 | 2 | 3 | 4 | 5 | 6 | 7 | 8=4×5+6×7 |
|  |  |  |  |  |  |  |  |
|  |  |  |  |  |  |  |  |
|  |  |  |  |  |  |  |  |
|  |  |  |  |  |  |  |  |
|  |  |  |  |  |  |  |  |
|  |  |  |  |  |  |  |  |
|  |  |  |  |  |  |  |  |
| 合计 |  |  |  |  |  |  |  |

表 4-16

## 酒类应税消费品消费税纳税申报表

税款所属时间：2019 年 06 月 01 日至 2019 年 06 月 30 日

纳税人名称：缤纷酒业有限公司 （公章） 纳税人识别号：911000999000045682

填表日期：2019 年 07 月 01 日 金额单位：元（列至角分）

| 项目<br>应税<br>消费品名称 | 适用税率 | | 销售数量 | 销售额 | 应纳税额 |
|---|---|---|---|---|---|
|  | 定额税率 | 比例税率 |  |  |  |
| 粮食白酒 | 0.5 元 / 斤 | 20% |  |  |  |
| 薯类白酒 | 0.5 元 / 斤 | 20% |  |  |  |
| 啤酒 | 250 元 / 吨 |  |  |  |  |
| 啤酒 | 220 元 / 吨 |  |  |  |  |
| 黄酒 | 240 元 / 吨 |  |  |  |  |
| 其他酒 |  | 10% |  |  |  |
| 合计 |  |  |  |  |  |

续表

| 项目<br>应税消费品名称 | 适用税率 | | 销售数量 | 销售额 | 应纳税额 |
|---|---|---|---|---|---|
| | 定额税率 | 比例税率 | | | |
| 本期准予抵减税额： | | | | | |
| 本期减(免)税额： | | | | | |
| 期初未缴税额： | | | | | |
| 本期缴纳前期应纳税额： | | | | | |
| 本期预缴税额： | | | | | |
| 本期应补(退)税额： | | | | | |
| 期末未缴税额： | | | | | |

声明

**此纳税申报表是根据国家税收法律的规定填报的,我确定它是真实的、可靠的、完整的。**

经办人(签章)：
财务负责人(签章)：
联系电话：

（如果你已委托代理人申报,请填写）
**授权声明**
为代理一切税务事宜,现授权
（地址）
为本纳税人的代理申报人,任何与本申报表有关的往来文件,都可寄予此人。
授权人签章：

**以下由税务机关填写**

受理人(签章)：　　　　受理日期： 年 月 日　　　　受理税务机关(章)：

# 任务 4.3　其他消费税网上申报

## 任务情境

无锡市佳丽日化有限公司(增值税一般纳税人)主营高档化妆品及普通日化用品的生产、销售业务,2019 年 4 月 1 日,公司的税务会计王美丽申报 3 月的消费税。

佳丽日化有限公司 2019 年 3 月发生如下经济业务：

(1) 3 月销售情况(表 4-17)：

表 4-17

**无锡市佳丽日化有限公司 3 月销售情况汇总表**

| 商品名称 | 销售数量／毫升 | 单价(不含增值税)/(元／毫升) | 销售额(不含增值税)／元 |
|---|---|---|---|
| 高档护肤类化妆品 | 35000.00 | 15 | 525000.00 |
| 普通日化用品 | 850000.00 | 0.1 | 85000.00 |

（2）3 月以外购已税高档化妆品原料生产高档化妆品的情况见表 4-18（该企业材料发出计价采用先进先出法）。

表 4-18

### 外购已税高档化妆品购入及领用情况表

| 购入日期 | 凭证类别 | 凭证号码 | 数量/毫升 | 单价/元 | 金额/元 | 消费税税率/% | 消费税税额/元 | 领用日期 | 数量/毫升 |
|---|---|---|---|---|---|---|---|---|---|
| 2019-02-25 | 增值税专用发票 | 440019162007178917 | 3200.00 | 15.00 | 48000.00 | 15 | 7200.00 | 2019-03-01 | 3200.00 |
| 2019-03-02 | 增值税专用发票 | 440019162007179654 | 15000.00 | 12.00 | 180000.00 | 15 | 27000.00 | 2019-03-05 | 12500.00 |

（3）2019 年 3 月的期初未缴税额 43000 元，在本期补缴。

## 业务指导

【步骤一】 纳税申报数据初始化。

本步骤操作与任务 4.1【步骤一】基本相同，此处不再赘述。

【步骤二】 填写纳税申报表。

数据初始化完成后，可参考图 4-22 下方的"建议填表顺序"填写消费税月度申报表及其附表。一般先填写各张附表，再填写主表。

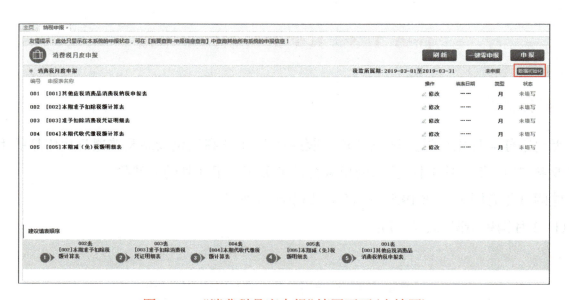

图 4-22 "消费税月度申报"填写页面（未填写）

① 单击"[002]本期准予扣除税额计算表"，进入"本期准予扣除税额计算表"页面（图 4-23）。

图 4-23 "本期准予扣除税额计算表"页面

本期准予扣除税额计算表作为其他应税消费品消费税纳税申报表的附列资料，由外购或委托加工收回应税消费品后连续生产应税消费品的纳税人填报。未发生外购或委托加工收回应税消费品后连续生产应税消费品的纳税人不填报。

"应税消费品名称"填写高档化妆品、珠宝玉石、鞭炮焰火、摩托车(排量>250毫升)、摩托车(排量=250毫升)、高尔夫球及球具、木制一次性筷子、实木地板。

"当期准予扣除的委托加工应税消费品已纳税款"计算公式如下：

$$
\begin{array}{l}
\text{当期准予扣除的} \\
\text{委托加工应税} \\
\text{消费品已纳税款}
\end{array}
=
\begin{array}{l}
\text{期初库存} \\
\text{委托加工应税} \\
\text{消费品已纳税款}
\end{array}
+
\begin{array}{l}
\text{当期收回} \\
\text{委托加工应税} \\
\text{消费品已纳税款}
\end{array}
-
\begin{array}{l}
\text{期末库存} \\
\text{委托加工应税} \\
\text{消费品已纳税款}
\end{array}
$$

"当期准予扣除的外购应税消费品已纳税款"计算公式如下：

$$
\begin{array}{l}
\text{当期准予扣除的} \\
\text{外购应税消费品} \\
\text{已纳税款}
\end{array}
=
\left(
\begin{array}{l}
\text{期初库存} \\
\text{外购应税} \\
\text{消费品买价}
\end{array}
+
\begin{array}{l}
\text{当期购进} \\
\text{应税消费品} \\
\text{买价}
\end{array}
-
\begin{array}{l}
\text{期末库存} \\
\text{外购应税} \\
\text{消费品买价}
\end{array}
\right)
\times
\begin{array}{l}
\text{外购} \\
\text{应税消费品} \\
\text{适用税率}
\end{array}
$$

本案例中，"期初库存外购应税消费品买价"根据表 4-18 2019-02-25购入原料金额填列；"当期购进应税消费品买价"根据表 4-18 中领用记录，可计算出期末库存数量为 2500 毫升，单价 12 元 / 毫升，买价为 30000 元。

"当期准予扣除外购应税消费品已纳税款 =(48000+180000-30000)×15%=29700(元)

② 单击"切换报表"按钮,选择"[003]准予扣除消费税凭证明细表",进入"准予扣除消费税凭证明细表"页面(图 4-24)。

图 4-24　"准予扣除消费税凭证明细表"页面

准予扣除消费税凭证明细表作为其他应税消费品消费税纳税申报表的附列资料,由外购或委托加工收回应税消费品后连续生产应税消费品的纳税人填报。未发生外购或委托加工收回应税消费品后连续生产应税消费品的纳税人不填报。

此案例中,相关数据根据表 4-18 填列。

③ 单击"切换报表"按钮,选择"[004]本期代收代缴税额计算表",进入"本期代收代缴税额计算表"页面(图 4-25)。

图 4-25　"本期代收代缴税额计算表"页面

　　本期代收代缴税额计算表作为其他应税消费品消费税纳税申报表的附列资料,由应税消费品受托加工方填报。委托方和未发生受托加工业务的纳税人不填报。

　　"同类产品销售价格"为受托方同类产品销售价格。

　　"组成计税价格"的计算公式如下:

$$组成计税价格 = (材料成本 + 加工费) ÷ (1 - 消费税税率)$$

　　"本期代收代缴税款"的计算公式如下:

　　当受托方有同类产品销售价格时:

　　本期代收代缴税款 = 同类产品销售价格 × 受托加工数量 × 适用税率

　　当受托方没有同类产品销售价格时:

$$本期代收代缴税款 = 组成计税价格 × 适用税率$$

　　④ 单击"切换报表"按钮,选择"[005]本期减(免)税额明细表",进入"本期减(免)税额明细表"页面(图 4–26)。

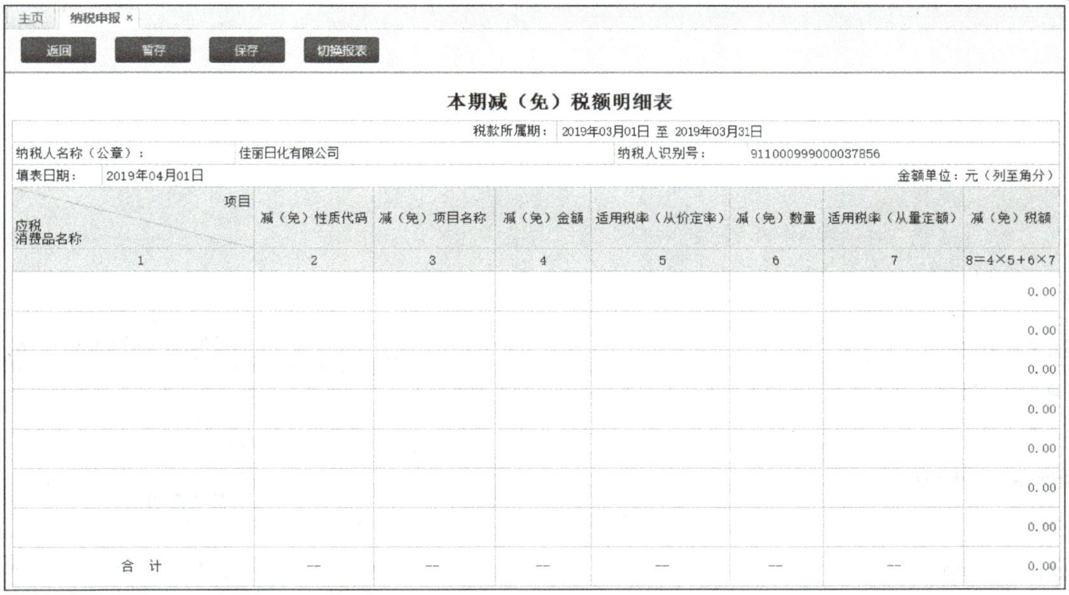

图 4–26　"本期减(免)税额明细表"页面

　　本期减(免)税额明细表作为消费税纳税申报表的附列资料,由符合消费税减免税政策规定的纳税人填报。未发生减(免)消费税业务的纳税人和受托加工方不填报。

⑤ 单击"切换报表"按钮,选择"[001]其他应税消费品消费税纳税申报表",进入"其他应税消费品消费税纳税申报表"页面(图 4-27)。

| 主页 | 纳税申报 × |
| --- | --- |

| 返回 | 暂存 | 保存 | 切换报表 |
| --- | --- | --- | --- |

### 其他应税消费品消费税纳税申报表

税款所属期：2019年03月01日 至 2019年03月31日

| 纳税人名称（公章）： | 佳丽日化有限公司 | 纳税人识别号： | 911000999000037856 |
| --- | --- | --- | --- |

填表日期：　2019年04月01日　　　　　　　　　　　　　　　　　　金额单位：元（列至角分）

| 项目<br>应税消费品名称 | 适用税率 | 销售数量 | 销售额 | 应纳税额 |
| --- | --- | --- | --- | --- |
| 高档化妆品 | 15.00% | 35,000.00 | 525,000.00 | 78,750.00 |
| 金银首饰（铂金首饰、钻石及钻石饰品） | 5.00% | 0.00 | 0.00 | 0.00 |
| 其他金银首饰及珠宝玉石 | 10.00% | 0.00 | 0.00 | 0.00 |
| 鞭炮、焰火 | 15.00% | 0.00 | 0.00 | 0.00 |
| 250毫升（不含）以上摩托车 | 10.00% | 0.00 | 0.00 | 0.00 |
| 250毫升摩托车 | 3.00% | 0.00 | 0.00 | 0.00 |
| 高尔夫球及球具 | 10.00% | 0.00 | 0.00 | 0.00 |
| 高档手表 | 20.00% | 0.00 | 0.00 | 0.00 |
| 游艇 | 10.00% | 0.00 | 0.00 | 0.00 |
| 木制一次性筷子 | 5.00% | 0.00 | 0.00 | 0.00 |
| 实木地板 | 5.00% | 0.00 | 0.00 | 0.00 |
| 豪华小汽车 | 10.00% | 0.00 | 0.00 | 0.00 |
|  |  |  |  | 0.00 |
|  |  |  |  | 0.00 |
|  |  |  |  | 0.00 |
|  |  |  |  | 0.00 |
|  |  |  |  | 0.00 |
|  |  |  |  | 0.00 |
|  |  |  |  | 0.00 |
|  |  |  |  | 0.00 |
| 合计 | -- | -- | -- | 78,750.00 |

| 本期准予抵减税额： | 29,700.00 |
| --- | --- |
| 本期减（免）税额： | 0.00 |
| 期初未缴税额： | 43,000.00 |
| 本期缴纳前期应纳税额： | 43,000.00 |
| 本期预缴税额： | 0.00 |
| 本期应补（退）税额： | 49,050.00 |
| 期末未缴税额： | 49,050.00 |

**声明**

此纳税申报表是根据国家税收法律的规定填报的,我确定它是真实的、可靠的、完整的。

经办人（签章）：周红云
财务负责人（签章）：刘涛
联系电话：13961853654

（如果你委托代理人申报,请填写）
**授权声明**

为代理一切税务事宜,现授权 _____
_____（地址）
为本纳税人的代理申报人,任何与本申报表有关的往来文件,都可寄予此人。

授权人签章：

图 4-27　"其他应税消费品消费税纳税申报表"页面

该表中"高档化妆品"销售数量与销售额根据表 4-17 中"高档护肤类化妆品"销售信息－填列。"普通日化用品"不属于消费税的征税范围。

⑥ 单击"返回"回到"消费税月度申报"页面,单击"申报"(图 4-28)。

⑦ 系统弹出提示本期应补(退)税(费)金额,核对无误后单击"是"(图 4-29)。

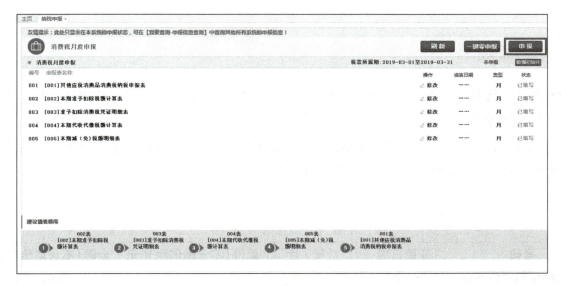

图 4-28　"消费税月度申报"填写页面(已填写)

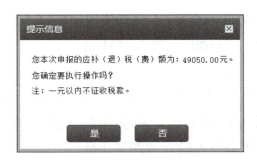

图 4-29　消费税应补(退)税(费)额提示信息

【步骤三】　税费缴纳。

纳税申报完成后,系统会弹出提示"为便利申报,是否跳转税费缴纳(含申报及更正)?",单击"税费缴纳",系统可完成税费扣款。

📝。**学习小结**

其他消费税网上申报的操作步骤见图 4-30。

图 4-30　其他消费税网上申报操作步骤

## ✎ 学习体验

南京市百橡地板有限公司(增值税一般纳税人)主营实木地板的生产销售,2019 年 6 月发生如下经济业务:

(1) 委托外单位加工实木地板,期初库存委托加工的实木地板数量为 10000 片,当期收回委托加工数量为 84000 片,期末库存委托加工数量为 8000 片(表 4-19)。

表 4-19

### 南京市百橡地板有限公司 6 月准予扣除消费税的增值税专用发票信息表

| 号码 | 开票日期 | 数量 / 片 | 单价(不含增值税)/元 | 金额(不含增值税)/ 元 |
|---|---|---|---|---|
| 440019162007172546 | 2019-05-12 | 10000.00 | 10.00 | 100000.00 |
| 440019162007172985 | 2019-06-02 | 76000.00 | 10.00 | 760000.00 |

(2) 6 月,销售实木地板 91000.00 片,不含增值税销售额 2002000.00 元。

(3) 6 月,期初未缴税额 51000.00 元,在本期补缴。

(4) 实木地板消费税税率:5%。

(5) 该公司报税员为刘芳,财务负责人为张华,联系电话为 13954165462。

要求:根据上述资料计算填列其他应税消费品消费税纳税申报表及其相关附表(表 4-20~ 表 4-24)。(金额需要四舍五入的保留两位小数。)

表 4-20

### 本期准予扣除税额计算表

税款所属时间:2019 年 06 月 01 日至 2019 年 06 月 30 日

纳税人名称:南京市百橡地板有限公司　(公章)　　纳税人识别号:911000999000098423

填表日期:2019 年 07 月 01 日　　　　　　　　金额单位:元(列至角分)

| 项目 | 应税消费品名称 | 实木地板 | | 合计 |
|---|---|---|---|---|
| 当期准予扣除的委托加工应税消费品已纳税款计算 | 期初库存委托加工应税消费品已纳税款 | | | |
| | 当期收回委托加工应税消费品已纳税款 | | | |
| | 期末库存委托加工应税消费品已纳税款 | | | |
| | 当期准予扣除委托加工应税消费品已纳税款 | | | |
| 当期准予扣除的外购应税消费品已纳税款计算 | 期初库存外购应税消费品买价 | | | |
| | 当期购进应税消费品买价 | | | |
| | 期末库存外购应税消费品买价 | | | |
| | 外购应税消费品适用税率 | | | |
| | 当期准予扣除外购应税消费品已纳税款 | | | |
| 本期准予扣除税款合计 | | | | |

表 4-21

### 准予扣除消费税凭证明细表

税款所属时间:2019 年 06 月 01 日至 2019 年 06 月 30 日

纳税人名称:南京市百橡地板有限公司 （公章）　　　　　纳税人识别号:911000999000098423

填表日期:2019 年 07 月 01 日　　　　　　　　　金额单位:元(列至角分)

| 应税消费品名称 | 凭证类别 | 凭证号码 | 开票日期 | 数量 | 金额 | 适用税率 | 消费税税额 |
|---|---|---|---|---|---|---|---|
| | | | | | | | |
| | | | | | | | |
| | | | | | | | |
| | | | | | | | |
| | | | | | | | |
| | | | | | | | |
| | | | | | | | |
| | | | | | | | |
| 合 计 | | | | | | | |

表 4-22

### 本期代收代缴税额计算表

税款所属时间:2019 年 06 月 01 日至 2019 年 06 月 30 日

纳税人名称:南京市百橡地板有限公司 （公章）　　　　　纳税人识别号:911000999000098423

填表日期:2019 年 07 月 01 日　　　　　　　　　金额单位:元(列至角分)

| 项目 ＼ 应税消费品名称 | | | 合计 |
|---|---|---|---|
| 适用税率 | | | |
| 受托加工数量 | | | |
| 同类产品销售价格 | | | |
| 材料成本 | | | |
| 加工费 | | | |
| 组成计税价格 | | | |
| 本期代收代缴税款 | | | |

表 4-23

## 本期减（免）税额明细表

税款所属时间：2019 年 06 月 01 日至 2019 年 06 月 30 日

纳税人名称：南京市百橡地板有限公司　（公章）　　　　　　纳税人识别号：911000999000098423

填表日期：2019 年 07 月 01 日　　　　　　　　　　　　金额单位：元（列至角分）

| 项目<br>应税<br>消费品名称 | 减（免）性<br>质代码 | 减（免）<br>项目名称 | 减（免）<br>金额 | 适用税率<br>（从价定率） | 减（免）<br>数量 | 适用税率<br>（从量定额） | 减（免）税额 |
|---|---|---|---|---|---|---|---|
| 1 | 2 | 3 | 4 | 5 | 6 | 7 | 8=4×5+6×7 |
| | | | | | | | |
| | | | | | | | |
| | | | | | | | |
| | | | | | | | |
| | | | | | | | |
| | | | | | | | |
| 合计 | | | | | | | |

表 4-24

## 其他应税消费品消费税纳税申报表

税款所属时间：2019 年 06 月 01 日至 2019 年 06 月 30 日

纳税人名称：南京市百橡地板有限公司　（公章）　　　　　　纳税人识别号：911000999000098423

填表日期：2019 年 07 月 01 日　　　　　　　　　　　　金额单位：元（列至角分）

| 项目<br>应税<br>消费品名称 | 适用税率 | 销售数量 | 销售额 | 应纳税额 |
|---|---|---|---|---|
| | | | | |
| | | | | |
| | | | | |
| | | | | |
| | | | | |
| | | | | |
| 合计 | | | | |

续表

| 项目<br>应税<br>消费品名称 | 适用税率 | 销售数量 | 销售额 | 应纳税额 |
|---|---|---|---|---|
| 本期准予抵减税额： | | **声明**<br>　　**此纳税申报表是根据国家税收法律的规定填报的,我确定它是真实的、可靠的、完整的。** | | |
| 本期减(免)税额： | | 　　经办人(签章)：<br>　　财务负责人(签章)：<br>　　联系电话： | | |
| 期初未缴税额： | | | | |
| 本期缴纳前期应纳税额： | | 　　　(如果你已委托代理人申报,请填写)<br>**授权声明**<br>　　为代理一切税务事宜,现授权<br>　　(地址) | | |
| 本期预缴税额： | | | | |
| 本期应补(退)税额： | | 为本纳税人的代理申报人,任何与本申报表有关的往来文件,都可寄予此人。 | | |
| 期末未缴税额： | | 　　授权人签章： | | |

**以下由税务机关填写**

受理人(签章)：　　　　　　受理日期：　年　月　日　　　　　　受理税务机关(章)：

# 项目 **5**

## 所得税网上申报

**学习目标**

- 了解企业所得税和个人所得税的纳税人、适用税率和纳税期限
- 能进行居民企业（查账征收）企业所得税的月（季）度和年度申报；能进行代扣代缴个人所得税的网上申报
- 理解我国对企业创新、高质量发展的支持；体会个税改革中执政为人民的发展理念

# 基 础 知 识

## 一、企业所得税的纳税人、适用税率和纳税期限

### 1. 纳税人

企业所得税是对我国境内的企业和其他取得收入的组织的生产经营所得和其他所得征收的一种税。

在我国境内，企业和其他取得收入的组织（以下统称企业）为企业所得税的纳税人。企业所得税的纳税人包括各类企业、事业单位、社会团体、民办非企业单位和从事经营活动的其他组织。个人独资企业、合伙企业不属于企业所得税纳税义务人。企业所得税的纳税义务人分为居民企业和非居民企业。

对于居民企业，其企业所得税征收方式有查账征收与核定征收两种。

## 2. 适用税率

企业所得税的税率是 25% 的比例税率。非居民企业适用税率为 20%。

符合条件的小型微利企业,减按 20% 的税率征收企业所得税。

国家需要重点扶持的高新技术企业,减按 15% 的税率征收企业所得税。

企业所得税
相关政策

## 3. 纳税期限

企业所得税按年计征,分月或者分季预缴,年终汇算清缴。

企业应当自月份或者季度终了之日起 15 日内,向税务机关报送预缴企业所得税纳税申报表,预缴税款。

企业应当自年度终了之日起 5 个月内,向税务机关报送年度企业所得税纳税申报表,并汇算清缴,结清应缴应退税款。

企业所得税的纳税年度采用公历年制(自公历 1 月 1 日起至 12 月 31 日止),企业在一个纳税年度中间开业,或者由于合并、关闭等原因终止经营活动,使该纳税年度的实际经营期不足 12 个月的,应当以其实际经营期为一个纳税年度。企业清算时,应当以清算期为一个纳税年度。企业在年度中间终止经营活动的,应当自实际经营终止之日起 60 日内,向税务机关办理当期企业所得税汇算清缴。

微课—
企业所得税
月(季)度
申报

# 二、企业所得税的纳税申报

## (一)月(季)度申报

适用于采用查账征收方式的居民企业,按月(季)申报企业所得税,应填写居民企业(查账征收)企业所得税月(季)度申报表。

微课—
企业所得税
年度申报

## (二)年度申报

适用于据实申报的居民企业,按年申报企业所得税,应填写居民企业(查账征收)企业所得税年度申报表。

微课—
赋能科技创
新,助力高
质量发展

### 知识拓展

**高新技术企业税收优惠政策梳理**

高新技术企业在我国经济发展中占有十分重要的战略地位,为鼓励和支持高新技术企业的发展,国家出台了各种税收优惠政策,主要包括:

1. 减按 15% 税率征收企业所得税

国家需要重点扶持的高新技术企业,减按 15% 的税率征收企业所得税。

## 2. 技术转让所得企业所得税减免

一个纳税年度内,居民企业技术转让所得不超过 500 万元的部分,免征企业所得税;超过 500 万元的部分,减半征收企业所得税。

## 3. 延长亏损结转年限

自 2018 年 1 月 1 日起,当年具备高新技术企业或科技型中小企业资格的企业,其具备资格年度之前 5 个年度发生的尚未弥补完的亏损,准予结转以后年度弥补,最长结转年限由 5 年延长至 10 年。

## 4. 研发费用加计扣除

企业开展研发活动中实际发生的研发费用,未形成无形资产计入当期损益的,在按规定据实扣除的基础上,在 2018 年 1 月 1 日至 2020 年 12 月 31 日期间,再按照实际发生额的 75% 在税前加计扣除;形成无形资产的,在上述期间按照无形资产成本的 175% 在税前摊销。

## 5. 固定资产加速折旧

企业在 2018 年 1 月 1 日至 2020 年 12 月 31 日期间新购进的设备、器具,单位价值不超过 500 万元的,允许一次性计入当期成本费用在计算应纳税所得额时扣除,不再分年度计算折旧。

## 6. 个人所得税分期缴纳

自 2016 年 1 月 1 日起,全国范围内的中小高新技术企业以未分配利润、盈余公积、资本公积向个人股东转增股本时,个人股东一次缴纳个人所得税确有困难的,可根据实际情况自行制定分期缴税计划,在不超过 5 个公历年度内(含)分期缴纳,个人股东获得转增的股本,应按照"利息、股息、红利所得"项目,适用 20% 税率征收个人所得税。

除了上述六项优惠外,地方政府也可能会有相应的奖励和出台地方税种优惠政策。

科学技术是第一生产力。国家不断出台各种扶持政策,优化税收服务措施,落实减税降费。在国家的大力扶持下,高新技术企业蓬勃发展,加大研发投入,增强创新驱动,助力我国经济高质量发展。

# 三、个人所得税的纳税义务人、纳税期限及申报地点

## 1. 纳税义务人

个人所得税的纳税义务人,既包括居民纳税义务人,也包括非居民纳税义务人。居民纳税义务人负有完全纳税的义务,必须就其来源于我国境内、境外的全部所得缴纳个人所得

税;而非居民纳税义务人仅就其来源于我国境内的所得,缴纳个人所得税。

### 2. 纳税期限

(1) 扣缴义务人每月所扣税款,自行申报纳税人每月应纳税款,都应当在次月 7 日内缴入国库,并向税务机关报送纳税申报表。

(2) 工资、薪金所得应纳的税款,按月计征,由扣缴义务人或者纳税义务人在次月 7 日内缴入国库,并向税务机关报送纳税申报表。

(3) 采掘业、远洋运输业、远洋捕捞业等特定行业以及财政部确定的其他行业的工资、薪金所得的应纳税款,按月计征,自年度终了 30 日之内,合计其全年工资、薪金所得,再按 12 个月平均并计算实际应纳的税款,多退少补。

(4) 个体工商业户的生产、经营所得应纳的税款,由纳税义务人在年度终了 30 日内缴入国库,并向税务机关报送纳税申报表。纳税义务人在一年内分次取得承包经营、承租经营所得的,应当在取得每次所得后 7 日内预缴,年度终了 3 个月内汇算清缴,多退少补。

(5) 从我国境外取得所得的纳税义务人,应当在年度终了 30 日内,将应纳税款缴入国库,并向税务机关报送纳税申报表。

### 3. 申报地点

(1) 在我国境内有任职、受雇单位的,应当向任职、受雇单位所在地税务机关申报。

(2) 在我国境内有两处以上任职、受雇单位的,应当选择并固定向其中一处单位所在地税务机关申报。

(3) 在我国境内无任职、受雇单位,年所得项目中有个体工商户的生产、经营所得或者对企事业单位的承包经营、承租经营所得(以下统称生产、经营所得)的,应当向其中一处实际经营所在地税务机关申报。

(4) 在我国境内无任职、受雇单位,年所得项目中无生产、经营所得的,应当向户籍所在地税务机关申报。在中国境内有户籍,但是户籍所在地与中国境内经常居住地不一致的,应当选择并固定向其中一地税务机关申报。在中国境内没有户籍的,应当向中国境内经常居住地税务机关申报。

纳税人不得随意变更个人所得税纳税申报地点。由于特殊情况变更的,须报原主管税务机关备案。

## 四、个人所得税的申报方式

个人所得税的申报方式有通过扣缴义务人申报和综合所得年度自行申报两种。

个人所得税以支付所得的单位、个人为扣缴义务人。扣缴义务人应当按照国家规定办理全员全额扣缴申报,即在代扣税款的次月以内,向税务机关报送其支付所得个人的基本信息、支付所得项目和数额、扣缴税款数额和其他相关涉税信息。扣缴义务人代扣个人所得税税款的时候,纳税人要求扣缴义务人开具代扣税款凭证的,扣缴义务人应当开具。

### 1. 代扣代缴个人所得税申报

微课—
代扣代缴个
人所得税
网上申报

扣缴义务人向居民个人支付利息、股息、红利所得,财产租赁所得,财产转让所得或者偶然所得时,应当按月或按次代扣代缴个人所得税,在次月15日填报个人所得税扣缴申报表及其他相关资料,向主管税务机关纳税申报。

### 2. 居民综合所得个人所得税年度自行申报

居民个人取得工资、薪金所得、劳务报酬所得、稿酬所得、特许权使用费所得等综合所得且符合下列情形之一的纳税人,在取得所得的次年3月1日至6月30日内填报个人所得税年度自行纳税申报表及其他相关资料,办理汇算清缴或者随汇算清缴一并办理纳税申报:

(1)从两处以上取得综合所得,且综合所得年收入额减除专项扣除后的余额超过6万元。

(2)取得劳务报酬所得、稿酬所得、特许权使用费所得中一项或者多项所得,且综合所得年收入额减除专项扣除的余额超过6万元。

(3)纳税年度内预缴税额低于应纳税额。

(4)纳税人申请退税。

(5)纳税人取得综合所得,扣缴义务人未扣缴税款的。

## 知识拓展

### 个人所得税改革

微课—
以人民为中
心,助推治理
现代化

2018年8月31日,第十三届全国人大常委会第五次会议表决通过了关于修改个人所得税法的决定,这标志着此次个人所得税改革拉开帷幕。此次个税改革的主要内容包括4项:

1. 将个人经常发生的主要所得项目纳入综合征税范围

将工资薪金、劳务报酬、稿酬和特许权使用费4项所得纳入综合征税范围,实行按月或按次分项预缴、按年汇总计算、多退少补的征管模式。

2. 完善个人所得税费用扣除模式

一方面合理提高基本减除费用标准,将基本减除费用标准提高到每人每月5000元;另一方面设立子女教育、继续教育、大病医疗、住房贷款利息或者住房租金、赡养老人等6项专项附加扣除。

3. 优化调整个人所得税税率结构

以现行工资薪金所得 3%~45% 七级超额累进税率为基础,扩大 3%、10%、20% 三档较低税率的级距,25% 税率级距相应缩小,30%、35%、45% 三档较高税率级距保持不变。

4. 推进个人所得税配套改革

推进部门共治共管和联合惩戒,完善自然人税收管理法律支撑。

无论是个税"免征额"的提高、六项专项附加扣除的实施,还是税收征管方式的创新,都充分体现了公平公正、快捷便利等特征,释放的是政策善意,彰显的是民本情怀。此次个税改革在方案设计、制度安排、征管举措等各个环节、各项工作,都始终坚持"以人民为中心"的发展思想,在我国税制改革史上具有里程碑式的重大意义。另外,以个税 App 为代表的税收征管方式创新,从多个维度与税收治理现代化高度契合,进而更加积极地适应并推动国家治理体系和治理能力现代化。

个人所得税
相关政策

# 任务 5.1　企业所得税月(季)度网上申报(居民企业)

## 📚。任务情境

2019 年 4 月 10 日,无锡市超锐软件科技有限公司(以下简称超锐软件)(增值税一般纳税人)进行第一季度企业所得税申报。

### 1. 基本信息

超锐软件经税务机关核定企业所得税征收方式为查账征收,按照实际利润预缴方式预缴企业所得税,第一季度季初从业人数 110 人,季末从业人数 120 人,季初资产总额 1700 万元,季末资产总额 2300 万元,符合小型微利企业,减按 20% 的税率征收企业所得税。企业财务执行新会计准则,非汇总企业,无分支机构,不符合高新技术企业、科技型中小企业、技术入股递延纳税事项的条件。

### 2. 相关资料

(1) 超锐软件 2019 年 3 月利润表见表 5-1。

(2) 该公司有尚未弥补的以前年度亏损 12230.57 元,无其他纳税调整事项。

表 5-1

<h2 style="text-align:center">利　润　表</h2>

编制单位:无锡市超锐软件　　　　　　2019 年 03 月 31 日　　　　　　　　单位:人民币元
科技有限公司

| 项　　目 | 行次 | 本月数 | 本年累计 |
|---|---|---|---|
| 一、营业收入 | 1 | 169518.20 | 4591624.24 |
| 减:营业成本 | 2 | 130764.56 | 2863292.86 |
| 税金及附加 | 3 | 9031.76 | 18665.76 |
| 销售费用 | 4 | 40690.38 | 626627.35 |
| 管理费用 | 5 | 11567.70 | 58262.20 |
| 研发费用 | 6 | 0.00 | 0.00 |
| 财务费用 | 7 | 1077.45 | 7291.02 |
| 其中:利息费用 | 8 | | |
| 利息收入 | 9 | | |
| 资产减值损失 | 10 | | |
| 信用减值损失 | 11 | | |
| 加:其他收益 | 12 | | |
| 投资收益(损失以"−"号填列) | 13 | | |
| 其中:对联营企业和合营企业的投资收益 | 14 | | |
| 净敞口套期收益(损失以"−"号填列) | 15 | | |
| 公允价值变动收益(损失以"−"号填列) | 16 | | |
| 资产处置收益(损失以"−"号填列) | 17 | | |
| 二、营业利润(亏损以"−"号填列) | 18 | −23613.65 | 1017485.06 |
| 加:营业外收入 | 19 | | |
| 减:营业外支出 | 20 | | 48051.70 |
| 三、利润总额(亏损总额以"−"号填列) | 21 | −23613.65 | 969433.36 |
| 减:所得税费用 | 22 | 0.00 | 47860.14 |
| 四、净利润(净亏损以"−"号填列) | 23 | −23613.65 | 921573.22 |
| (一)持续经营净利润(净亏损以"−"号填列) | 24 | −23613.65 | 921573.22 |
| (二)终止经营净利润(净亏损以"−"号填列) | 25 | | |
| 五、其他综合收益的税后净额 | 26 | | |
| (一)不能重分类进损益的其他综合收益 | 27 | | |
| 1. 重新计量设定受益计划变动额 | 28 | | |
| 2. 权益法下不能转损益的其他综合收益 | 29 | | |
| (二)将重分类进损益的其他综合收益 | 30 | | |
| 1. 权益法下可转损益的其他综合收益 | 31 | | |

续表

| 项　　目 | 行次 | 本月数 | 本年累计 |
|---|---|---|---|
| 2. 其他债权投资公允价值变动 | 32 | | |
| 3. 金融资产重分类计入其他综合收益的金额 | 33 | | |
| 4. 其他债权投资信用减值准备 | 34 | | |
| 5. 现金流量套期储备 | 35 | | |
| 6. 外币财务报表折算差额 | 36 | | |
| 六、综合收益总额 | 37 | −23613.65 | 921573.22 |
| 七、每股收益 | 38 | | |
| (一) 基本每股收益 | 39 | | |
| (二) 稀释每股收益 | 40 | | |

单位负责人:张海　　　　　主管会计工作负责人:李红　　　　　会计机构负责人:王涛

## 业务指导

【步骤一】　纳税申报数据初始化。

① 登录电子税务局,选择"我要办税"→"税费申报及缴纳"→"居民企业(查账征收)所得税月(季)申报"(图 5-1)。

图 5-1　居民企业(查账征收)所得税月(季)申报路径

② 打开"居民企业(查账征收)所得税月(季)申报"页面,核对税款所属期,单击"进入申报"(图 5-2)。

③ 在填写申报表之前,需先进行数据初始化,单击"数据初始化"(图 5-3)。

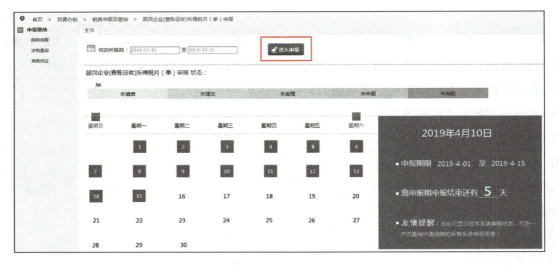

图5–2 "居民企业(查账征收)所得税月(季)申报"页面

图5–3 "居民企业(查账征收)所得税月(季)申报"填写页面(未填写)

④ 系统弹出提示"数据初始化操作将会清除您已经填写的表单数据,请确认是否继续?",单击"是"继续。系统弹出提示"初始化成功!",表示数据初始化完成。

【步骤二】 填写纳税申报表。

数据初始化完成后,报税员可参考图5–3下方的"建议填表顺序"填写各表。一般先填写各张附表,再填写主表。

① 单击"[A201010]免税、减计收入、加计扣除及所得税减免优惠明细表",进入填写页面(图5–4)。

| 主页 | 纳税申报 × | | |
| 返回 | 暂存 | 保存 | 切换报表 |

### A201010 免税、减计收入、加计扣除及所得减免优惠明细表

| 行次 | 项目 | 本年累计金额 |
|---|---|---|
| 1 | 一、免税收入（2+3+8+9+…+15） | 0.00 |
| 2 | （一）国债利息收入免征企业所得税 | 0.00 |
| 3 | （二）符合条件的居民企业之间的股息、红利等权益性投资收益免征企业所得税 | 0.00 |
| 3.1 | 其中：一般股息红利等权益性投资收益免征企业所得税 | 0.00 |
| 4 | 其中：内地居民企业通过沪港通投资且连续持有H股满12个月取得的股息红利所得免征企业所得税 | 0.00 |
| 5 | 内地居民企业通过深港通投资且连续持有H股满12个月取得的股息红利所得免征企业所得税 | 0.00 |
| 6 | 居民企业持有创新企业CDR取得的股息红利所得免征企业所得税 | 0.00 |
| 7 | 符合条件的居民企业之间属于股息、红利性质的永续债利息收入免征企业所得税 | 0.00 |
| 8 | （三）符合条件的非营利组织的收入免征企业所得税 | 0.00 |
| 9 | （四）中国清洁发展机制基金取得的收入免征企业所得税 | 0.00 |
| 10 | （五）投资者从证券投资基金分配中取得的收入免征企业所得税 | 0.00 |
| 11 | （六）取得的地方政府债券利息收入免征企业所得税 | 0.00 |
| 12 | （七）中国保险保障基金有限责任公司取得的保险保障基金等收入免征企业所得税 | 0.00 |
| 13 | （八）中国奥委会取得北京冬奥组委支付的收入免征企业所得税 | 0.00 |
| 14 | （九）中国残奥委会取得北京冬奥组委分期支付的收入免征企业所得税 | 0.00 |
| 15 | （十）其他 | 0.00 |
| 16 | 二、减计收入（17+18+22+23） | 0.00 |
| 17 | （一）综合利用资源生产产品取得的收入在计算应纳税所得额时减计收入 | 0.00 |
| 18 | （二）金融、保险等机构取得的涉农利息、保费减计收入（19+20+21） | 0.00 |
| 19 | 1.金融机构取得的涉农贷款利息收入在计算应纳税所得额时减计收入 | 0.00 |
| 20 | 2.保险机构取得的涉农保费收入在计算应纳税所得额时减计收入 | 0.00 |
| 21 | 3.小额贷款公司取得的农户小额贷款利息收入在计算应纳税所得额时减计收入 | 0.00 |
| 22 | （三）取得铁路债券利息收入减半征收企业所得税 | 0.00 |
| 23 | （四）其他(23.1+23.2) | 0.00 |
| 23.1 | 1.取得的社区家庭服务收入在计算应纳税所得额时的收入 | 0.00 |
| 23.2 | 2.其他2 | 0.00 |
| 24 | 三、加计扣除（25+26+27+28） | 0.00 |
| 25 | （一）开发新技术、新产品、新工艺发生的研究开发费用加计扣除 | 0.00 |
| 26 | （二）科技型中小企业开发新技术、新产品、新工艺发生的研究开发费用加计扣除 | 0.00 |
| 27 | （三）企业为获得创新性、创意性、突破性的产品进行创意设计活动而发生的相关费用加计扣除 | 0.00 |
| 28 | （四）安置残疾人员所支付的工资加计扣除 | 0.00 |
| 29 | 四、所得减免（30+33+34+35+36+37+38+39+40） | 0.00 |
| 30 | （一）从事农、林、牧、渔业项目的所得减免征收企业所得税（31+32） | 0.00 |
| 31 | 1.免税项目 | 0.00 |
| 32 | 2.减半征收项目 | 0.00 |
| 33 | （二）从事国家重点扶持的公共基础设施项目投资经营的所得定期减免企业所得税 | 0.00 |
| 33.1 | 其中：从事农村饮水工程项目投资经营的所得定期减免企业所得税 | 0.00 |
| 34 | （三）从事符合条件的环境保护、节能节水项目的所得定期减免企业所得税 | 0.00 |
| 35 | （四）符合条件的技术转让所得减免征收企业所得税 | 0.00 |
| 36 | （五）实施清洁发展机制项目的所得定期减免企业所得税 | 0.00 |
| 37 | （六）符合条件的节能服务公司实施合同能源管理项目的所得定期减免企业所得税 | 0.00 |
| 38 | （七）线宽小于130纳米的集成电路生产项目的所得减免企业所得税 | 0.00 |
| 39 | （八）线宽小于65纳米或投资额超过150亿元的集成电路生产项目的所得减免企业所得税 | 0.00 |
| 40 | （九）其他 | 0.00 |
| 41 | 合计（1+16+24+29） | 0.00 |
| 42 | 附列资料：支持新型冠状病毒感染的肺炎疫情防控捐赠支出全额扣除 | 0.00 |

图 5-4　"［A201010］免税、减计收入、加计扣除及所得税减免优惠明细表"页面

当企业有免税、减计收入、加计扣除及所得税减免优惠事项时,应在该表对应项目填写。

② 单击"切换报表"按钮,选择"［A201020］固定资产加速折旧(扣除)明细表",进入填写页面(图 5-5)。

当企业符合固定资产加速折旧政策时,需填写该表。

③ 单击"切换报表"按钮,选择"［A200000］中华人民共和国企业所得税月(季)度预缴纳税申报表(A 类,2018 版)",进入填写页面(图 5-6)。该表所有项目填写完成后,单击"保存"。

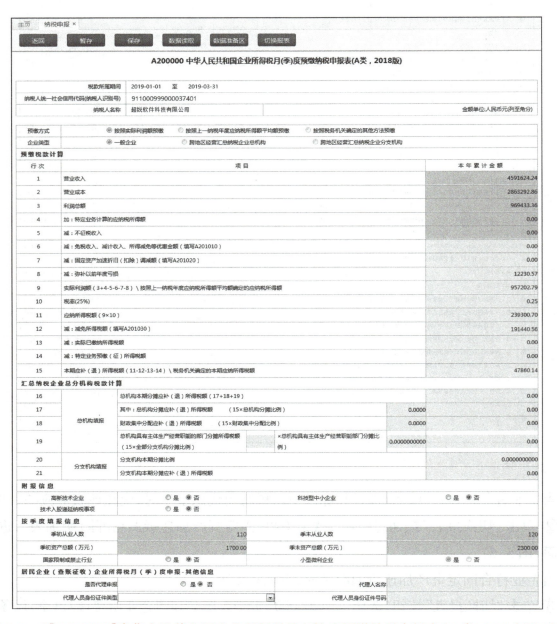

图 5-5 "[ A201020 ]固定资产加速折旧（扣除）明细表"页面

图 5-6 "[ A200000 ]中华人民共和国企业所得税月（季）度预缴纳税申报表（A 类,2018 版）"页面

超锐软件符合小型微利企业,因此需计算行次 12 减免所得税额。计算方法:行次 12 减免所得税额 = 行次 11 应纳所得税额 − 行次 9 实际利润额 ×25%×20%。

④ 单击“切换报表”按钮,选择“[A201030]减免所得税优惠明细表”,进入填写页面(图 5-7)。

主页 纳税申报 ×

返回 暂存 保存 切换报表

**A201030 减免所得税优惠明细表**

| 行次 | 项目 | 本年累计金额 |
|---|---|---|
| 1 | 一、符合条件的小型微利企业减免企业所得税 | 191440.56 |
| 2 | 二、国家需要重点扶持的高新技术企业减按15%的税率征收企业所得税 | 0.00 |
| 3 | 三、经济特区和上海浦东新区新设立的高新技术企业在区内取得的所得定期减免企业所得税 | 0.00 |
| 4 | 四、受灾地区农村信用社免征企业所得税 | 0.00 |
| 5 | 五、动漫企业自主开发、生产动漫产品定期减免企业所得税 | 0.00 |
| 6 | 六、线宽小于0.8微米(含)的集成电路生产企业减免企业所得税 | 0.00 |
| 7 | 七、线宽小于0.25微米的集成电路生产企业减按15%税率征收企业所得税 | 0.00 |
| 8 | 八、投资额超过80亿元的集成电路生产企业减按15%税率征收企业所得税 | 0.00 |
| 9 | 九、线宽小于0.25微米的集成电路生产企业减免企业所得税 | 0.00 |
| 10 | 十、投资额超过80亿元的集成电路生产企业减免企业所得税 | 0.00 |
| 11 | 十一、线宽小于130纳米的集成电路生产企业减免企业所得税 | 0.00 |
| 12 | 十二、线宽小于65纳米或投资额超过150亿元的集成电路生产企业减免企业所得税 | 0.00 |
| 13 | 十三、新办集成电路设计企业减免企业所得税 | 0.00 |
| 14 | 十四、国家规划布局内集成电路设计企业可减按10%的税率征收企业所得税 | 0.00 |
| 15 | 十五、符合条件的软件企业减免企业所得税 | 0.00 |
| 16 | 十六、国家规划布局内重点软件企业可减按10%的税率征收企业所得税 | 0.00 |
| 17 | 十七、符合条件的集成电路封装、测试企业定期减免企业所得税 | 0.00 |
| 18 | 十八、符合条件的集成电路关键专用材料生产企业、集成电路专用设备生产企业定期减免企业所得税 | 0.00 |
| 19 | 十九、经营性文化事业单位转制为企业的免征企业所得税 | 0.00 |
| 20 | 二十、符合条件的生产和装配伤残人员专门用品企业免征企业所得税 | 0.00 |
| 21 | 二十一、技术先进型服务企业(服务外包类)减按15%的税率征收企业所得税 | 0.00 |
| 22 | 二十二、技术先进型服务企业(服务贸易类)减按15%的税率征收企业所得税 | 0.00 |
| 23 | 二十三、设在西部地区的鼓励类产业企业减按15%的税率征收企业所得税 | 0.00 |
| 24 | 二十四、新疆困难地区新办企业定期减免企业所得税 | 0.00 |
| 25 | 二十五、新疆喀什、霍尔果斯特殊经济开发区新办企业定期免征企业所得税 | 0.00 |
| 26 | 二十六、广东横琴、福建平潭、深圳前海等地区的鼓励类产业企业减按15%税率征收企业所得税 | 0.00 |
| 27 | 二十七、北京冬奥组委、北京冬奥会测试赛赛事组委会免征企业所得税 | 0.00 |
| 28 | 二十八、其他(28.1+28.2) | 0.00 |
| 28.1 | 1. 从事污染防治的第三方企业减按15%的税率征收企业所得税 | 0.00 |
| 28.2 | 2. 其他 | 0.00 |
| 29 | 二十九、民族自治地方的自治机关对本民族自治地方的企业应缴纳的企业所得税中属于地方分享的部分减征或免征 ○免征 ○减征 减征幅度 0.00 | 0.00 |
| 30 | 合计(1+2+3+4+5+6+…+29) | 191440.56 |

图 5-7 “A201030 减免所得税优惠明细表”填写页面

⑤ 单击“切换报表”按钮,选择“居民企业参股外国企业信息报告表【选报】”,进入填写页面(图 5-8)。

⑥ 单击“切换报表”按钮,选择“技术成果投资入股企业所得税递延纳税备案表【选报】”,进入填写页面(图 5-9)。

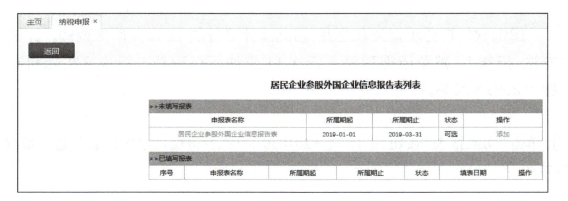

图 5-8　"居民企业参股外国企业信息报告表【列表】"页面

图 5-9　"技术成果投资入股企业所得税递延纳税备案表"页面

⑦ 纳税申报表填写完毕后,单击"返回"返回"居民企业(查账征收)所得税月(季)申报"页面,单击"申报"(图 5-10)。

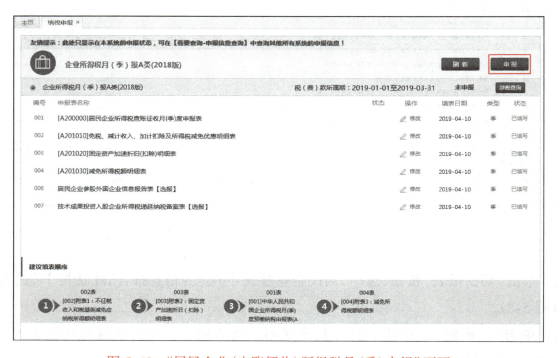

图 5-10　"居民企业(查账征收)所得税月(季)申报"页面

⑧ 系统弹出提示本期应补(退)税(费)金额,核对无误后单击"是"(图 5-11)。

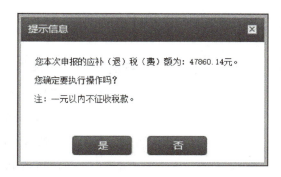

图 5-11　应补(退)税(费)额提示信息

【步骤三】　税费缴纳。

纳税申报完成后,系统会弹出提示是否跳转"税费缴纳",单击"税费缴纳",系统可完成税费扣款。

## 学习小结

企业所得税月(季)度网上申报(居民企业)的操作步骤见图 5-12。

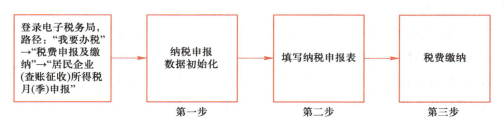

图 5-12　企业所得税月(季)度网上申报操作步骤

## 学习体验

无锡市好味家餐饮有限公司(增值税一般纳税人)主营食品生产与销售,经税务机关核定企业所得税征收方式为查账征收,按照实际利润预缴方式预缴企业所得税,无减免所得税,第一季度已预缴所得税 12019.35 元。2019 年第二季度经营情况如下:

(1) 2019 年第二季度利润表见表 5-2。

(2) 第二季度投资收益 150000.00 元,为公司投资 A 企业(非上市居民企业)获得的股利。

(3) 第一季度季初从业人员为 110 人,季末从业人员为 115 人,季初资产总额为 3000 万元,季末资产总额为 3100 万元;第二季度季末从业人数为 123 人,资产总额为 3200 万元。其符合小型微利企业,减按 20% 的税率征收企业所得税。企业财务执行新会计准则,非汇总企业,无分支机构,不符合高新技术企业、科技型中小企业、技术入股递延纳税事项的条件。

表 5-2

利 润 表

编制单位:无锡市好味家    2019 年 04 月 01 日至 2019 年 06 月 30 日      单位:人民币元
餐饮有限公司

| 项　　目 | 行次 | 本季数 | 本年累计 |
|---|---|---|---|
| 一、营业收入 | 1 | 694486.05 | 1759709.93 |
| 　　减:营业成本 | 2 | 355676.85 | 787930.93 |
| 　　　　税金及附加 | 3 | 9222.60 | 20430.83 |
| 　　　　销售费用 | 4 | 152536.95 | 337915.11 |
| 　　　　管理费用 | 5 | 141615.45 | 313720.71 |
| 　　　　研发费用 | 6 | 0.00 | 0.00 |
| 　　　　财务费用 | 7 | 19658.70 | 43549.92 |
| 　　　　其中:利息费用 | 8 | 0.00 | 0.00 |
| 　　　　　　利息收入 | 9 | 0.00 | 0.00 |
| 　　　　资产减值损失 | 10 | 0.00 | 0.00 |
| 　　　　信用减值损失 | 11 | 0.00 | 0.00 |
| 　　加:其他收益 | 12 | 0.00 | 0.00 |
| 　　　　投资收益(损失以"-"号填列) | 13 | 182025.00 | 182025.00 |
| 　　　　其中:对联营企业和合营企业的投资收益 | 14 | 0.00 | 0.00 |
| 　　　　净敞口套期收益(损失以"-"号填列) | 15 | 0.00 | 0.00 |
| 　　　　公允价值变动收益(损失以"-"号填列) | 16 | 0.00 | 0.00 |
| 　　　　资产处置收益(损失以"-"号填列) | 17 | 0.00 | 0.00 |
| 二、营业利润(亏损以"-"号填列) | 18 | 197800.50 | 438187.45 |
| 　　加:营业外收入 | 19 | 0.00 | 0.00 |
| 　　减:营业外支出 | 20 | 0.00 | 0.00 |
| 三、利润总额(亏损总额以"-"号填列) | 21 | 197800.50 | 438187.45 |
| 　　减:所得税费用 | 22 | 2390.02 | 14409.37 |
| 四、净利润(净亏损以"-"号填列) | 23 | 195410.48 | 423778.08 |
| 　　(一)持续经营净利润(净亏损以"-"号填列) | 24 | | |
| 　　(二)终止经营净利润(净亏损以"-"号填列) | 25 | | |
| 五、其他综合收益的税后净额 | 26 | | |
| 　　(一)不能重分类进损益的其他综合收益 | 27 | | |
| 　　　　1. 重新计量设定受益计划变动额 | 28 | | |
| 　　　　2. 权益法下不能转损益的其他综合收益 | 29 | | |
| 　　(二)将重分类进损益的其他综合收益 | 30 | | |
| 　　　　1. 权益法下可转损益的其他综合收益 | 31 | | |

续表

| 项　　目 | 行次 | 本季数 | 本年累计 |
|---|---|---|---|
| 　2. 其他债权投资公允价值变动 | 32 | | |
| 　3. 金融资产重分类计入其他综合收益的金额 | 33 | | |
| 　4. 其他债权投资信用减值准备 | 34 | | |
| 　5. 现金流量套期储备 | 35 | | |
| 　6. 外币财务报表折算差额 | 36 | | |
| 六、综合收益总额 | 37 | 195410.48 | 423778.08 |
| 七、每股收益 | 38 | | |
| 　(一)基本每股收益 | 39 | | |
| 　(二)稀释每股收益 | 40 | | |

单位负责人:马东　　　　　　　主管会计工作负责人:张雷　　　　　　　会计机构负责人:刘云

(4) 公司税务会计:赵峰,身份证号码:320102199002051254。

要求:根据上述资料计算填列中华人民共和国企业所得税月(季)度预缴纳税申报表(A类)及其相关附表(表 5-3~ 表 5-6)。(金额需要四舍五入地保留两位小数。)

表 5-3

### A201010　免税收入、减计收入、所得减免等优惠明细表

税款所属时间:2019 年 04 月 01 日至 2019 年 06 月 30 日

纳税人名称:无锡市好味家餐饮有限公司(公章)　　　　　纳税人识别号:911000999000012574

填表日期:2019 年 07 月 01 日　　　　　　　　　　　　金额单位:人民币元(列至角分)

| 行次 | 项　　目 | 本年累计金额 |
|---|---|---|
| 1 | 一、免税收入(2+3+8+9+…+15) | |
| 2 | 　(一)国债利息收入免征企业所得税 | |
| 3 | 　(二)符合条件的居民企业之间的股息、红利等权益性投资收益免征企业所得税 | |
| 4 | 　　其中内地居民企业通过沪港通投资且连续持有 H 股满 12 个月取得的股息红利所得免征企业所得税 | |
| 5 | 　　内地居民企业通过深港通投资且连续持有 H 股满 12 个月取得的股息红利所得免征企业所得税 | |
| 6 | 　　居民企业持有创新企业 CDR 取得的股息红利所得免征企业所得税 | |
| 7 | 　　符合条件的居民企业之间属于股息、红利性质的永续债利息收入免征企业所得税 | |
| 8 | 　(三)符合条件的非营利组织的收入免征企业所得税 | |
| 9 | 　(四)中国清洁发展机制基金取得的收入免征企业所得税 | |
| 10 | 　(五)投资者从证券投资基金分配中取得的收入免征企业所得税 | |
| 11 | 　(六)取得的地方政府债券利息收入免征企业所得税 | |

续表

| 行次 | 项　目 | 本年累计金额 |
|---|---|---|
| 12 | （七）中国保险保障基金有限责任公司取得的保险保障基金等收入免征企业所得税 | |
| 13 | （八）中国奥委会取得北京冬奥组委支付的收入免征企业所得税 | |
| 14 | （九）中国残奥委会取得北京冬奥组委分期支付的收入免征企业所得税 | |
| 15 | （十）其他 | |
| 16 | 二、减计收入（17+18+22+23） | |
| 17 | （一）综合利用资源生产产品取得的收入在计算应纳税所得额时减计收入 | |
| 18 | （二）金融、保险等机构取得的涉农利息、保费减计收入（19+20+21） | |
| 19 | 　1. 金融机构取得的涉农贷款利息收入在计算应纳税所得额时减计收入 | |
| 20 | 　2. 保险机构取得的涉农保费收入在计算应纳税所得额时减计收入 | |
| 21 | 　3. 小额贷款公司取得的农户小额贷款利息收入在计算应纳税所得额时减计收入 | |
| 22 | （三）取得铁路债券利息收入减半征收企业所得税 | |
| 23 | （四）其他（23.1+23.2） | |
| 23.1 | 　1. 取得的社区家庭服务收入在计算应纳税所得额时减计收入 | |
| 23.2 | 　2. 其他 | |
| 24 | 三、加计扣除（25+26+27+28） | ＊ |
| 25 | （一）开发新技术、新产品、新工艺发生的研究开发费用加计扣除 | ＊ |
| 26 | （二）科技型中小企业开发新技术、新产品、新工艺发生的研究开发费用加计扣除 | ＊ |
| 27 | （三）企业为获得创新性、创意性、突破性的产品进行创意设计活动而发生的相关费用加计扣除 | ＊ |
| 28 | （四）安置残疾人员所支付的工资加计扣除 | ＊ |
| 29 | 四、所得减免（30+33+34+35+36+37+38+39+40） | |
| 30 | （一）从事农、林、牧、渔业项目的所得减免征收企业所得税（31+32） | |
| 31 | 　1. 免税项目 | |
| 32 | 　2. 减半征收项目 | |
| 33 | （二）从事国家重点扶持的公共基础设施项目投资经营的所得定期减免企业所得税 | |
| 33.1 | 　其中：从事农村饮水安全工程新建项目投资经营的所得定期减免企业所得税 | |
| 34 | （三）从事符合条件的环境保护、节能节水项目的所得定期减免企业所得税 | |
| 35 | （四）符合条件的技术转让所得减免征收企业所得税 | |
| 36 | （五）实施清洁发展机制项目的所得定期减免企业所得税 | |
| 37 | （六）符合条件的节能服务公司实施合同能源管理项目的所得定期减免企业所得税 | |
| 38 | （七）线宽小于 130 纳米的集成电路生产项目的所得减免企业所得税 | |

续表

| 行次 | 项　目 | 本年累计金额 |
|---|---|---|
| 39 | （八）线宽小于 65 纳米或投资额超过 150 亿元的集成电路生产项目的所得减免企业所得税 | |
| 40 | （九）其他 | |
| 41 | 合计（1+16+24+29） | |
| 42 | 附列资料：1. 支持新型冠状病毒感染的肺炎疫情防控捐赠支出全额扣除 | |
| 43 | 　　　　　2. 扶贫捐赠支出全额扣除 | |

表 5-4

### A201020　资产加速折旧、摊销（扣除）优惠明细表

税款所属时间：2019 年 04 月 01 日至 2019 年 06 月 30 日

纳税人名称：无锡市好味家餐饮有限公司（公章）　　　　纳税人识别号：911000999000012574

填表日期：2019 年 07 月 01 日　　　　　　　　　　　金额单位：人民币元（列至角分）

| 行次 | 项　目 | 本年享受优惠的资产原值 | 本年累计折旧＼摊销（扣除）金额 | | | | |
|---|---|---|---|---|---|---|---|
| | | | 账载折旧＼摊销金额 | 按照税收一般规定计算的折旧＼摊销金额 | 享受加速政策计算的折旧＼摊销金额 | 纳税调减金额 | 享受加速政策优惠金额 |
| | | 1 | 2 | 3 | 4 | 5 | 6(4-3) |
| 1 | 一、加速折旧、摊销（不含一次性扣除，2+3+4+5） | | | | | | |
| 2 | （一）重要行业固定资产加速折旧 | | | | | | |
| 3 | （二）其他行业研发设备加速折旧 | | | | | | |
| 4 | （三）海南自由贸易港企业固定资产加速折旧 | | | | | | |
| 5 | （四）海南自由贸易港企业无形资产加速摊销 | | | | | | |
| 6 | 二、固定资产、无形资产一次性扣除（7+8+9+10） | | | | | | |
| 7 | （一）500 万元以下设备器具一次性扣除 | | | | | | |
| 8 | （二）疫情防控重点保障物资生产企业单价 500 万元以上设备一次性扣除 | | | | | | |
| 9 | （三）海南自由贸易港企业固定资产一次性扣除 | | | | | | |
| 10 | （四）海南自由贸易港企业无形资产一次性扣除 | | | | | | |
| 11 | 合计（1+6） | | | | | | |

表 5-5

## A201030　减免所得税优惠明细表

税款所属时间:2019 年 04 月 01 日至 2019 年 06 月 30 日

纳税人名称:无锡市好味家餐饮有限公司(公章)　　　纳税人识别号:911000999000012574

填表日期:2019 年 07 月 01 日　　　　　　　　　金额单位:人民币元(列至角分)

| 行次 | 项　　目 | 本年累计金额 |
|---|---|---|
| 1 | 一、符合条件的小型微利企业减免企业所得税 | |
| 2 | 二、国家需要重点扶持的高新技术企业减按 15% 的税率征收企业所得税 | |
| 3 | 三、经济特区和上海浦东新区新设立的高新技术企业在区内取得的所得定期减免企业所得税 | |
| 4 | 四、受灾地区农村信用社免征企业所得税 | * |
| 5 | 五、动漫企业自主开发、生产动漫产品定期减免企业所得税 | |
| 6 | 六、线宽小于 0.8 微米(含)的集成电路生产企业减免企业所得税 | |
| 7 | 七、线宽小于 0.25 微米的集成电路生产企业减按 15% 税率征收企业所得税 | |
| 8 | 八、投资额超过 80 亿元的集成电路生产企业减按 15% 税率征收企业所得税 | |
| 9 | 九、线宽小于 0.25 微米的集成电路生产企业减免企业所得税 | |
| 10 | 十、投资额超过 80 亿元的集成电路生产企业减免企业所得税 | |
| 11 | 十一、线宽小于 130 纳米的集成电路生产企业减免企业所得税 | |
| 12 | 十二、线宽小于 65 纳米或投资额超过 150 亿元的集成电路生产企业减免企业所得税 | |
| 13 | 十三、新办集成电路设计企业减免企业所得税 | |
| 14 | 十四、国家规划布局内集成电路设计企业可减按 10% 的税率征收企业所得税 | |
| 15 | 十五、符合条件的软件企业减免企业所得税 | |
| 16 | 十六、国家规划布局内重点软件企业可减按 10% 的税率征收企业所得税 | |
| 17 | 十七、符合条件的集成电路封装、测试企业定期减免企业所得税 | |
| 18 | 十八、符合条件的集成电路关键专用材料生产企业、集成电路专用设备生产企业定期减免企业所得税 | |
| 19 | 十九、经营性文化事业单位转制为企业的免征企业所得税 | |
| 20 | 二十、符合条件的生产和装配伤残人员专门用品企业免征企业所得税 | |
| 21 | 二十一、技术先进型服务企业(服务外包类)减按 15% 的税率征收企业所得税 | |
| 22 | 二十二、技术先进型服务企业(服务贸易类)减按 15% 的税率征收企业所得税 | |
| 23 | 二十三、设在西部地区的鼓励类产业企业减按 15% 的税率征收企业所得税(主营业务收入占比____%) | |
| 24 | 二十四、新疆困难地区新办企业定期减免企业所得税 | |
| 25 | 二十五、新疆喀什、霍尔果斯特殊经济开发区新办企业定期免征企业所得税 | |
| 26 | 二十六、广东横琴、福建平潭、深圳前海等地区的鼓励类产业企业减按 15% 税率征收企业所得税 | |

续表

| 行次 | 项　　　目 | 本年累计金额 |
|---|---|---|
| 27 | 二十七、北京冬奥组委、北京冬奥会测试赛赛事组委会免征企业所得税 | |
| 28 | 二十八、其他(28.1+28.2+28.3+28.4) | |
| 28.1 | 　　1. 从事污染防治的第三方企业减按 15% 的税率征收企业所得税 | |
| 28.2 | 　　2. 海南自由贸易港的鼓励类产业企业减按 15% 税率征收企业所得税 | |
| 28.3 | 　　3. 其他 1 | |
| 28.4 | 　　4. 其他 2 | |
| 29 | 二十九、民族自治地方的自治机关对本民族自治地方的企业应缴纳的企业所得税中属于地方分享的部分减征或免征(□ 免征　　□ 减征:减征幅度＿＿＿%) | |
| 30 | 合计(1+2+3+4+5+6+…+29) | |

表 5-6

## A200000　中华人民共和国企业所得税月(季)度预缴纳税申报表(A 类)

税款所属时间:2019 年 04 月 01 日至 2019 年 06 月 30 日

纳税人名称:无锡市好味家餐饮有限公司(公章)　　　　　纳税人识别号:911000999000012574

填表日期:2019 年 07 月 01 日　　　　　　　　　　　　金额单位:人民币元(列至角分)

| 预缴方式 | □ 按照实际利润额预缴　　　　　　　　□ 按照上一纳税年度应纳税所得额平均额预缴<br>□ 按照税务机关确定的其他方法预缴 | | | | | | | | |
|---|---|---|---|---|---|---|---|---|---|
| 企业类型 | □ 一般企业　　　　　　　　　　　　　□ 跨地区经营汇总纳税企业总机构<br>□ 跨地区经营汇总纳税企业分支机构 | | | | | | | | |

| 按季度填报信息 | | | | | | | | | |
|---|---|---|---|---|---|---|---|---|---|
| 项　目 | 一季度 | | 二季度 | | 三季度 | | 四季度 | | 季度平均值 |
| | 季初 | 季末 | 季初 | 季末 | 季初 | 季末 | 季初 | 季末 | |
| 从业人数 | | | | | | | | | |
| 资产总额(万元) | | | | | | | | | |
| 国家限制或禁止行业 | □ 是　□ 否 | | | | 小型微利企业 | | | □ 是　□ 否 | |

| 预缴税款计算 | | |
|---|---|---|
| 行次 | 项　　　目 | 本年累计金额 |
| 1 | 营业收入 | |
| 2 | 营业成本 | |
| 3 | 利润总额 | |
| 4 | 加:特定业务计算的应纳税所得额 | |
| 5 | 减:不征税收入 | |
| 6 | 减:免税收入、减计收入、所得减免等优惠金额(填写 A201010) | |
| 7 | 减:资产加速折旧、摊销(扣除)调减额(填写 A201020) | |

续表

| 行次 | 项　　目 | 本年累计金额 |
|---|---|---|
| | **预缴税款计算** | |
| 8 | 减:弥补以前年度亏损 | |
| 9 | 实际利润额(3+4−5−6−7−8)\ 按照上一纳税年度应纳税所得额平均额确定的应纳税所得额 | |
| 10 | 税率(25%) | |
| 11 | 应纳所得税额(9×10) | |
| 12 | 减:减免所得税额(填写 A201030) | |
| 13 | 减:实际已缴纳所得税额 | |
| 14 | 减:特定业务预缴(征)所得税额 | |
| 15 | 本期应补(退)所得税额(11−12−13−14)\ 税务机关确定的本期应纳所得税额 | |

| 行次 | | 项　　目 | 本年累计金额 |
|---|---|---|---|
| | | **汇总纳税企业总分机构税款计算** | |
| 16 | 总机构填报 | 总机构本期分摊应补(退)所得税额(17+18+19) | |
| 17 | | 其中:总机构分摊应补(退)所得税额(15×总机构分摊比例____%) | |
| 18 | | 财政集中分配应补(退)所得税额(15×财政集中分配比例____%) | |
| 19 | | 总机构具有主体生产经营职能的部门分摊所得税额(15×全部分支机构分摊比例____%×总机构具有主体生产经营职能部门分摊比例____%) | |
| 20 | 分支机构填报 | 分支机构本期分摊比例 | |
| 21 | | 分支机构本期分摊应补(退)所得税额 | |

| | **附报信息** | | | |
|---|---|---|---|---|
| 高新技术企业 | □是　□否 | 科技型中小企业 | □是　□否 | |
| 技术入股递延纳税事项 | □是　□否 | | | |

谨声明:本纳税申报表是根据国家税收法律法规及相关规定填报的,是真实的、可靠的、完整的。

纳税人(签章):　　　　年　月　日

| | |
|---|---|
| 经办人:<br>经办人身份证号:<br>代理机构签章:<br>代理机构统一社会信用代码: | 受理人:<br>受理税务机关(章):<br>受理日期:　　年　月　日 |

# 任务 5.2　企业所得税年度网上申报(居民企业)

## ◎ 任务情境

2019 年 4 月 20 日,无锡市凌锋软件科技有限公司(以下简称凌锋软件)(增值税一般纳税人)税务会计张鹏进行 2018 年企业所得税年度申报。

### 1. 基本信息

凌锋软件(所属行业:6511 基础软件开发)经税务机关核定企业所得税征收方式为查账征收,按照实际利润预缴方式预缴企业所得税。公司主要从事软件开发业务,非跨地区经营企业,非小型微利企业,非上市公司,非汇总企业,无分支机构。企业财务执行新会计准则,不符合高新技术企业、科技型中小企业、技术入股递延纳税事项的条件。

(1) 公司资产总额为 521.6 万元,总人数 8531 人。纳税人识别号:91320213MA1YBJYU3J。

(2) 股东信息见表 5-7。

表 5-7

**无锡市凌锋软件科技有限公司股东信息表**

| 姓名 | 国籍 | 身份证号 | 投资比例 /% |
|------|------|----------|-----------|
| 华锋 | 中国 | 32032219930710**11 | 67 |
| 潘凌 | 中国 | 32020219920909**13 | 33 |

(3) 会计主管:彭红。

(4) 适用会计政策。

会计准则:企业会计准则(一般企业)

会计档案存放地:江苏省无锡市

会计核算软件:用友 T3

记账本位币:人民币

适用企业所得税税率:25%

会计政策和估计是否发生变化:否

固定资产折旧方法:年限平均法

存货成本计价方法:先进先出法

坏账损失核算方法:备抵法

所得税计算方法:资产负债表债务法(企业会计准则要求对企业所得税采用资产负债表债务法进行核算)

（5）按税收规定比例扣除的职工教育经费比例为 8%、广告费和业务宣传费比例为 15%。

（6）2018 年度已预缴所得税额：375000.00 元。

（7）2018 年度利润表见表 5-8。

表 5-8

### 利　润　表

编制单位：无锡市凌锋软件科技　　　　2018 年 12 月 31 日　　　　　　单位：人民币元
有限公司

| 项　　目 | 本月数 | 本年累计 |
| --- | --- | --- |
| 一、营业收入 | 34598480.00 | 94047750.00 |
| 　减：营业成本 | 12789081.00 | 57995625.00 |
| 　　税金及附加 | 299276.85 | 7816500.00 |
| 　　销售费用 | 741396.00 | 8918750.00 |
| 　　管理费用 | 473628.48 | 13550100.00 |
| 　　研发费用 | 0.00 | |
| 　　财务费用 | 34598.48 | -300000.00 |
| 　　　其中：利息费用 | 0.00 | 130000.00 |
| 　　　　利息收入 | 0.00 | 430000.00 |
| 　　资产减值损失 | 8896.75 | 9000.00 |
| 　　信用减值损失 | 0.00 | |
| 　加：其他收益 | 0.00 | |
| 　　投资收益（损失以"-"号填列） | 617830.00 | 625000.00 |
| 　　　其中：对联营企业和合营企业的投资收益 | 0.00 | |
| 　　净敞口套期收益（损失以"-"号填列） | 0.00 | |
| 　　公允价值变动收益（损失以"-"号填列） | 0.00 | |
| 　　资产处置收益（损失以"-"号填列） | 0.00 | |
| 二、营业利润（亏损以"-"号填列） | 20869432.44 | 6682775.00 |
| 　加：营业外收入 | 0.00 | 656250.00 |
| 　减：营业外支出 | 0.00 | 533125.00 |
| 三、利润总额（亏损总额以"-"号填列） | 20869432.44 | 6805900.00 |
| 　减：所得税费用 | 5217358.11 | 375000.00 |
| 四、净利润（净亏损以"-"号填列） | 15652074.33 | 6430900.00 |
| 　（一）持续经营净利润（净亏损以"-"号填列） | | |
| 　（二）终止经营净利润（净亏损以"-"号填列） | | |
| 五、其他综合收益的税后净额 | | |
| 　（一）不能重分类进损益的其他综合收益 | | |

续表

| 项　目 | 本月数 | 本年累计 |
|---|---|---|
| 　1. 重新计量设定受益计划变动额 | | |
| 　2. 权益法下不能转损益的其他综合收益 | | |
| 　3. 其他权益工具投资公允价值变动 | | |
| 　4. 企业自身信用风险公允价值变动 | | |
| 　…… | | |
| （二）将重分类进损益的其他综合收益 | | |
| 　1. 权益法下可转损益的其他综合收益 | | |
| 　2. 其他债权投资公允价值变动 | | |
| 　3. 金融资产重分类计入其他综合收益的金额 | | |
| 　4. 其他债权投资信用减值准备 | | |
| 　5. 现金流量套期储备 | | |
| 　6. 外币财务报表折算差额 | | |

（8）2018 年年末部分科目余额表见表 5-9。

表 5-9

部分科目余额表

编制单位：无锡市凌锋软件科技有限公司　　　2018 年 12 月 31 日　　　单位：人民币元

| 序号 | 编号 | 科目名称 | 年初余额 借方 | 年初余额 贷方 | 本年发生额 借方 | 本年发生额 贷方 | 年末余额 借方 | 年末余额 贷方 |
|---|---|---|---|---|---|---|---|---|
| 1 | 1524 | 长期股权投资 | | | 6250000.00 | | 6250000.00 | |
| 2 | 152401 | 宏达科技 | | | 6250000.00 | | 6250000.00 | |
| 3 | 1601 | 固定资产 | 2048026.30 | | | | 2048026.30 | |
| 4 | 160101 | 与生产经营有关的器具工具家具 | 1041447.36 | | | | 1041447.36 | |
| 5 | 160102 | 电子设备 | 1006578.94 | | | | 1006578.94 | |
| 6 | 1602 | 累计折旧 | | | | | | |
| 7 | 160201 | 与生产经营有关的器具工具家具 | | 712350.00 | | 197875.00 | | 910225.00 |
| 8 | 160201 | 电子设备 | | 627125.00 | | 318750.00 | | 945875.00 |
| 9 | 1701 | 无形资产 | 4691250.00 | | | | 4691250.00 | |
| 10 | 170101 | 专利权 | 4691250.00 | | | | 4691250.00 | |
| 11 | 1702 | 累计摊销 | | | | | | |
| 12 | 170201 | 专利权 | | 1688850.00 | | 469125.00 | | 2157975.00 |
| 13 | 2211 | 应付职工薪酬 | | | 13493500.00 | 13579925.00 | | 86425.00 |

续表

| 序号 | 编号 | 科目名称 | 年初余额 | | 本年发生额 | | 年末余额 | |
|---|---|---|---|---|---|---|---|---|
| | | | 借方 | 贷方 | 借方 | 贷方 | 借方 | 贷方 |
| 14 | 221101 | 职工薪酬 | | | 10790000.00 | 10790000.00 | | 0.00 |
| 15 | 221102 | 职工福利费 | | | 1686625.00 | 1686625.00 | | 0.00 |
| 16 | 221103 | 职工教育经费 | | | 262500.00 | 262500.00 | | 0.00 |
| 17 | 221104 | 工会经费 | | | 129375.00 | 215800.00 | | 86425.00 |
| 18 | 221105 | 基本社会保险支出 | | | 375000.00 | 375000.00 | | 0.00 |
| 19 | 221106 | 住房公积金支出 | | | 250000.00 | 250000.00 | | 0.00 |
| 20 | 5301 | 研发支出 | | | 6250000.00 | | | |
| 21 | 530101 | 费用化支出 | | | 6250000.00 | | | |
| 22 | 53010101 | 人工费用 | | | 5318375.00 | | | |
| 23 | 5301010101 | 工资薪金 | | | 3890545.00 | | | |
| 24 | 5301010102 | 五险一金 | | | 1427830.00 | | | |
| 25 | 53010102 | 材料费用 | | | 250000.00 | | | |
| 26 | 53010103 | 检验费 | | | 62500.00 | | | |
| 27 | 53010104 | 折旧费 | | | 150000.00 | | | |
| 28 | 53010105 | 摊销费用 | | | 469125.00 | | | |
| 29 | 6001 | 主营业务收入 | | | 94047750.00 | 94047750.00 | | |
| 30 | 600101 | 销售商品收入 | | | 81487500.00 | 81487500.00 | | |
| 31 | 600102 | 提供劳务收入 | | | 12560250.00 | 12560250.00 | | |
| 32 | 6111 | 投资收益 | | | 6250000.00 | 6250000.00 | | |
| 33 | 611101 | 宏达科技 | | | 6250000.00 | 6250000.00 | | |
| 34 | 6301 | 营业外收入 | | | 656250.00 | 656250.00 | | |
| 35 | 630101 | 处置固定资产净收益 | | | 31250.00 | 31250.00 | | |
| 36 | 630102 | 政府补助 | | | 625000.00 | 625000.00 | | |
| 37 | 6401 | 主营业务成本 | | | 57995625.00 | 57995625.00 | | |
| 38 | 640101 | 销售商品成本 | | | 50870625.00 | 50870625.00 | | |
| 39 | 640102 | 提供劳务成本 | | | 7125000.00 | 7125000.00 | | |
| 40 | 6601 | 销售费用 | | | 8918750.00 | 8918750.00 | | |
| 41 | 660101 | 工资薪金 | | | 3125000.00 | 3125000.00 | | |
| 42 | 660102 | 业务招待费 | | | 1650000.00 | 1650000.00 | | |
| 43 | 660103 | 折旧费 | | | 18750.00 | 18750.00 | | |
| 44 | 660104 | 差旅费 | | | 4125000.00 | 4125000.00 | | |
| 45 | 6602 | 管理费用 | | | 13550100.00 | 13550100.00 | | |

续表

| 序号 | 编号 | 科目名称 | 年初余额 | | 本年发生额 | | 年末余额 | |
|---|---|---|---|---|---|---|---|---|
| | | | 借方 | 贷方 | 借方 | 贷方 | 借方 | 贷方 |
| 46 | 660201 | 工资薪金 | | | 2346625.00 | 2346625.00 | | |
| 47 | 660202 | 咨询顾问费 | | | 625000.00 | 625000.00 | | |
| 48 | 660203 | 折旧费 | | | 29125.00 | 29125.00 | | |
| 49 | 660204 | 办公费 | | | 1474350.00 | 1474350.00 | | |
| 50 | 660205 | 房租费 | | | 812500.00 | 812500.00 | | |
| 51 | 660206 | 差旅费 | | | 750000.00 | 750000.00 | | |
| 52 | 660207 | 邮寄费 | | | 100000.00 | 100000.00 | | |
| 53 | 660208 | 费用化税金 | | | 62500.00 | 62500.00 | | |
| 54 | 660209 | 研发费用 | | | 6250000.00 | 6250000.00 | | |
| 55 | 660210 | 其他费用 | | | 1100000.00 | 1100000.00 | | |
| 56 | 6603 | 财务费用 | | | -300000.00 | -300000.00 | | |
| 57 | 660301 | 利息收入 | | | 400000.00 | 400000.00 | | |
| 58 | 660302 | 利息支出 | | | 100000.00 | 100000.00 | | |
| 59 | 6701 | 资产减值损失 | | | 9000.00 | 9000.00 | | |
| 60 | 6711 | 营业外支出 | | | 533125.00 | 533125.00 | | |
| 61 | 671101 | 工商罚款 | | | 75000.00 | 75000.00 | | |
| 62 | 671102 | 税收滞纳金 | | | 37500.00 | 37500.00 | | |
| 63 | 671103 | 捐赠支出 | | | 312500.00 | 312500.00 | | |
| 64 | 671104 | 其他 | | | 108125.00 | 108125.00 | | |

(9) 近 3 年盈利及亏损情况见表 5-10。

表 5-10

**无锡市凌锋软件科技有限公司 2015—2017 年盈亏情况表**

| 年度 | 盈利额或亏损额 / 元 | 备注 |
|---|---|---|
| 2015 | 1212066.60 | |
| 2016 | 1599927.91 | |
| 2017 | 2287896.92 | |

(10) 发生其他相关经济业务如下:

① 将库存硬盘,作为福利发放给员工,商品的市场售价为 150000.00 元,公司账务处理为:

借:应付职工薪酬——职工福利费　　　　　　　　　　144500.00

　　贷:库存商品　　　　　　　　　　　　　　　　　125000.00

　　　　应交税费——应交增值税(销项税额)　　　　24000.00

② 自主研发项目获得政府资金资助 625000.00 元,但公司没有单独核算收入与支出,记

入"营业外收入——政府补助"。

③ 通过市人民政府向灾区捐赠现金 187500.00 元;通过 C 公司向贫困地区捐赠现金 125000.00 元。

④ 直接投资无锡市宏达科技有限公司(统一社会信用代码:913320200423554621,非上市公司,)6250000.00 元,占股 25%。2018 年 11 月 20 日无锡市宏达科技有限公司公布利润分配方案,凌锋软件获得股利 625000.00 元。

⑤ 本年度研发费用全部做费用化支出处理,研发费用都为国内发生的研究开发。

⑥ 白条、收据入账费用 317000.00 元。

⑦ 固定资产净残值为 5%,与生产经营有关的器具工具家具按 5 年计提折旧、电子设备按 3 年计提折旧,折旧采用平均年限法,无形资产按 10 年摊销,会计与税法无差异。

⑧ 企业发生的职工福利费支出,不超过工资、薪金总额 14% 的部分准予扣除。

⑨ 企业拨缴的工会经费,不超过工资、薪金总额 2% 的部分准予扣除。

⑩ 除国务院财政、税务主管部门另有规定外,企业发生的职工教育经费支出,不超过工资、薪金总额 8% 的部分,准予扣除;超过部分,准予结转以后纳税年度扣除。

### 中 业务指导

【步骤一】　纳税申报数据初始化。

登录电子税务局,选择"我要办税"→"税费申报及缴纳"→"居民企业所得税年度申报"(图 5-13)。

纳税申报数据初始化操作与任务 5.1〔步骤一〕基本相同,此处不再赘述。

图 5-13　居民企业所得税年度申报路径

【步骤二】　填写企业信息并勾选相关表单。

① 选择"企业所得税年度纳税申报基础信息表"，如实填写表中各项信息，填写完成后，单击"保存"（图 5-14）。

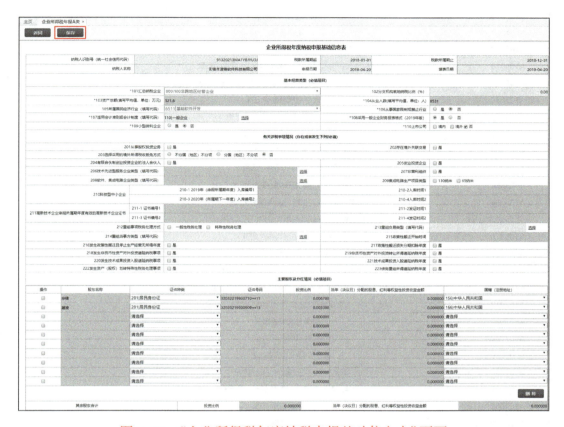

图 5-14　"企业所得税年度纳税申报基础信息表"页面

> 提示：① 103 资产总额填写全年季度平均值，填报单位是万元，币种为人民币。② 104 从业人数填写全年季度平均值，从业人数必须大于 0 且为整数。

② 进入表单勾选页面，根据企业情况再次核查需要填写的表单，若系统未勾选，可自行勾选（图 5-15）。

> 注意：此处未勾选的表单后续填写时将不再出现，所以需认真进行核查。若不确定该表单是否需要填写，也可先勾选，后续填写时若无数据也可直接单击"保存"完成。

勾选完成后单击"确认"，系统提示报表勾选成功。回到主页，可查看所有勾选的表单（图 5-16）。

| 企业所得税年度申报(A类) | | |
|---|---|---|
| **表单编号** | **表单名称** | **选择填报情况** |
| A000000 | 企业所得税年度纳税申报基础信息表 | ✔ |
| A100000 | 中华人民共和国企业所得税年度纳税申报表（A类） | ✔ |
| A101010 | 一般企业收入明细表 | ✔ |
| A102010 | 一般企业成本明细表 | ✔ |
| A104000 | 期间费用 | ✔ |
| A105000 | 纳税调整项目明细表 | ✔ |
| A105010 | 视同销售和房地产开发企业特定业务纳税调整明细表 | ✔ |
| A105020 | 未按权责发生制确认收入纳税调整明细表 | ☐ |
| A105030 | 投资收益纳税调整明细表 | ☐ |
| A105040 | 专项用途财政性资金纳税调整明细表 | ☐ |
| A105050 | 职工薪酬支出及纳税调整明细表 | ✔ |
| A105060 | 广告费和业务宣传费等跨年度纳税调整明细表 | ✔ |
| A105070 | 捐赠支出及纳税调整明细表 | ✔ |
| A105080 | 资产折旧、摊销及纳税调整明细表 | ✔ |
| A105090 | 资产损失税前扣除及纳税调整明细表 | ✔ |
| A105100 | 企业重组及递延纳税事项纳税调整明细表 | ☐ |
| A105110 | 政策性搬迁纳税调整明细表 | ☐ |
| A106000 | 企业所得税弥补亏损明细表 | ✔ |
| A107010 | 免税、减计收入及加计扣除优惠明细表 | ✔ |
| A107011 | 符合条件的居民企业之间的股息、红利等权益性投资收益优惠明细表 | ✔ |
| A107012 | 研发费用加计扣除优惠明细表 | ✔ |
| A107020 | 所得减免优惠明细表 | ☐ |
| A107030 | 抵扣应纳税所得额明细表 | ☐ |
| A107040 | 减免所得税优惠明细表 | ☐ |
| A107041 | 高新技术企业优惠情况及明细表 | ☐ |
| A107042 | 软件、集成电路企业优惠情况及明细表 | ☐ |
| A107050 | 税额抵免优惠明细表 | ☐ |
| A108000 | 境外所得税收抵免明细表 | ☐ |
| A108010 | 境外所得纳税调整后所得明细表 | ☐ |
| A108020 | 境外分支机构弥补亏损明细表 | ☐ |
| A108030 | 跨年度结转抵免境外所得税明细表 | ☐ |
| AX10000 | 受控外国企业信息报告表 | ☐ |
| AX20000 | 非货币性资产投资递延纳税调整明细表 | ☐ |
| AX30000 | 居民企业资产（股权）划转特殊性税务处理申报表 | ☐ |
| AX40000 | 企业重组所得税特殊性税务处理报告表（主表） | ☐ |
| AX60000 | 中华人民共和国企业政策性搬迁清算损益表 | ☐ |

确认

图 5-15　表单勾选页面

【步骤三】　填写纳税申报表（一般先填写各张附表，再填写主表）。

① 单击"［A101010］一般企业收入明细表"，进入填写页面。（图 5-17）。

图 5-16　居民企业所得税年度申报表填写平台

## 一般企业收入明细表（A101010）

| 行次 | 项　目 | 金　额 |
|---|---|---|
| 1 | 一、营业收入（2+9） | 94,047,750.00 |
| 2 | （一）主营业务收入（3+5+6+7+8） | 94,047,750.00 |
| 3 | 1.销售商品收入 | 81,487,500.00 |
| 4 | 其中：非货币性资产交换收入 | 0.00 |
| 5 | 2.提供劳务收入 | 12,560,250.00 |
| 6 | 3.建造合同收入 | 0.00 |
| 7 | 4.让渡资产使用权收入 | 0.00 |
| 8 | 5.其他 | 0.00 |
| 9 | （二）其他业务收入（10+12+13+14+15） | 0.00 |
| 10 | 1.销售材料收入 | 0.00 |
| 11 | 其中：非货币性资产交换收入 | 0.00 |
| 12 | 2.出租固定资产收入 | 0.00 |
| 13 | 3.出租无形资产收入 | 0.00 |
| 14 | 4.出租包装物和商品收入 | 0.00 |
| 15 | 5.其他 | 0.00 |
| 16 | 二、营业外收入（17+18+19+20+21+22+23+24+25+26） | 656,250.00 |
| 17 | （一）非流动资产处置利得 | 31,250.00 |
| 18 | （二）非货币性资产交换利得 | 0.00 |
| 19 | （三）债务重组利得 | 0.00 |
| 20 | （四）政府补助利得 | 625,000.00 |
| 21 | （五）盘盈利得 | 0.00 |
| 22 | （六）捐赠利得 | 0.00 |
| 23 | （七）罚没利得 | 0.00 |
| 24 | （八）确实无法偿付的应付款项 | 0.00 |
| 25 | （九）汇兑收益 | 0.00 |
| 26 | （十）其他 | 0.00 |

图 5-17　"一般企业收入明细表（A101010）"页面

　　根据科目余额表中的主营业务收入、其他业务收入、营业外收入账户发生额填写对应的各项数据。

　　② 单击"切换报表"按钮,选择"[A102010]一般企业成本明细表",进入填写页面。(图 5-18)。

| 主页 | 企业所得税年报A类 × |
|---|---|

| 返回 | 保存 | 数据读取 | 切换报表 |

**一般企业成本支出明细表（A102010）**

| 行次 | 项　　目 | 金　　额 |
|---|---|---|
| 1 | 一、营业成本　(2+9) | 57,995,625.00 |
| 2 | 　(一) 主营业务成本　(3+5+6+7+8) | 57,995,625.00 |
| 3 | 　　1.销售商品成本 | 50,870,625.00 |
| 4 | 　　　其中:非货币性资产交换成本 | 0.00 |
| 5 | 　　2.提供劳务成本 | 7,125,000.00 |
| 6 | 　　3.建造合同成本 | 0.00 |
| 7 | 　　4.让渡资产使用权成本 | 0.00 |
| 8 | 　　5.其他 | 0.00 |
| 9 | 　(二) 其他业务成本　(10+12+13+14+15) | 0.00 |
| 10 | 　　1.销售材料成本 | 0.00 |
| 11 | 　　　其中:非货币性资产交换成本 | 0.00 |
| 12 | 　　2.出租固定资产成本 | 0.00 |
| 13 | 　　3.出租无形资产成本 | 0.00 |
| 14 | 　　4.包装物出租成本 | 0.00 |
| 15 | 　　5.其他 | 0.00 |
| 16 | 二、营业外支出　(17+18+19+20+21+22+23+24+25+26) | 533,125.00 |
| 17 | 　(一) 非流动资产处置损失 | 0.00 |
| 18 | 　(二) 非货币性资产交换损失 | 0.00 |
| 19 | 　(三) 债务重组损失 | 0.00 |
| 20 | 　(四) 非常损失 | 0.00 |
| 21 | 　(五) 捐赠支出 | 312,500.00 |
| 22 | 　(六) 赞助支出 | 0.00 |
| 23 | 　(七) 罚没支出 | 112,500.00 |
| 24 | 　(八) 坏账损失 | 0.00 |
| 25 | 　(九) 无法收回的债券股权投资损失 | 0.00 |
| 26 | 　(十) 其他 | 108,125.00 |

图 5-18　"一般企业成本明细表（A102010）"页面

　　根据科目余额表中的主营业务成本、其他业务成本、营业外支出账户发生额填写对应的各项数据。

③ 单击“切换报表”按钮，选择“[ A104000 ]期间费用明细表”，进入填写页面。(图 5-19)。

主页　企业所得税年报A类 ×

返回　保存　数据读取　切换报表

**期间费用明细表（A104000）**

| 行次 | 项　目 | 销售费用 | 其中：境外支付 | 管理费用 | 其中：境外支付 | 财务费用 | 其中：境外支付 |
|---|---|---|---|---|---|---|---|
| | | 1 | 2 | 3 | 4 | 5 | 6 |
| 1 | 一、职工薪酬 | 3,125,000.00 | * | 2,346,625.00 | * | * | * |
| 2 | 二、劳务费 | 0.00 | 0.00 | 0.00 | 0.00 | * | * |
| 3 | 三、咨询顾问费 | 0.00 | 0.00 | 625,000.00 | 0.00 | * | * |
| 4 | 四、业务招待费 | 1,650,000.00 | * | 0.00 | * | * | * |
| 5 | 五、广告费和业务宣传费 | 0.00 | * | 0.00 | * | * | * |
| 6 | 六、佣金和手续费 | 0.00 | 0.00 | 0.00 | 0.00 | 0.00 | 0.00 |
| 7 | 七、资产折旧摊销费 | 18,750.00 | * | 29,125.00 | * | * | * |
| 8 | 八、财产损耗、盘亏及毁损损失 | 0.00 | * | 0.00 | * | * | * |
| 9 | 九、办公费 | 0.00 | * | 1,474,350.00 | * | * | * |
| 10 | 十、董事会费 | 0.00 | * | 0.00 | * | * | * |
| 11 | 十一、租赁费 | 0.00 | 0.00 | 812,500.00 | 0.00 | * | * |
| 12 | 十二、诉讼费 | 0.00 | * | 0.00 | * | * | * |
| 13 | 十三、差旅费 | 4,125,000.00 | * | 750,000.00 | * | * | * |
| 14 | 十四、保险费 | 0.00 | * | 0.00 | * | * | * |
| 15 | 十五、运输、仓储费 | 0.00 | 0.00 | 100,000.00 | 0.00 | * | * |
| 16 | 十六、修理费 | 0.00 | 0.00 | 0.00 | 0.00 | * | * |
| 17 | 十七、包装费 | 0.00 | * | 0.00 | * | * | * |
| 18 | 十八、技术转让费 | 0.00 | 0.00 | 0.00 | 0.00 | * | * |
| 19 | 十九、研究费用 | 0.00 | 0.00 | 6,250,000.00 | 0.00 | * | * |
| 20 | 二十、各项税费 | 0.00 | * | 62,500.00 | * | * | * |
| 21 | 二十一、利息收支 | * | * | * | * | -300,000.00 | 0.00 |
| 22 | 二十二、汇兑差额 | * | * | * | * | 0.00 | 0.00 |
| 23 | 二十三、现金折扣 | * | * | * | * | 0.00 | * |
| 24 | 二十四、党组织工作经费 | * | * | 0.00 | * | * | * |
| 25 | 二十五、其他 | 0.00 | 0.00 | 1,100,000.00 | 0.00 | 0.00 | 0.00 |
| 26 | 合计(1+2+3+…25) | 8,918,750.00 | 0.00 | 13,550,100.00 | 0.00 | -300,000.00 | 0.00 |

图 5-19　“期间费用明细表(A104000)”页面

根据科目余额表中的销售费用、管理费用、财务费用账户发生额填写对应的各项数据。

④ 单击“切换报表”按钮，选择“[ A105010 ]视同销售和房地产开发企业特定业务纳税调整明细表”，进入填写页面。(图 5-20)。

⑤ 单击“切换报表”按钮，选择“[ A105050 ]职工薪酬支出及纳税调整明细表”，进入填写页面。根据科目余额表中应付职工薪酬科目发生额及表中钩稽关系填写各项数据(图 5-21)。

⑥ 单击“切换报表”按钮，选择“[ A105060 ]广告费和业务宣传费跨年度纳税调整明细表”，进入填写页面。

主页 企业所得税年报A类 ×

返回 保存 数据读取 切换报表

**视同销售和房地产开发企业特定业务纳税调整明细表（A105010）**

| 行次 | 项　　目 | 税收金额 | 纳税调整金额 |
|---|---|---|---|
| | | 1 | 2 |
| 1 | 一、视同销售（营业）收入（2+3+4+5+6+7+8+9+10） | 150,000.00 | 150,000.00 |
| 2 | （一）非货币性资产交换视同销售收入 | 0.00 | 0.00 |
| 3 | （二）用于市场推广或销售视同销售收入 | 0.00 | 0.00 |
| 4 | （三）用于交际应酬视同销售收入 | 0.00 | 0.00 |
| 5 | （四）用于职工奖励或福利视同销售收入 | 150,000.00 | 150,000.00 |
| 6 | （五）用于股息分配视同销售收入 | 0.00 | 0.00 |
| 7 | （六）用于对外捐赠视同销售收入 | 0.00 | 0.00 |
| 8 | （七）用于对外投资项目视同销售收入 | 0.00 | 0.00 |
| 9 | （八）提供劳务视同销售收入 | 0.00 | 0.00 |
| 10 | （九）其他 | 0.00 | 0.00 |
| 11 | 二、视同销售（营业）成本（12+13+14+15+16+17+18+19+20） | 125,000.00 | -125,000.00 |
| 12 | （一）非货币性资产交换视同销售成本 | 0.00 | 0.00 |
| 13 | （二）用于市场推广或销售视同销售成本 | 0.00 | 0.00 |
| 14 | （三）用于交际应酬视同销售成本 | 0.00 | 0.00 |
| 15 | （四）用于职工奖励或福利视同销售成本 | 125,000.00 | -125,000.00 |
| 16 | （五）用于股息分配视同销售成本 | 0.00 | 0.00 |
| 17 | （六）用于对外捐赠视同销售成本 | 0.00 | 0.00 |
| 18 | （七）用于对外投资项目视同销售成本 | 0.00 | 0.00 |
| 19 | （八）提供劳务视同销售成本 | 0.00 | 0.00 |
| 20 | （九）其他 | 0.00 | 0.00 |
| 21 | 三、房地产开发企业特定业务计算的纳税调整额（22-26） | 0.00 | 0.00 |
| 22 | （一）房地产企业销售未完工开发产品特定业务计算的纳税调整额（24-25） | 0.00 | 0.00 |
| 23 | 1.销售未完工产品的收入 | 0.00 | * |
| 24 | 2.销售未完工产品预计毛利额 | 0.00 | 0.00 |
| 25 | 3.实际发生的税金及附加、土地增值税 | 0.00 | 0.00 |
| 26 | （二）房地产企业销售的未完工产品转完工产品特定业务计算的纳税调整额（28-29） | 0.00 | 0.00 |
| 27 | 1.销售未完工产品转完工产品确认的销售收入 | 0.00 | * |
| 28 | 2.转回的销售未完工产品预计毛利额 | 0.00 | 0.00 |
| 29 | 3.转回实际发生的税金及附加、土地增值税 | 0.00 | 0.00 |

图 5-20 “视同销售和房地产开发企业特定业务纳税调整明细表（A105010）”页面

根据资料所给信息，企业将库存商品作为福利发放给员工应作为视同销售处理，应按市场售价确认视同销售收入，做调增；按库存商品成本确认视同销售成本，做调减。

主页 企业所得税年报A类 ×

返回 保存 数据读取 切换报表

**职工薪酬支出及纳税调整明细表（A105050）**

| 行次 | 项　目 | 账载金额 | 实际发生额 | 税收规定扣除率 | 以前年度累计结转扣除额 | 税收金额 | 纳税调整金额 | 累计结转以后年度扣除额 |
|---|---|---|---|---|---|---|---|---|
| | | 1 | 2 | 3 | 4 | 5 | 6（1-5） | 7（2+4-5） |
| 1 | 一、工资薪金支出 | 10,790,000.00 | 10,790,000.00 | * | * | 10,790,000.00 | 0.00 | * |
| 2 | 其中：股权激励 | 0.00 | 0.00 | * | * | 0.00 | 0.00 | * |
| 3 | 二、职工福利费支出 | 1,686,625.00 | 1,686,625.00 | 14.00 | * | 1,510,600.00 | 176,025.00 | * |
| 4 | 三、职工教育经费支出 | 262,500.00 | 262,500.00 | * | 0.00 | 262,500.00 | 0.00 | 0.00 |
| 5 | 其中：按税收规定比例扣除的职工教育经费 | 262,500.00 | 262,500.00 | 8.00 | 0.00 | 262,500.00 | 0.00 | 0.00 |
| 6 | 按税收规定全额扣除的职工培训费用 | 0.00 | 0.00 | 100.00 | * | 0.00 | 0.00 | * |
| 7 | 四、工会经费支出 | 215,800.00 | 129,375.00 | 2.00 | * | 129,375.00 | 86,425.00 | * |
| 8 | 五、各类基本社会保障性缴款 | 375,000.00 | 375,000.00 | * | * | 375,000.00 | 0.00 | * |
| 9 | 六、住房公积金 | 250,000.00 | 250,000.00 | * | * | 250,000.00 | 0.00 | * |
| 10 | 七、补充养老保险 | 0.00 | 0.00 | 5.00 | * | 0.00 | 0.00 | * |
| 11 | 八、补充医疗保险 | 0.00 | 0.00 | 5.00 | * | 0.00 | 0.00 | * |
| 12 | 九、其他 | 0.00 | 0.00 | * | * | 0.00 | 0.00 | * |
| 13 | 合计（1+3+4+7+8+9+10+11+12） | 13,579,925.00 | 13,493,500.00 | * | 0.00 | 13,317,475.00 | 262,450.00 | 0.00 |

图 5-21 “职工薪酬支出及纳税调整明细表（A105050）”页面

行次 3“职工福利费支出”的“税收金额”，填报按照税收规定允许税前扣除的金额，按第 1 行“工资薪金支出”第 5 列“税收金额”× 税收规定扣除率与第 1 列，第 2 列三者孰小值填报。

行次 5 “按税收规定比例扣除的职工教育经费”第 5 列“税收金额”按第 1 行“工资薪金支出”第 5 列“税收金额” × 税收规定扣除率与第 2 列 + 第 4 列的孰小值填报。

行次 7 “工会经费支出”的第 5 列“税收金额”按第 1 行“工资薪金支出”第 5 列“税收金额” × 税收规定扣除率与第 1 列、第 2 列三者孰小值填报。其中第 1 列“账载金额”一般按余额表中该科目贷方发生额填列，第 2 列“实际发生额”则为该科目借方发生额。

凌锋软件不属于保险企业，因此第 2 栏“保险企业手续费及佣金支出”无须填写。第 1 栏“广告费和业务宣传费”，根据科目余额表中销售费用科目明细，本企业 2019 年度无广告费和业务宣传费支出，因此行次 1、2、3 均为 0；行次 4 “本年计算扣除限额的基数”应等于该企业 2019 年度的营业收入与视同销售收入之和，即表 A101010 行次 1+ 表 A105010 行次 1 的税收金额；行次 5 的税收规定扣除率按所给资料应填 15%（图 5-22）。

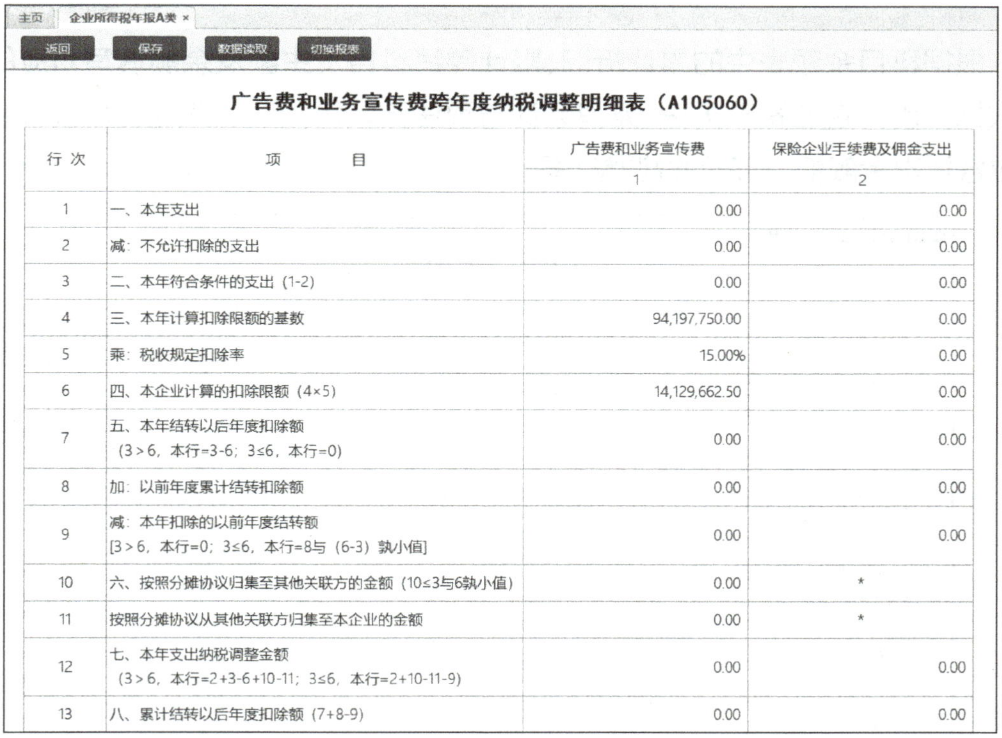


广告费和业务宣传费跨年度纳税调整明细表（A105060）

| 行次 | 项目 | 广告费和业务宣传费 | 保险企业手续费及佣金支出 |
|---|---|---|---|
| | | 1 | 2 |
| 1 | 一、本年支出 | 0.00 | 0.00 |
| 2 | 减：不允许扣除的支出 | 0.00 | 0.00 |
| 3 | 二、本年符合条件的支出（1-2） | 0.00 | 0.00 |
| 4 | 三、本年计算扣除限额的基数 | 94,197,750.00 | 0.00 |
| 5 | 乘：税收规定扣除率 | 15.00% | 0.00 |
| 6 | 四、本企业计算的扣除限额（4×5） | 14,129,662.50 | 0.00 |
| 7 | 五、本年结转以后年度扣除额（3＞6，本行=3-6；3≤6，本行=0） | 0.00 | 0.00 |
| 8 | 加：以前年度累计结转扣除额 | 0.00 | 0.00 |
| 9 | 减：本年扣除的以前年度结转额 [3＞6，本行=0；3≤6，本行=8与（6-3）孰小值] | 0.00 | 0.00 |
| 10 | 六、按照分摊协议归集至其他关联方的金额（10≤3与6孰小值） | 0.00 | * |
| 11 | 按照分摊协议从其他关联方归集至本企业的金额 | 0.00 | * |
| 12 | 七、本年支出纳税调整金额（3＞6，本行=2+3-6+10-11；3≤6，本行=2+10-11-9） | 0.00 | 0.00 |
| 13 | 八、累计结转以后年度扣除额（7+8-9） | 0.00 | 0.00 |

图 5-22　“广告费和业务宣传费跨年度纳税调整明细表（A105060）”页面

⑦ 单击“切换报表”按钮，选择“［A105070］捐赠支出及纳税调整明细表”，进入填写页面。

凌锋软件通过市人民政府向灾区捐赠现金 187500.00 元，属于限额扣除的公益性捐赠，填在第 1 栏行次 7，对应的按税收规定计算的扣除限额为企业利润表中的年度利润总额 6805900 × 12%=816708（元），因账载金额 < 扣除限额，所以税收金额按账载金额填列；通过 C 公司向贫困地区捐赠现金 125000.00 元属于非公益性捐赠，填在行次 1 第 1 栏和第 5 栏（图 5-23）。

捐赠支出及纳税调整明细表（A105070）

| 行次 | 项　目 | 账载金额 | 以前年度结转可扣除的捐赠额 | 按税收规定计算的扣除限额 | 税收金额 | 纳税调增金额 | 纳税调减金额 | 可结转以后年度扣除的捐赠额 |
|---|---|---|---|---|---|---|---|---|
| | | 1 | 2 | 3 | 4 | 5 | 6 | 7 |
| 1 | 一、非公益性捐赠 | 125,000.00 | * | * | * | 125,000.00 | * | * |
| 2 | 二、全额扣除的公益性捐赠 | 0.00 | * | * | 0.00 | * | * | * |
| 3 | 三、限额扣除的公益性捐赠(4+5+6+7) | 187,500.00 | 0.00 | 816,708.00 | 187,500.00 | 0.00 | 0.00 | 0.00 |
| 4 | 1.前三年度（2015年） | * | 0.00 | * | * | * | 0.00 | * |
| 5 | 2.前二年度（2016年） | * | 0.00 | * | * | * | 0.00 | 0.00 |
| 6 | 3.前一年度（2017年） | * | 0.00 | * | * | * | 0.00 | 0.00 |
| 7 | 4.本　　年（2018年） | 187,500.00 | * | 816,708.00 | 187,500.00 | 0.00 | * | 0.00 |
| 8 | 合计（1+2+3） | 312,500.00 | 0.00 | 816,708.00 | 187,500.00 | 125,000.00 | 0.00 | 0.00 |

图 5-23 “捐赠支出及纳税调整明细表（A105070）”页面

⑧ 单击“切换报表”按钮，选择“［A105080］资产折旧、摊销及纳税调整明细表”，进入填写页面。

根据科目余额表中的累计折旧、累计摊销科目发生额及余额填写对应的各项数据。因为企业资产折旧、摊销会计与税法无差异，所以账载金额、税收金额对应各栏次金额相同，无纳税调整（图 5-24）。

资产折旧、摊销及纳税调整明细表（A105080）

| 行次 | 项　目 | | 账载金额：资产原值 | 账载金额：本年折旧、摊销额 | 账载金额：累计折旧、摊销额 | 税收金额：资产计税基础 | 税收金额：税收折旧、摊销额 | 税收金额：享受加速折旧政策的资产按税收一般规定计算的折旧、摊销额 | 税收金额：加速折旧、摊销统计额 | 税收金额：累计折旧、摊销额 | 纳税调整金额 |
|---|---|---|---|---|---|---|---|---|---|---|---|
| | | | 1 | 2 | 3 | 4 | 5 | 6 | 7=5-6 | 8 | 9(2-5) |
| 1 | 一、固定资产（2+3+4+5+6+7） | | 2,048,026.30 | 516,625.00 | 1,856,100.00 | 2,048,026.30 | 516,625.00 | * | * | 1,856,100.00 | 0.00 |
| 2 | 所有固定资产 | （一）房屋、建筑物 | 0.00 | 0.00 | 0.00 | 0.00 | 0.00 | * | * | 0.00 | 0.00 |
| 3 | | （二）飞机、火车、轮船、机器、机械和其他生产设备 | 0.00 | 0.00 | 0.00 | 0.00 | 0.00 | * | * | 0.00 | 0.00 |
| 4 | | （三）与生产经营活动有关的器具、工具、家具等 | 1,041,447.36 | 197,875.00 | 910,225.00 | 1,041,447.36 | 197,875.00 | * | * | 910,225.00 | 0.00 |
| 5 | | （四）飞机、火车、轮船以外的运输工具 | 0.00 | 0.00 | 0.00 | 0.00 | 0.00 | * | * | 0.00 | 0.00 |
| 6 | | （五）电子设备 | 1,006,578.94 | 318,750.00 | 945,875.00 | 1,006,578.94 | 318,750.00 | * | * | 945,875.00 | 0.00 |
| 7 | | （六）其他 | 0.00 | 0.00 | 0.00 | 0.00 | 0.00 | * | * | 0.00 | 0.00 |
| 8 | 其中：享受固定资产加速折旧及一次性扣除政策的资产加速折旧额大于一般折旧额的部分 | （一）重要行业固定资产加速折旧（不含一次性扣除） | 0.00 | 0.00 | 0.00 | 0.00 | 0.00 | 0.00 | 0.00 | 0.00 | * |
| 9 | | （二）其他行业研发设备加速折旧 | 0.00 | 0.00 | 0.00 | 0.00 | 0.00 | 0.00 | 0.00 | 0.00 | * |
| 10 | | （三）固定资产一次性扣除 | 0.00 | 0.00 | 0.00 | 0.00 | 0.00 | 0.00 | 0.00 | 0.00 | * |
| 11 | | 1.单价不超过100万元专用研发设备 | 0.00 | 0.00 | 0.00 | 0.00 | 0.00 | 0.00 | 0.00 | 0.00 | * |
| 12 | | 2.重要行业小型微利企业单价不超过100万元研发生产共用设备 | 0.00 | 0.00 | 0.00 | 0.00 | 0.00 | 0.00 | 0.00 | 0.00 | * |
| 13 | | 3.5000元以下固定资产 | 0.00 | 0.00 | 0.00 | 0.00 | 0.00 | 0.00 | 0.00 | 0.00 | * |
| 11 | | （四）技术进步、更新换代固定资产 | 0.00 | 0.00 | 0.00 | 0.00 | 0.00 | 0.00 | 0.00 | 0.00 | * |
| 12 | | （五）常年强震动、高腐蚀固定资产 | 0.00 | 0.00 | 0.00 | 0.00 | 0.00 | 0.00 | 0.00 | 0.00 | * |
| 13 | | （六）外购软件折旧 | 0.00 | 0.00 | 0.00 | 0.00 | 0.00 | 0.00 | 0.00 | 0.00 | * |
| 14 | | （七）集成电路企业生产设备 | 0.00 | 0.00 | 0.00 | 0.00 | 0.00 | 0.00 | 0.00 | 0.00 | * |
| 15 | 二、生产性生物资产（16+17） | | 0.00 | 0.00 | 0.00 | 0.00 | 0.00 | * | * | 0.00 | 0.00 |
| 16 | （一）林木类 | | 0.00 | 0.00 | 0.00 | 0.00 | 0.00 | * | * | 0.00 | 0.00 |
| 17 | （二）畜类 | | 0.00 | 0.00 | 0.00 | 0.00 | 0.00 | * | * | 0.00 | 0.00 |
| 18 | 三、无形资产（19+20+21+22+23+24+25+27） | | 4,691,250.00 | 469,125.00 | 2,157,975.00 | 4,691,250.00 | 469,125.00 | * | * | 2,157,975.00 | 0.00 |
| 19 | （一）专利权 | | 4,691,250.00 | 469,125.00 | 2,157,975.00 | 4,691,250.00 | 469,125.00 | * | * | 2,157,975.00 | 0.00 |
| 20 | （二）商标权 | | 0.00 | 0.00 | 0.00 | 0.00 | 0.00 | * | * | 0.00 | 0.00 |
| 21 | （三）著作权 | | 0.00 | 0.00 | 0.00 | 0.00 | 0.00 | * | * | 0.00 | 0.00 |
| 22 | （四）土地使用权 | | 0.00 | 0.00 | 0.00 | 0.00 | 0.00 | * | * | 0.00 | 0.00 |
| 23 | （五）非专利技术 | | 0.00 | 0.00 | 0.00 | 0.00 | 0.00 | * | * | 0.00 | 0.00 |
| 24 | （六）特许权使用费 | | 0.00 | 0.00 | 0.00 | 0.00 | 0.00 | * | * | 0.00 | 0.00 |
| 25 | （七）软件 | | 0.00 | 0.00 | 0.00 | 0.00 | 0.00 | * | * | 0.00 | 0.00 |
| 26 | 其中：享受企业外购软件加速摊销政策 | | 0.00 | 0.00 | 0.00 | 0.00 | 0.00 | 0.00 | 0.00 | 0.00 | * |
| 27 | （八）其他 | | 0.00 | 0.00 | 0.00 | 0.00 | 0.00 | * | * | 0.00 | 0.00 |
| 28 | 四、长期待摊费用（29+30+31+32+33） | | 0.00 | 0.00 | 0.00 | 0.00 | 0.00 | * | * | 0.00 | 0.00 |
| 29 | （一）已足额提取折旧的固定资产的改建支出 | | 0.00 | 0.00 | 0.00 | 0.00 | 0.00 | * | * | 0.00 | 0.00 |
| 30 | （二）租入固定资产的改建支出 | | 0.00 | 0.00 | 0.00 | 0.00 | 0.00 | * | * | 0.00 | 0.00 |
| 31 | （三）固定资产的大修理支出 | | 0.00 | 0.00 | 0.00 | 0.00 | 0.00 | * | * | 0.00 | 0.00 |
| 32 | （四）开办费 | | 0.00 | 0.00 | 0.00 | 0.00 | 0.00 | * | * | 0.00 | 0.00 |
| 33 | （五）其他 | | 0.00 | 0.00 | 0.00 | 0.00 | 0.00 | * | * | 0.00 | 0.00 |
| 34 | 五、油气勘探投资 | | 0.00 | 0.00 | 0.00 | 0.00 | 0.00 | * | * | 0.00 | 0.00 |
| 35 | 六、油气开发投资 | | 0.00 | 0.00 | 0.00 | 0.00 | 0.00 | * | * | 0.00 | 0.00 |
| 36 | 合计（1+15+18+28+34+35） | | 6,739,276.30 | 985,750.00 | 4,014,075.00 | 6,739,276.30 | 985,750.00 | 0.00 | 0.00 | 4,014,075.00 | 0.00 |
| 附列资料 | 全民所有制企业公司制改制资产评估增值政策资产 | | 0.00 | 0.00 | 0.00 | 0.00 | 0.00 | * | * | 0.00 | 0.00 |

图 5-24 “资产折旧、摊销及纳税调整明细表（A105080）”页面

⑨ 单击“切换报表”按钮,选择“[ A105090 ]资产损失税前扣除及纳税调整明细表”,进入填写页面(图 5-25)。该企业 2018 年度无资产损失税前扣除,因此直接单击“保存”完成。

至此,纳税调整附表全部填写完毕。

主页 企业所得税年报A类 ×

返回 保存 数据读取 切换报表

资产损失税前扣除及纳税调整明细表(A105090)

| 行次 | 项目 | 资产损失的账载金额 | 资产处置收入 | 赔偿收入 | 资产计税基础 | 资产损失的税收金额 | 纳税调整金额 |
|---|---|---|---|---|---|---|---|
| | | 1 | 2 | 3 | 4 | 5 (4-2-3) | 6 (1-5) |
| 1 | 一、现金及银行存款损失 | 0.00 | 0.00 | 0.00 | 0.00 | 0.00 | 0.00 |
| 2 | 二、应收及预付款项坏账损失 | 0.00 | 0.00 | 0.00 | 0.00 | 0.00 | 0.00 |
| 3 | 其中:逾期三年以上的应收款项损失 | 0.00 | 0.00 | 0.00 | 0.00 | 0.00 | 0.00 |
| 4 | 逾期一年以上的小额应收款项损失 | 0.00 | 0.00 | 0.00 | 0.00 | 0.00 | 0.00 |
| 5 | 三、存货损失 | 0.00 | 0.00 | 0.00 | 0.00 | 0.00 | 0.00 |
| 6 | 其中:存货盘亏、报废、损毁、变质或被盗损失 | 0.00 | 0.00 | 0.00 | 0.00 | 0.00 | 0.00 |
| 7 | 四、固定资产损失 | 0.00 | 0.00 | 0.00 | 0.00 | 0.00 | 0.00 |
| 8 | 其中:固定资产盘亏、丢失、报废、损毁或被盗损失 | 0.00 | 0.00 | 0.00 | 0.00 | 0.00 | 0.00 |
| 9 | 五、无形资产损失 | 0.00 | 0.00 | 0.00 | 0.00 | 0.00 | 0.00 |
| 10 | 其中:无形资产转让损失 | 0.00 | 0.00 | 0.00 | 0.00 | 0.00 | 0.00 |
| 11 | 无形资产被替代或超过法律保护期限形成的损失 | 0.00 | 0.00 | 0.00 | 0.00 | 0.00 | 0.00 |
| 12 | 六、在建工程损失 | 0.00 | 0.00 | 0.00 | 0.00 | 0.00 | 0.00 |
| 13 | 其中:在建工程停建、报废损失 | 0.00 | 0.00 | 0.00 | 0.00 | 0.00 | 0.00 |
| 14 | 七、生产性生物资产损失 | 0.00 | 0.00 | 0.00 | 0.00 | 0.00 | 0.00 |
| 15 | 其中:生产性生物资产盘亏、非正常死亡、被盗、丢失等产生的损失 | 0.00 | 0.00 | 0.00 | 0.00 | 0.00 | 0.00 |
| 16 | 八、债权性投资损失(17+22) | 0.00 | 0.00 | 0.00 | 0.00 | 0.00 | 0.00 |
| 17 | (一)金融企业债权性投资损失(18+21) | 0.00 | 0.00 | 0.00 | 0.00 | 0.00 | 0.00 |
| 18 | 1.符合条件的涉农和中小企业贷款损失 | 0.00 | 0.00 | 0.00 | 0.00 | 0.00 | 0.00 |
| 19 | 其中:单户贷款余额300万(含)以下的贷款损失 | 0.00 | 0.00 | 0.00 | 0.00 | 0.00 | 0.00 |
| 20 | 单户贷款余额300万元至1000万元(含)的 贷款损失 | 0.00 | 0.00 | 0.00 | 0.00 | 0.00 | 0.00 |
| 21 | 2.其他债权性投资损失 | 0.00 | 0.00 | 0.00 | 0.00 | 0.00 | 0.00 |
| 22 | (二)非金融企业债权性投资损失 | 0.00 | 0.00 | 0.00 | 0.00 | 0.00 | 0.00 |
| 23 | 九、股权(权益)性投资损失 | 0.00 | 0.00 | 0.00 | 0.00 | 0.00 | 0.00 |
| 24 | 其中:股权转让损失 | 0.00 | 0.00 | 0.00 | 0.00 | 0.00 | 0.00 |
| 25 | 十、通过各种交易场所、市场买卖债券、股票、期货、基金以及金融衍生产品等发生的损失 | 0.00 | 0.00 | 0.00 | 0.00 | 0.00 | 0.00 |
| 26 | 十一、打包出售资产损失 | 0.00 | 0.00 | 0.00 | 0.00 | 0.00 | 0.00 |
| 27 | 十二、其他资产损失 | 0.00 | 0.00 | 0.00 | 0.00 | 0.00 | 0.00 |
| 28 | 合计(1+2+5+7+9+12+14+16+23+25+26+27) | 0.00 | 0.00 | 0.00 | 0.00 | 0.00 | 0.00 |
| 29 | 其中:分支机构留存备查的资产损失 | 0.00 | 0.00 | 0.00 | 0.00 | 0.00 | 0.00 |

图 5-25 “资产损失税前扣除及纳税调整明细表(A105090)”页面

⑩ 单击“切换报表”按钮,选择“[ A105000 ]纳税调整项目明细表”,进入填写页面。

纳税调整项目明细表中大部分数据均已从纳税调整附表中取数。

行次 15 “业务招待费支出”账载金额为科目余额表中销售费用业务招待费明细科目的发生额(1650000 元),税收金额为发生额的 60%(1650000×60%=990000 元)与销售收入的 5‰((94047750+150000)×5‰=470988.75 元)孰低,税收金额与账载金额的差额应计入调增金额(1650000−470988.75=1179011.25 元)。

行次 19 “罚金、罚款和被没收财物的损失”账载金额为科目余额表中营业外支出工商罚款明细科目的发生额(75000 元),全部做纳税调增。

行次 20 "税收滞纳金、加收利息"账载金额为科目余额表中营业外支出税收滞纳金明细科目的发生额(37500 元),全部做纳税调增。

白条、收据入账费用 317000.00 元属于"与取得收入无关的支出",应填在行次 21 账载金额中,全部做纳税调增。

行次 33 "资产减值准备金"账载金额为科目余额表中资产减少损失科目的发生额(9000 元),全部做纳税调增(图 5-26)。

纳税调整项目明细表(A105000)

| 行次 | 项　目 | 账载金额 1 | 税收金额 2 | 调增金额 3 | 调减金额 4 |
|---|---|---|---|---|---|
| 1 | 一、收入类调整项目 (2+3+4+5+6+7+8+10+11) | * | * | 150,000.00 | 0.00 |
| 2 | (一)视同销售收入(填写A105010) | * | 150,000.00 | 150,000.00 | * |
| 3 | (二)未按权责发生制原则确认的收入(填写A105020) | 0.00 | 0.00 | 0.00 | 0.00 |
| 4 | (三)投资收益(填写A105030) | 0.00 | 0.00 | 0.00 | 0.00 |
| 5 | (四)按权益法核算长期股权投资对初始投资成本调整确认收益 | * | * | * | 0.00 |
| 6 | (五)交易性金融资产初始投资调整 | * | * | 0.00 | * |
| 7 | (六)公允价值变动净损益 | * | * | 0.00 | 0.00 |
| 8 | (七)不征税收入 | * | * | 0.00 | 0.00 |
| 9 | 其中:专项用途财政性资金(填写A105040) | * | * | 0.00 | 0.00 |
| 10 | (八)销售折扣、折让和退回 | 0.00 | 0.00 | 0.00 | 0.00 |
| 11 | (九)其他 | 0.00 | 0.00 | 0.00 | 0.00 |
| 12 | 二、扣除类调整项目 (13+14+...24+26+27+28+29+30) | * | * | 1,995,961.25 | 125,000.00 |
| 13 | (一)视同销售成本(填写A105010) | * | 125,000.00 | * | 125,000.00 |
| 14 | (二)职工薪酬(填写A105050) | 13,579,925.00 | 13,317,475.00 | 262,450.00 | 0.00 |
| 15 | (三)业务招待费支出 | 1,650,000.00 | 470,988.75 | 1,179,011.25 | * |
| 16 | (四)广告费和业务宣传费支出(填写A105060) | 0.00 | 0.00 | 0.00 | 0.00 |
| 17 | (五)捐赠支出(填写A105070) | 312,500.00 | 187,500.00 | 125,000.00 | 0.00 |
| 18 | (六)利息支出 | 0.00 | 0.00 | 0.00 | 0.00 |
| 19 | (七)罚金、罚款和被没收财物的损失 | 75,000.00 | * | 75,000.00 | * |
| 20 | (八)税收滞纳金、加收利息 | 37,500.00 | * | 37,500.00 | * |
| 21 | (九)赞助支出 | 0.00 | * | 0.00 | * |
| 22 | (十)与未实现融资收益相关在当期确认的财务费用 | 0.00 | 0.00 | 0.00 | 0.00 |
| 23 | (十一)佣金和手续费支出 | 0.00 | 0.00 | 0.00 | 0.00 |
| 24 | (十二)不征税收入用于支出所形成的费用 | * | * | * | * |
| 25 | 其中:专项用途财政性资金用于支出所形成的费用(填写A105040) | * | * | * | * |
| 26 | (十三)跨期扣除项目 | 0.00 | 0.00 | 0.00 | 0.00 |
| 27 | (十四)与取得收入无关的支出 | 317,000.00 | * | 317,000.00 | * |
| 28 | (十五)境外所得分摊的共同支出 | * | * | * | * |
| 29 | (十六)党组织工作经费 | 0.00 | 0.00 | 0.00 | 0.00 |
| 30 | (十七)其他 | 0.00 | 0.00 | 0.00 | 0.00 |
| 31 | 三、资产类调整项目 (32+33+34+35) | * | * | 9,000.00 | 0.00 |
| 32 | (一)资产折旧、摊销(填写A105080) | 985,750.00 | 985,750.00 | 0.00 | 0.00 |
| 33 | (二)资产减值准备金 | 9,000.00 | * | 9,000.00 | * |
| 34 | (三)资产损失(填写A105090) | 0.00 | 0.00 | 0.00 | 0.00 |
| 35 | (四)其他 | 0.00 | 0.00 | 0.00 | 0.00 |
| 36 | 四、特殊事项调整项目 (37+38+39+40+41+42) | * | * | 0.00 | 0.00 |
| 37 | (一)企业重组及递延纳税事项(填写A105100) | 0.00 | 0.00 | 0.00 | 0.00 |
| 38 | (二)政策性搬迁(填写A105110) | * | * | 0.00 | 0.00 |
| 39 | (三)特殊行业准备金(填写A105120) | 0.00 | 0.00 | 0.00 | 0.00 |
| 40 | (四)房地产开发企业特定业务计算的纳税调整额(填写A105010) | * | * | 0.00 | 0.00 |
| 41 | (五)合伙企业法人合伙人应分得的应纳税所得额 | 0.00 | 0.00 | 0.00 | 0.00 |
| 42 | (六)其他 | * | * | 0.00 | 0.00 |
| 43 | 五、特别纳税调整应税所得 | * | * | 0.00 | 0.00 |
| 44 | 六、其他 | * | * | 0.00 | 0.00 |
| 45 | 合计 (1+12+30+35+41+42) | * | * | 2,154,961.25 | 125,000.00 |

图 5-26　"纳税调整项目明细表(A105000)"页面

⑪ 单击"切换报表"按钮,选择"[A106000]企业所得税弥补亏损明细表",进入填写页面。

凌锋软件近 3 年（2015—2017 年度）均为盈利，无亏损需弥补，将资料数据填列至对应年度的栏次 2 当年境内所得额中，2018 年度境内所得额为 A100000 表中行次 23 对应的金额（3523361.25 元）（图 5-27）。

企业所得税弥补亏损明细表（A106000）

| 行次 | 项目 | 年度 | 当年境内所得额 | 分立转出的亏损额 | 合并、分立转入的亏损额 | | 弥补亏损企业类型 | 当年亏损额 | 当年待弥补的亏损额 | 用本年度所得额弥补的以前年度亏损额 | | 可结转以后年度弥补的亏损额 |
|---|---|---|---|---|---|---|---|---|---|---|---|---|
| | | | | | 可弥补年限5年 | 可弥补年限10年 | | | | 使用境内所得弥补 | 使用境外所得弥补 | |
| | | 1 | 2 | 3 | 4 | 5 | 6 | 7 | 8 | 9 | 10 | 11 |
| 1 | 前十年度 | 2008 | 0.00 | 0.00 | 0.00 | 0.00 | | 0.00 | 0.00 | 0.00 | 0.00 | 0.00 |
| 2 | 前九年度 | 2009 | 0.00 | 0.00 | 0.00 | 0.00 | | 0.00 | 0.00 | 0.00 | 0.00 | 0.00 |
| 3 | 前八年度 | 2010 | 0.00 | 0.00 | 0.00 | 0.00 | | 0.00 | 0.00 | 0.00 | 0.00 | 0.00 |
| 4 | 前七年度 | 2011 | 0.00 | 0.00 | 0.00 | 0.00 | | 0.00 | 0.00 | 0.00 | 0.00 | 0.00 |
| 5 | 前六年度 | 2012 | 0.00 | 0.00 | 0.00 | 0.00 | | 0.00 | 0.00 | 0.00 | 0.00 | 0.00 |
| 6 | 前五年度 | 2013 | 0.00 | 0.00 | 0.00 | 0.00 | | 0.00 | 0.00 | 0.00 | 0.00 | 0.00 |
| 7 | 前四年度 | 2014 | 0.00 | 0.00 | 0.00 | 0.00 | | 0.00 | 0.00 | 0.00 | 0.00 | 0.00 |
| 8 | 前三年度 | 2015 | 1,212,066.60 | 0.00 | 0.00 | 0.00 | | 0.00 | 0.00 | 0.00 | 0.00 | 0.00 |
| 9 | 前二年度 | 2016 | 1,599,927.91 | 0.00 | 0.00 | 0.00 | | 0.00 | 0.00 | 0.00 | 0.00 | 0.00 |
| 10 | 前一年度 | 2017 | 2,287,896.92 | 0.00 | 0.00 | 0.00 | | 0.00 | 0.00 | 0.00 | 0.00 | 0.00 |
| 11 | 本年度 | 2018 | 3,523,361.25 | 0.00 | 0.00 | 0.00 | | 0.00 | 0.00 | 0.00 | 0.00 | 0.00 |
| 12 | 可结转以后年度弥补的亏损额合计 | | | | | | | | | | | 0.00 |

图 5-27　“企业所得税弥补亏损明细表（A106000）”页面

⑫ 单击“切换报表”按钮，选择“［A107011］符合条件的居民企业之间的股息、红利等权益性投资收益优惠明细表”，进入填写页面。

凌锋软件直接投资宏达科技有限公司占股 25%，2018 年度获得股利 625000.00 元属于符合条件的居民企业之间的股息、红利等权益性投资收益。根据业务资料填列相关数据（图 5-28）。

符合条件的居民企业之间的股息、红利等权益性投资收益优惠明细表（A107011）

| 行次 | 被投资企业 | 被投资企业统一社会信用代码（纳税人识别号） | 投资性质 | 投资成本 | 投资比例 | 被投资企业利润分配确认金额 | | 被投资企业清算确认金额 | | | 撤回或减少投资确认金额 | | | | | | 合计 |
|---|---|---|---|---|---|---|---|---|---|---|---|---|---|---|---|---|---|
| | | | | | | 被投资企业做出利润分配或转股决定时间 | 依决定归属于本公司的股息、红利等权益性投资收益金额 | 分得的被投资企业清算剩余资产 | 被清算企业累计未分配利润和累计盈余公积应享有部分 | 应确认的股息所得 | 从被投资企业撤回或减少投资取得的资产 | 减少投资比例 | 收回初始投资成本 | 取得资产中超过收回初始投资成本部分 | 撤回或减少投资应享有被投资企业累计未分配利润和累计盈余公积 | 应确认的股息所得 | |
| | 1 | 2 | 3 | 4 | 5 | 6 | 7 | 8 | 9 | 10（8与9孰小） | 11 | 12 | 13（4×12） | 14（11-13） | 15 | 16（14与15孰小） | 17（7+10+16） |
| 1 | 宏达科技有限公司 | 913320200423554621 | 01直接投资 | 6,250,000.00 | 25.00% | 2018-11-20 | 625,000.00 | 0.00 | 0.00 | 0.00 | 0.00 | 0.00% | 0.00 | 0.00 | 0.00 | 0.00 | 625,000.00 |
| 2 | | | | | | | | | | 0.00 | | | 0.00 | 0.00 | | 0.00 | 0.00 |
| 3 | | | | | | | | | | 0.00 | | | 0.00 | 0.00 | | 0.00 | 0.00 |
| 4 | | | | | | | | | | 0.00 | | | 0.00 | 0.00 | | 0.00 | 0.00 |
| 5 | | | | | | | | | | 0.00 | | | 0.00 | 0.00 | | 0.00 | 0.00 |
| 6 | | | | | | | | | | 0.00 | | | 0.00 | 0.00 | | 0.00 | 0.00 |
| 7 | | | | | | | | | | 0.00 | | | 0.00 | 0.00 | | 0.00 | 0.00 |
| 8 | 合计 | | | | | | | | | | | | | | | | 625,000.00 |
| 9 | 其中　股票投资—沪港通H股 | | | | | | | | | | | | | | | | 0.00 |
| 10 | 股票投资—深港通H股 | | | | | | | | | | | | | | | | 0.00 |

图 5-28　“符合条件的居民企业之间的股息、红利等权益性投资收益优惠明细表（A107011）”页面

⑬ 单击“切换报表”按钮，选择“［A107012］研发费用加计扣除优惠明细表”，进入填写页面。根据科目余额表中研发支出各明细科目发生额填列表中数据。行次 50“加计扣除比例”按税法规定填写 75%（图 5-29）。

| 主页 | 企业所得税年报A类 × |
|---|---|

返回　保存　数据读取　切换报表

### 研发费用加计扣除优惠明细表（A107012）

| 行次 | 项　　目 | 金　额（数量） |
|---|---|---|
| 1 | 本年可享受研发费用加计扣除项目数量 | 0.00 |
| 2 | 一、自主研发、合作研发、集中研发（3+7+16+19+23+34） | 6,250,000.00 |
| 3 | （一）人员人工费用（4+5+6） | 5,318,375.00 |
| 4 | 1.直接从事研发活动人员工资薪金 | 3,890,545.00 |
| 5 | 2.直接从事研发活动人员五险一金 | 1,427,830.00 |
| 6 | 3.外聘研发人员的劳务费用 | 0.00 |
| 7 | （二）直接投入费用（8+9+10+11+12+13+14+15） | 312,500.00 |
| 8 | 1.研发活动直接消耗材料费用 | 250,000.00 |
| 9 | 2.研发活动直接消耗燃料费用 | 0.00 |
| 10 | 3.研发活动直接消耗动力费用 | 0.00 |
| 11 | 4.用于中间试验和产品试制的模具、工艺装备开发及制造费 | 0.00 |
| 12 | 5.用于不构成固定资产的样品、样机及一般测试手段购置费 | 0.00 |
| 13 | 6.用于试制产品的检验费 | 62,500.00 |
| 14 | 7.用于研发活动的仪器、设备的运行维护、调整、检验、维修等费用 | 0.00 |
| 15 | 8.通过经营租赁方式租入的用于研发活动的仪器、设备租赁费 | 0.00 |
| 16 | （三）折旧费用（17+18） | 150,000.00 |
| 17 | 1.用于研发活动的仪器的折旧费 | 150,000.00 |
| 18 | 2.用于研发活动的设备的折旧费 | 0.00 |
| 19 | （四）无形资产摊销（20+21+22） | 469,125.00 |
| 20 | 1.用于研发活动的软件的摊销费用 | 469,125.00 |
| 21 | 2.用于研发活动的专利权的摊销费用 | 0.00 |
| 22 | 3.用于研发活动的非专利技术（包括许可证、专有技术、设计和计算方法等）的摊销费用 | 0.00 |
| 23 | （五）新产品设计费等（24+25+26+27） | 0.00 |
| 24 | 1.新产品设计费 | 0.00 |
| 25 | 2.新工艺规程制定费 | 0.00 |
| 26 | 3.新药研制的临床试验费 | 0.00 |
| 27 | 4.勘探开发技术的现场试验费 | 0.00 |
| 28 | （六）其他相关费用(29+30+31+32+33) | 0.00 |
| 29 | 1.技术图书资料费、资料翻译费、专家咨询费、高新科技研发保险费 | 0.00 |
| 30 | 2.研发成果的检索、分析、评议、论证、鉴定、评审、评估、验收费用 | 0.00 |
| 31 | 3.知识产权的申请费、注册费、代理费 | 0.00 |
| 32 | 4.职工福利费、补充养老保险费、补充医疗保险费 | 0.00 |
| 33 | 5.差旅费、会议费 | 0.00 |
| 34 | （七）经限额调整后的其他相关费用 | 0.00 |
| 35 | 二、委托研发（36+37+39） | 0.00 |
| 36 | （一）委托境内机构或个人进行研发活动所发生的费用 | 0.00 |
| 37 | （二）委托境外机构进行研发活动发生的费用 | 0.00 |
| 38 | 其中：允许加计扣除的委托境外机构进行研发活动发生的费用 | 0.00 |
| 39 | （三）委托境外个人进行研发活动发生的费用 | 0.00 |
| 40 | 三、年度研发费用小计(2+36×80%+38) | 6,250,000.00 |
| 41 | （一）本年费用化金额 | 6,250,000.00 |
| 42 | （二）本年资本化金额 | 0.00 |
| 43 | 四、本年形成无形资产摊销额 | 0.00 |
| 44 | 五、以前年度形成无形资产本年摊销额 | 0.00 |
| 45 | 六、允许扣除的研发费用合计（41+43+44） | 6,250,000.00 |
| 46 | 减：特殊收入部分 | 0.00 |
| 47 | 七、允许扣除的研发费用抵减特殊收入后的金额(45-46) | 6,250,000.00 |
| 48 | 减：当年销售研发活动直接形成产品（包括组成部分）对应的材料部分 | 0.00 |
| 49 | 减：以前年度销售研发活动直接形成产品（包括组成部分）对应材料部分结转金额 | 0.00 |
| 50 | 八、加计扣除比例（%） | 75.00 |
| 51 | 九、本年研发费用加计扣除总额（47-48-49）×50 | 4,687,500.00 |
| 52 | 十、销售研发活动直接形成产品（包括组成部分）对应材料部分结转以后年度扣减金额（当47-48-49≥0，本行=0；当47-48-49＜0，本行=47-48-49的绝对值） | 0.00 |

图 5-29　"研发费用加计扣除优惠明细表（A107012）"页面

⑭ 单击“切换报表”按钮,选择“[ A107010 ]免税、减计收入及加计扣除优惠明细表”,进入填写页面。该表中相关数据系统自动从附表 A107011、A107012 中取数(图 5-30),核对无误,单击“保存”。

主页　企业所得税年报A类 ×

返回　保存　数据读取　切换报表

**免税、减计收入及加计扣除优惠明细表(A107010)**

| 行次 | 项　　目 | 金　额 |
|---|---|---|
| 1 | 一、免税收入(2+3+6+7+8+9+10+11+12+13+14+15+16) | 625,000.00 |
| 2 | (一)国债利息收入免征企业所得税 | 0.00 |
| 3 | (二)符合条件的居民企业之间的股息、红利等权益性投资收益免征企业所得税(填写A107011) | 625,000.00 |
| 4 | 其中:内地居民企业通过沪港通投资且连续持有H股满12个月取得的股息红利所得免征企业所得税(填写A107011) | 0.00 |
| 5 | 内地居民企业通过深港通投资且连续持有H股满12个月取得的股息红利所得免征企业所得税(填写A107011) | 0.00 |
| 6 | (三)符合条件的非营利组织的收入免征企业所得税 | 0.00 |
| 7 | (四)符合条件的非营利组织(科技企业孵化器)的收入免征企业所得税 | 0.00 |
| 8 | (五)符合条件的非营利组织(国家大学科技园)的收入免征企业所得税 | 0.00 |
| 9 | (六)中国清洁发展机制基金取得的收入免征企业所得税 | 0.00 |
| 10 | (七)投资者从证券投资基金分配中取得的收入免征企业所得税 | 0.00 |
| 11 | (八)取得的地方政府债券利息收入免征企业所得税 | 0.00 |
| 12 | (九)中国保险保障基金有限责任公司取得的保险保障基金等收入免征企业所得税 | 0.00 |
| 13 | (十)中国奥委会取得北京冬奥组委支付的收入免征企业所得税 | 0.00 |
| 14 | (十一)中国残奥委会取得北京冬奥组委分期支付的收入免征企业所得税 | 0.00 |
| 15 | (十二)其他1 | 0.00 |
| 16 | (十三)其他2 | 0.00 |
| 17 | 二、减计收入(18+19+23+24) | 0.00 |
| 18 | (一)综合利用资源生产产品取得的收入在计算应纳税所得额时减计收入 | 0.00 |
| 19 | (二)金融、保险等机构取得的涉农利息、保费减计收入(20+21+22) | 0.00 |
| 20 | 1.金融机构取得的涉农贷款利息收入在计算应纳税所得额时减计收入 | 0.00 |
| 21 | 2.保险机构取得的涉农保费收入在计算应纳税所得额时减计收入 | 0.00 |
| 22 | 3.小额贷款公司取得的农户小额贷款利息收入在计算应纳税所得额时减计收入 | 0.00 |
| 23 | (三)取得铁路债券利息收入减半征收企业所得税 | 0.00 |
| 24 | (四)其他 | 0.00 |
| 25 | 三、加计扣除(26+27+28+29+30) | 4,687,500.00 |
| 26 | (一)开发新技术、新产品、新工艺发生的研究开发费用加计扣除(填写A107012) | 4,687,500.00 |
| 27 | (二)科技型中小企业开发新技术、新产品、新工艺发生的研究开发费用加计扣除(填写A107012) | 0.00 |
| 28 | (三)企业为获得创新性、创意性、突破性的产品进行创意设计活动而发生的相关费用加计扣除 | 0.00 |
| 29 | (四)安置残疾人员所支付的工资加计扣除 | 0.00 |
| 30 | (五)其他 | 0.00 |
| 31 | 合计(1+17+25) | 5,312,500.00 |

图 5-30　“免税、减计收入及加计扣除优惠明细表(A107010)”页面

⑮ 所有附表填列完成,单击“切换报表”按钮,选择“[ A100000 ]中华人民共和国企业所得税年度纳税申报表(A 类)”,进入填写页面(图 5-31)。

主页 ｜ 企业所得税年报A类 ×

返回　｜　保存　｜　数据读取　｜　切换报表

## 中华人民共和国企业所得税年度纳税申报表（A类）（A100000 ）

| 行次 | 类别 | 项　目 | 金　额 |
|---|---|---|---|
| 1 | 利润总额计算 | 一、营业收入(填写A101010\101020\103000) | 94,047,750.00 |
| 2 | | 减：营业成本(填写A102010\102020\103000) | 57,995,625.00 |
| 3 | | 减：税金及附加 | 7,816,500.00 |
| 4 | | 减：销售费用(填写A104000) | 8,918,750.00 |
| 5 | | 减：管理费用(填写A104000) | 13,550,100.00 |
| 6 | | 减：财务费用(填写A104000) | -300,000.00 |
| 7 | | 减：资产减值损失 | 9,000.00 |
| 8 | | 加：公允价值变动收益 | 0.00 |
| 9 | | 加：投资收益 | 625,000.00 |
| 10 | | 二、营业利润(1-2-3-4-5-6-7+8+9) | 6,682,775.00 |
| 11 | | 加：营业外收入(填写A101010\101020\103000) | 656,250.00 |
| 12 | | 减：营业外支出(填写A102010\102020\103000) | 533,125.00 |
| 13 | | 三、利润总额（10+11-12） | 6,805,900.00 |
| 14 | 应纳税所得额计算 | 减：境外所得（填写A108010) | 0.00 |
| 15 | | 加：纳税调整增加额（填写A105000) | 2,154,961.25 |
| 16 | | 减：纳税调整减少额（填写A105000) | 125,000.00 |
| 17 | | 减：免税、减计收入及加计扣除（填写A107010) | 5,312,500.00 |
| 18 | | 加：境外应税所得抵减境内亏损（填写A108000) | 0.00 |
| 19 | | 四、纳税调整后所得（13-14+15-16-17+18) | 3,523,361.25 |
| 20 | | 减：所得减免（填写A107020) | 0.00 |
| 21 | | 减：弥补以前年度亏损（填写A106000) | 0.00 |
| 22 | | 减：抵扣应纳税所得额（填写A107030) | 0.00 |
| 23 | | 五、应纳税所得额（19-20-21-22) | 3,523,361.25 |
| 24 | 应纳税额计算 | 税率（25%) | 25% |
| 25 | | 六、应纳所得税额（23×24) | 880,840.31 |
| 26 | | 减：减免所得税额（填写A107040) | 0.00 |
| 27 | | 减：抵免所得税额（填写A107050) | 0.00 |
| 28 | | 七、应纳税额（25-26-27) | 880,840.31 |
| 29 | | 加：境外所得应纳所得税额（填写A108000) | 0.00 |
| 30 | | 减：境外所得抵免所得税额（填写A108000) | 0.00 |
| 31 | | 八、实际应纳所得税额（28+29-30) | 880,840.31 |
| 32 | | 本年累计实际已缴纳的所得税额 | 375,000.00 |
| 33 | | 九、本年应补（退）所得税额（31-32) | 505,840.31 |
| 34 | | 其中：总机构分摊本年应补（退）所得税额(填写A109000) | 0.00 |
| 35 | | 财政集中分配本年应补（退）所得税额（填写A109000) | 0.00 |
| 36 | | 总机构主体生产经营部门分摊本年应补（退）所得税额(填写A109000) | 0.00 |

图 5-31　"中华人民共和国企业所得税年度纳税申报表（A 类）（A100000）"页面

　　该表中大部分数据系统均自动从各已填列的附表中自动读取，需对已读取数据进行核对，并将未填写的数据填写完整。

　　行次 1 至行次 13 为利润总额计算，该部分数据应与企业年度利润表中数据一致，报税员需进行核对，并将行次 3、7、8、9 的数据按年度利润表中数据补充填写完整。

　　行次 14 至行次 23 为应纳税所得额计算，该部分数据均由系统自动从所填附表中取数填列。

　　行次 24 至行次 36 为应纳税额计算，大部分数据也均由系统自动从所填附表中取数填列，行次 24 税率一般填写 25%，行次 23 本年累计实际已缴纳的所得税额按企业实际预缴数填写。

⑯ 所有申报表均填写完成后,单击"返回"按钮返回纳税申报页面,单击"申报"(图 5-32)。

图 5-32　"居民企业所得税年度申报"填写页面(已填写)

⑰ 系统弹出提示本期应补(退)税(费)金额,核对无误后单击"是"(图 5-33)。

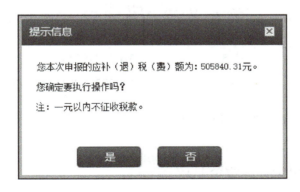

图 5-33　应补(退)税(费)额提示信息

【步骤四】　税费缴纳。

系统弹出提示是否跳转税费缴纳,若纳税人选择自动缴纳税款,可单击"税费缴纳",系统可自动完成扣款。

### 学习小结

企业所得税年底网上申报(居民企业)的操作步骤见图 5-34。

图 5-34  企业所得税年度网上申报(居民企业)操作步骤

### 学习体验

无锡市兰红服装有限公司(所属行业:1830 服饰制造;纳税人统一社会信用代码:913309002654081254)经税务机关核定企业所得税征收方式为查账征收,按照实际利润预缴方式预缴企业所得税。公司主营服装生产与销售,非跨地区经营企业,非小型微利企业,非上市公司,非汇总企业,无分支机构。企业财务执行新会计准则,不符合高新技术企业、科技型中小企业、技术入股递延纳税事项的条件。2018 年度经营情况如下:

(1) 公司资产总额为 725.30 万元,总人数 2563 人。

(2) 股东信息见表 5-11。

表 5-11

**兰红服装有限公司股东信息表**

| 姓名 | 国籍 | 身份证号 | 投资比例 /% |
|---|---|---|---|
| 丁兰 | 中国 | 32032219751203**55 | 70 |
| 周红 | 中国 | 32020219801005**17 | 30 |

(3) 法定代表人:丁兰;会计主管:张鹏。

(4) 适用的会计政策。

会计准则:企业会计准则(一般企业)

会计档案存放地:江苏省无锡市

会计核算软件:用友

记账本位币:人民币

公司适用的所得税税率为 25%。

会计政策和估计是否发生变化:否

固定资产折旧方法:年限平均法

存货成本计价方法:先进先出法

坏账损失核算方法:备抵法

所得税计算方法:资产负债表债务法(企业会计准则要求对企业所得税采用资产负债表债务法进行核算。)

(5)按税收规定比例扣除的职工教育经费比例为 8%、广告费和业务宣传费比例为 15%。

(6)2018 年度已预缴所得税额为 1601503.12 元。

(7)2018 年度利润表见表 5-12。

表 5-12

利 润 表

编制单位:无锡市兰红服装　　　　2018 年 12 月 31 日　　　　　　　单位:人民币元
　　　　　　有限公司

| 项　　目 | 本月数 | 本年累计 |
|---|---|---|
| 一、营业收入 | 8520000.00 | 86558000.00 |
| 减:营业成本 | 6816000.00 | 70297214.12 |
| 税金及附加 | 76680.00 | 808560.89 |
| 销售费用 | 255600.00 | 2554240.02 |
| 管理费用 | 272640.00 | 2813535.64 |
| 研发费用 | 0.00 | 0.00 |
| 财务费用 | 15336.00 | 155886.84 |
| 其中:利息费用 | 17892.00 | 184739.50 |
| 利息收入 | 3067.20 | 30913.57 |
| 资产减值损失 | 0.00 | 0.00 |
| 信用减值损失 | 0 | |
| 加:其他收益 | 0 | |
| 投资收益(损失以"-"号填列) | 617830.00 | 625000.00 |
| 其中:对联营企业和合营企业的投资收益 | 0 | |
| 净敞口套期收益(损失以"-"号填列) | 0 | |
| 公允价值变动收益(损失以"-"号填列) | 0 | |
| 资产处置收益(损失以"-"号填列) | 0 | |
| 二、营业利润(亏损以"-"号填列) | 1701574.00 | 10553562.49 |
| 加:营业外收入 | 0 | 656250.00 |
| 减:营业外支出 | 0 | 533125.00 |
| 三、利润总额(亏损总额以"-"号填列) | 1701574.00 | 10676687.49 |
| 减:所得税费用 | 425393.50 | 1601503.12 |
| 四、净利润(净亏损以"-"号填列) | 1276180.50 | 9075184.37 |

（8）2018 年度部分科目余额表见表 5-13。

表 5-13

## 科目余额表

编制单位:无锡市兰红服装有限公司　2018 年 12 月 31 日　　　　　　　　　单位:人民币元

| 科目编码 | 科目名称 | 年初余额 | | 本年累计发生额 | | 年末余额 | |
|---|---|---|---|---|---|---|---|
| | | 借方 | 贷方 | 借方 | 贷方 | 借方 | 贷方 |
| 1601 | 固定资产 | 7586561.79 | | | | 7586561.79 | |
| 160101 | 办公设备 | 187614.42 | | | | 187614.42 | |
| 160102 | 生产设备 | 7398947.37 | | | | 7398947.37 | |
| 1602 | 累计折旧 | | 2215640.22 | | 738546.74 | | 2954186.96 |
| 160201 | 办公设备 | | 106940.22 | | 35646.74 | | 142586.96 |
| 160202 | 生产设备 | | 2108700.00 | | 702900.00 | | 2811600.00 |
| 1701 | 无形资产 | | | 392541.90 | | 392541.90 | |
| 170101 | 非专利技术 | | | 392541.90 | | 392541.90 | |
| 1702 | 累计摊销 | | | | 39254.19 | | 39254.19 |
| 170201 | 非专利技术 | | | | 39254.19 | | 39254.19 |
| 2211 | 应付职工薪酬 | | | 45022558.56 | 45022558.56 | | |
| 221101 | 职工工资 | | | 37663838.48 | 37663838.48 | | |
| 221102 | 职工福利费用 | | | 5550057.50 | 5550057.50 | | |
| 221103 | 职工教育经费 | | | 1055385.81 | 1055385.81 | | |
| 221104 | 工会经费 | | | 753276.77 | 753276.77 | | |
| 6001 | 主营业务收入 | | | 86558000.00 | 86558000.00 | | |
| 600101 | 销售商品 | | | 84840000.00 | 84840000.00 | | |
| 600102 | 提供劳务 | | | 1718000.00 | 1718000.00 | | |
| 6111 | 投资收益 | | | 625000.00 | 625000.00 | | |
| 611101 | 国债利息收入 | | | 35000.00 | 35000.00 | | |
| 611102 | 股息 | | | 590000.00 | 590000.00 | | |
| 6301 | 营业外收入 | | | 656250.00 | 656250.00 | | |
| 630101 | 政府补助利得 | | | 656250.00 | 656250.00 | | |
| 6401 | 主营业务成本 | | | 70297214.12 | 70297214.12 | | |
| 640101 | 销售商品 | | | 69144600.00 | 69144600.00 | | |
| 640102 | 提供劳务 | | | 1152614.12 | 1152614.12 | | |
| 6403 | 税金及附加 | | | 808560.89 | 808560.89 | | |
| 640301 | 城市维护建设税 | | | 421186.39 | 421186.39 | | |
| 640302 | 教育费附加 | | | 180508.45 | 180508.45 | | |

续表

| 科目编码 | 科目名称 | 年初余额 | | 本年累计发生额 | | 年末余额 | |
|---|---|---|---|---|---|---|---|
| | | 借方 | 贷方 | 借方 | 贷方 | 借方 | 贷方 |
| 640303 | 地方教育费附加 | | | 120338.97 | 120338.97 | | |
| 640304 | 应交房产税 | | | 24236.24 | 24236.24 | | |
| 640305 | 应交土地使用税 | | | 61827.14 | 61827.14 | | |
| 640306 | 应交车船税 | | | 463.70 | 463.70 | | |
| 6601 | 销售费用 | | | 2554240.02 | 2554240.02 | | |
| 660101 | 差旅费 | | | 274240.02 | 274240.02 | | |
| 660102 | 广告费 | | | 2160000.00 | 2160000.00 | | |
| 660103 | 佣金 | | | 120000.00 | 120000.00 | | |
| 6602 | 管理费用 | | | 2813535.64 | 2813535.64 | | |
| 660201 | 工资 | | | 982140.00 | 982140.00 | | |
| 660202 | 咨询费 | | | 149710.00 | 149710.00 | | |
| 660203 | 折旧费 | | | 35646.74 | 35646.74 | | |
| 660204 | 无形资产摊销 | | | 39254.19 | 39254.19 | | |
| 660205 | 办公费 | | | 242397.00 | 242397.00 | | |
| 660206 | 差旅费 | | | 163975.02 | 163975.02 | | |
| 660207 | 房租费 | | | 741392.17 | 741392.17 | | |
| 660208 | 保险费 | | | 106940.23 | 106940.23 | | |
| 660209 | 资产维修费 | | | 64160.00 | 64160.00 | | |
| 660210 | 业务招待费 | | | 171105.00 | 171105.00 | | |
| 660212 | 其他费用 | | | 116815.29 | 116815.29 | | |
| 6603 | 财务费用 | | | 155886.84 | 155886.84 | | |
| 660301 | 利息费用 | | | 184739.50 | 184739.50 | | |
| 660302 | 利息收入 | | | 30913.57 | 30913.57 | | |
| 660303 | 手续费 | | | 2060.91 | 2060.91 | | |
| 6711 | 营业外支出 | | | 533125.00 | 533125.00 | | |
| 671101 | 罚金、罚款 | | | 8000.00 | 8000.00 | | |
| 671102 | 捐赠支出 | | | 450000.00 | 450000.00 | | |
| 671103 | 赞助支出 | | | 52500.00 | 52500.00 | | |
| 671104 | 其他 | | | 22625.00 | 22625.00 | | |

(9) 近 3 年盈利及亏损情况见表 5-14。

表 5-14

**无锡市兰红服装有限公司 2015—2017 年盈亏情况表**

| 年度 | 盈利额或亏损额 | 备注 |
|---|---|---|
| 2015 | −1202510.00 | |
| 2016 | 2315120.00 | |
| 2017 | 8213010.00 | |

(10) 其他相关经济事项如下:

① 将库存商品 90000.00 元用于市场推广,未入账,同类商品不含增值税售价为 120000.00 元。

② 营业外收入中的政府补助利得无法提供规定资金专项用途的资金拨付文件。

③ 通过市人民政府向灾区捐赠现金 450000.00 元,赞助 ×× 学校校庆支出 52500.00 元,支付工商滞纳金 8000.00 元,向银行支付违反借款合同规定的罚款 22625.00 元。

④ 本年发生广告宣传费支出 2160000.00 元,广告费和业务宣传费支出按 15% 进行扣除。

⑤ 销售费用中的佣金为给予购货方的回扣 120000.00 元。

⑥ 投资收益中的股息为本企业直接投资 A 企业(非上市公司,统一社会信用代码:913309002654085214)获得的股利 590000.00 元。投资成本为 5000000.00 元,投资比例占 5.00%,被投资企业做出利润分配决定时间为 2018 年 12 月 25 日。

⑦ 企业发生的职工福利费支出,不超过工资、薪金总额 14% 的部分准予扣除。

⑧ 企业拨缴的工会经费,不超过工资、薪金总额 2% 的部分准予扣除。

⑨ 除国务院财政、税务主管部门另有规定外,企业发生的职工教育经费支出,不超过工资、薪金总额 8% 的部分,准予扣除,超过部分,准予结转以后纳税年度扣除。

⑩ 固定资产净残值为 5%,办公设备按 5 年计提折旧,生产设备按 10 年计提折旧,折旧采用平均年限法,会计与税法无差异;无形资产为企业自主研发的非专利技术,于 2018 年 1 月 1 日投入使用,按 10 年摊销,无残值。

要求:根据上述资料计算填列中华人民共和国企业所得税年度纳税申报表(A 类)及其相关附表(表 5-15~ 表 5-30)。(金额需要四舍五入的保留两位小数。)

表 5-15

# 中华人民共和国企业所得税年度纳税申报表

## （A 类, 2017 年版）

税款所属期间： 年 月 日至 年 月 日

纳税人统一社会信用代码：

（纳税人识别号）　　　　　　　　□□□□□□□□□□□□□□□□□□

纳税人名称：

金额单位：人民币元（列至角分）

　　谨声明：此纳税申报表是根据《中华人民共和国企业所得税法》《中华人民共和国企业所得税法实施条例》以及有关税收政策和国家统一会计制度的规定填报的，是真实的、可靠的、完整的。

法定代表人（签章）：　　　　　年　月　日

| 纳税人公章： | 代理申报中介机构公章： | 主管税务机关受理专用章： |
|---|---|---|
| 会计主管： | 经办人：<br>经办人执业证件号码： | 受理人： |
| 填表日期：　年 月 日 | 代理申报日期：　年 月 日 | 受理日期：　年 月 日 |

国家税务总局监制

表 5-16

## 企业所得税年度纳税申报表填报表

| 表单编号 | 表单名称 | 选择填报情况 | |
|---|---|---|---|
| | | 填报 | 不填报 |
| A000000 | 企业基础信息表 | √ | × |
| A100000 | 中华人民共和国企业所得税年度纳税申报表（A 类） | √ | × |
| A101010 | 一般企业收入明细表 | □ | □ |
| A101020 | 金融企业收入明细表 | □ | □ |
| A102010 | 一般企业成本支出明细表 | □ | □ |
| A102020 | 金融企业支出明细表 | □ | □ |
| A103000 | 事业单位、民间非营利组织收入、支出明细表 | □ | □ |
| A104000 | 期间费用明细表 | □ | □ |
| A105000 | 纳税调整项目明细表 | □ | □ |
| A105010 | 视同销售和房地产开发企业特定业务纳税调整明细表 | □ | □ |
| A105020 | 未按权责发生制确认收入纳税调整明细表 | □ | □ |
| A105030 | 投资收益纳税调整明细表 | □ | □ |
| A105040 | 专项用途财政性资金纳税调整明细表 | □ | □ |
| A105050 | 职工薪酬支出及纳税调整明细表 | □ | □ |
| A105060 | 广告费和业务宣传费跨年度纳税调整明细表 | □ | □ |
| A105070 | 捐赠支出及纳税调整明细表 | □ | □ |
| A105080 | 资产折旧、摊销及纳税调整明细表 | □ | □ |
| A105090 | 资产损失税前扣除及纳税调整明细表 | □ | □ |
| A105100 | 企业重组及递延纳税事项纳税调整明细表 | □ | □ |
| A105110 | 政策性搬迁纳税调整明细表 | □ | □ |
| A105120 | 特殊行业准备金及纳税调整明细表 | □ | □ |
| A106000 | 企业所得税弥补亏损明细表 | □ | □ |
| A107010 | 免税、减计收入及加计扣除优惠明细表 | □ | □ |
| A107011 | 符合条件的居民企业之间的股息、红利等权益性投资收益优惠明细表 | □ | □ |
| A107012 | 研发费用加计扣除优惠明细表 | □ | □ |
| A107020 | 所得减免优惠明细表 | □ | □ |
| A107030 | 抵扣应纳税所得额明细表 | □ | □ |
| A107040 | 减免所得税优惠明细表 | □ | □ |
| A107041 | 高新技术企业优惠情况及明细表 | □ | □ |
| A107042 | 软件、集成电路企业优惠情况及明细表 | □ | □ |
| A107050 | 税额抵免优惠明细表 | □ | □ |
| A108000 | 境外所得税收抵免明细表 | □ | □ |
| A108010 | 境外所得纳税调整后所得明细表 | □ | □ |
| A108020 | 境外分支机构弥补亏损明细表 | □ | □ |
| A108030 | 跨年度结转抵免境外所得税明细表 | □ | □ |
| A109000 | 跨地区经营汇总纳税企业年度分摊企业所得税明细表 | □ | □ |
| A109010 | 企业所得税汇总纳税分支机构所得税分配表 | □ | □ |

说明：企业应当根据实际情况选择需要填报的表单。

表 5-17

## A000000 企业基础信息表

| 100 基本信息 | | | | |
|---|---|---|---|---|
| 101 汇总纳税企业 | □总机构（跨省）——适用《跨地区经营汇总纳税企业所得税征收管理办法》<br>□总机构（跨省）——不适用《跨地区经营汇总纳税企业所得税征收管理办法》<br>□总机构（省内）<br>□分支机构（须进行完整年度纳税申报且按比例纳税）——就地缴纳比例 ＝　　　%<br>□分支机构（须进行完整年度纳税申报但不就地缴纳）<br>□否 | | | |
| 102 所属行业明细代码 | | 103 资产总额（万元） | | |
| 104 从业人数 | | 105 国家限制或禁止行业 | | □是　□否 |
| 106 非营利组织 | □是　　□否 | 107 存在境外关联交易 | | □是　□否 |
| 108 上市公司 | 是（□境内 □境外）□否 | 109 从事股权投资业务 | | □是　□否 |
| 110 适用的会计准则或会计制度 | 企业会计准则（□一般企业□银行□证券□保险□担保）<br>□小企业会计准则<br>□企业会计制度<br>事业单位会计准则（□事业单位会计制度□科学事业单位会计制度□医院会计制度<br>□高等学校会计制度□中小学校会计制度□彩票机构会计制度）<br>□民间非营利组织会计制度<br>□村集体经济组织会计制度<br>□农民专业合作社财务会计制度（试行）<br>□其他 | | | |
| 200 企业重组及递延纳税事项 | | | | |
| 201 发生资产（股权）划转特殊性税务处理事项 | | □是 | | □否 |
| 202 发生非货币性资产投资递延纳税事项 | | □是 | | □否 |
| 203 发生技术入股递延纳税事项 | | □是 | | □否 |
| 204 发生企业重组事项 | | 是（□一般性税务处理　□特殊性税务处理）□否 | | |
| 204-1 重组开始时间 | 年　月　日 | 204-2 重组完成时间 | | 年　月　日 |
| 204-3 重组交易类型 | □法律形式改变 | □债务重组 | □股权收购 | □资产收购 | □合并 | □分立 |
| 204-4 企业在重组业务中所属当事方类型 | * | □债务人<br>□债权人 | □收购方<br>□转让方<br>□被收购企业 | □收购方<br>□转让方 | □合并企业<br>□被合并企业<br>□被合并企业股东 | □分立企业<br>□被分立企业<br>□被分立企业股东 |
| 300 企业主要股东及分红情况 | | | | | |

| 股东名称 | 证件种类 | 证件号码 | 投资比例 | 当年（决议日）分配的股息、红利等权益性投资收益金额 | 国籍（注册地址） |
|---|---|---|---|---|---|
| | | | | | |
| | | | | | |
| | | | | | |
| | | | | | |
| | | | | | |
| | | | | | |
| | | | | | |
| 其余股东合计 | | | | | |

表 5-18

### A101010　一般企业收入明细表

| 行次 | 项 目 | 金额 |
|---|---|---|
| 1 | 一、营业收入（2+9） | |
| 2 | （一）主营业务收入（3+5+6+7+8） | |
| 3 | 1. 销售商品收入 | |
| 4 | 其中：非货币性资产交换收入 | |
| 5 | 2. 提供劳务收入 | |
| 6 | 3. 建造合同收入 | |
| 7 | 4. 让渡资产使用权收入 | |
| 8 | 5. 其他 | |
| 9 | （二）其他业务收入（10+12+13+14+15） | |
| 10 | 1. 销售材料收入 | |
| 11 | 其中：非货币性资产交换收入 | |
| 12 | 2. 出租固定资产收入 | |
| 13 | 3. 出租无形资产收入 | |
| 14 | 4. 出租包装物和商品收入 | |
| 15 | 5. 其他 | |
| 16 | 二、营业外收入（17+18+19+20+21+22+23+24+25+26） | |
| 17 | （一）非流动资产处置利得 | |
| 18 | （二）非货币性资产交换利得 | |
| 19 | （三）债务重组利得 | |
| 20 | （四）政府补助利得 | |
| 21 | （五）盘盈利得 | |
| 22 | （六）捐赠利得 | |
| 23 | （七）罚没利得 | |
| 24 | （八）确实无法偿付的应付款项 | |
| 25 | （九）汇兑收益 | |
| 26 | （十）其他 | |

表 5-19

## A102010　一般企业成本支出明细表

| 行次 | 项　　目 | 金额 |
|------|----------|------|
| 1 | 一、营业成本（2+9） | |
| 2 | （一）主营业务成本（3+5+6+7+8） | |
| 3 | 　1. 销售商品成本 | |
| 4 | 　　其中：非货币性资产交换成本 | |
| 5 | 　2. 提供劳务成本 | |
| 6 | 　3. 建造合同成本 | |
| 7 | 　4. 让渡资产使用权成本 | |
| 8 | 　5. 其他 | |
| 9 | （二）其他业务成本（10+12+13+14+15） | |
| 10 | 　1. 销售材料成本 | |
| 11 | 　　其中：非货币性资产交换成本 | |
| 12 | 　2. 出租固定资产成本 | |
| 13 | 　3. 出租无形资产成本 | |
| 14 | 　4. 包装物出租成本 | |
| 15 | 　5. 其他 | |
| 16 | 二、营业外支出（17+18+19+20+21+22+23+24+25+26） | |
| 17 | （一）非流动资产处置损失 | |
| 18 | （二）非货币性资产交换损失 | |
| 19 | （三）债务重组损失 | |
| 20 | （四）非常损失 | |
| 21 | （五）捐赠支出 | |
| 22 | （六）赞助支出 | |
| 23 | （七）罚没支出 | |
| 24 | （八）坏账损失 | |
| 25 | （九）无法收回的债券股权投资损失 | |
| 26 | （十）其他 | |

表 5-20

### A104000　期间费用明细表

| 行次 | 项　　目 | 销售费用 | 其中：境外支付 | 管理费用 | 其中：境外支付 | 财务费用 | 其中：境外支付 |
|---|---|---|---|---|---|---|---|
| | | 1 | 2 | 3 | 4 | 5 | 6 |
| 1 | 一、职工薪酬 | | * | | * | * | * |
| 2 | 二、劳务费 | | | | | * | * |
| 3 | 三、咨询顾问费 | | | | | * | * |
| 4 | 四、业务招待费 | | * | | * | * | * |
| 5 | 五、广告费和业务宣传费 | | * | | * | * | * |
| 6 | 六、佣金和手续费 | | | | | * | * |
| 7 | 七、资产折旧摊销费 | | * | | * | * | * |
| 8 | 八、财产损耗、盘亏及毁损损失 | | * | | * | * | * |
| 9 | 九、办公费 | | * | | * | * | * |
| 10 | 十、董事会费 | | * | | * | * | * |
| 11 | 十一、租赁费 | | | | | * | * |
| 12 | 十二、诉讼费 | | * | | * | * | * |
| 13 | 十三、差旅费 | | * | | * | * | * |
| 14 | 十四、保险费 | | * | | * | * | * |
| 15 | 十五、运输、仓储费 | | | | | * | * |
| 16 | 十六、修理费 | | | | | * | * |
| 17 | 十七、包装费 | | * | | * | * | * |
| 18 | 十八、技术转让费 | | | | | * | * |
| 19 | 十九、研究费用 | | | | | * | * |
| 20 | 二十、各项税费 | | * | | * | * | * |
| 21 | 二十一、利息收支 | * | * | * | * | | |
| 22 | 二十二、汇兑差额 | * | * | * | * | | |
| 23 | 二十三、现金折扣 | * | * | * | * | | * |
| 24 | 二十四、党组织工作经费 | * | * | | * | * | * |
| 25 | 二十五、其他 | | | | | | |
| 26 | 合计 (1+2+3+…25) | | | | | | |

表 5-21

### A105010　视同销售和房地产开发企业特定业务纳税调整明细表

| 行次 | 项　目 | 税收金额 | 纳税调整金额 |
|---|---|---|---|
| | | 1 | 2 |
| 1 | 一、视同销售（营业）收入（2+3+4+5+6+7+8+9+10） | | |
| 2 | （一）非货币性资产交换视同销售收入 | | |
| 3 | （二）用于市场推广或销售视同销售收入 | | |
| 4 | （三）用于交际应酬视同销售收入 | | |
| 5 | （四）用于职工奖励或福利视同销售收入 | | |
| 6 | （五）用于股息分配视同销售收入 | | |
| 7 | （六）用于对外捐赠视同销售收入 | | |
| 8 | （七）用于对外投资项目视同销售收入 | | |
| 9 | （八）提供劳务视同销售收入 | | |
| 10 | （九）其他 | | |
| 11 | 二、视同销售（营业）成本（12+13+14+15+16+17+18+19+20） | | |
| 12 | （一）非货币性资产交换视同销售成本 | | |
| 13 | （二）用于市场推广或销售视同销售成本 | | |
| 14 | （三）用于交际应酬视同销售成本 | | |
| 15 | （四）用于职工奖励或福利视同销售成本 | | |
| 16 | （五）用于股息分配视同销售成本 | | |
| 17 | （六）用于对外捐赠视同销售成本 | | |
| 18 | （七）用于对外投资项目视同销售成本 | | |
| 19 | （八）提供劳务视同销售成本 | | |
| 20 | （九）其他 | | |
| 21 | 三、房地产开发企业特定业务计算的纳税调整额（22-26） | | |
| 22 | （一）房地产企业销售未完工开发产品特定业务计算的纳税调整额（24-25） | | |
| 23 | 　　1. 销售未完工产品的收入 | | * |
| 24 | 　　2. 销售未完工产品预计毛利额 | | |
| 25 | 　　3. 实际发生的税金及附加、土地增值税 | | |
| 26 | （二）房地产企业销售的未完工产品转完工产品特定业务计算的纳税调整额（28-29） | | |
| 27 | 　　1. 销售未完工产品转完工产品确认的销售收入 | | * |
| 28 | 　　2. 转回的销售未完工产品预计毛利额 | | |
| 29 | 　　3. 转回实际发生的税金及附加、土地增值税 | | |

表 5-22

## A105050  职工薪酬支出及纳税调整明细表

| 行次 | 项 目 | 账载金额 | 实际发生额 | 税收规定扣除率 | 以前年度累计结转扣除额 | 税收金额 | 纳税调整金额 | 累计结转以后年度扣除额 |
|---|---|---|---|---|---|---|---|---|
| | | 1 | 2 | 3 | 4 | 5 | 6(1-5) | 7(1+4-5) |
| 1 | 一、工资薪金支出 | | | * | * | | | * |
| 2 | 其中:股权激励 | | | * | * | | | * |
| 3 | 二、职工福利费支出 | | | | * | | | * |
| 4 | 三、职工教育经费支出 | | | * | | | | |
| 5 | 其中:按税收规定比例扣除的职工教育经费 | | | | | | | |
| 6 | 按税收规定全额扣除的职工培训费用 | | | | * | | | * |
| 7 | 四、工会经费支出 | | | | * | | | * |
| 8 | 五、各类基本社会保障性缴款 | | | * | * | | | * |
| 9 | 六、住房公积金 | | | * | * | | | * |
| 10 | 七、补充养老保险 | | | | * | | | * |
| 11 | 八、补充医疗保险 | | | | * | | | * |
| 12 | 九、其他 | | | * | * | | | * |
| 13 | 合计(1+3+4+7+8+9+10+11+12) | | | * | | | | |

表 5-23

## A105060  广告费和业务宣传费跨年度纳税调整明细表

| 行次 | 项 目 | 金额 |
|---|---|---|
| 1 | 一、本年广告费和业务宣传费支出 | |
| 2 | 减:不允许扣除的广告费和业务宣传费支出 | |
| 3 | 二、本年符合条件的广告费和业务宣传费支出(1-2) | |
| 4 | 三、本年计算广告费和业务宣传费扣除限额的销售(营业)收入 | |
| 5 | 乘:税收规定扣除率 | |
| 6 | 四、本企业计算的广告费和业务宣传费扣除限额(4×5) | |
| 7 | 五、本年结转以后年度扣除额(3>6,本行=3-6;3≤6,本行=0) | |
| 8 | 加:以前年度累计结转扣除额 | |
| 9 | 减:本年扣除的以前年度结转额[3>6,本行=0;3≤6,本行=8与(6-3)孰小值] | |
| 10 | 六、按照分摊协议归集至其他关联方的广告费和业务宣传费(10≤3与6孰小值) | |
| 11 | 按照分摊协议从其他关联方归集至本企业的广告费和业务宣传费 | |
| 12 | 七、本年广告费和业务宣传费支出纳税调整金额(3>6,本行=2+3-6+10-11;3≤6,本行=2+10-11-9) | |
| 13 | 八、累计结转以后年度扣除额(7+8-9) | |

表 5-24

## A105070　捐赠支出及纳税调整明细表

| 行次 | 项　目 | 账载金额 | 以前年度结转可扣除的捐赠额 | 按税收规定计算的扣除限额 | 税收金额 | 纳税调增金额 | 纳税调减金额 | 可结转以后年度扣除的捐赠额 |
|---|---|---|---|---|---|---|---|---|
| | | 1 | 2 | 3 | 4 | 5 | 6 | 7 |
| 1 | 一、非公益性捐赠 | | | * | * | | * | * |
| 2 | 二、全额扣除的公益性捐赠 | | * | * | | * | * | * |
| 3 | 三、限额扣除的公益性捐赠（4+5+6+7） | | | * | * | * | | |
| 4 | 前三年度（　　年） | * | | * | * | * | | * |
| 5 | 前二年度（　　年） | * | | * | * | * | | |
| 6 | 前一年度（　　年） | * | | * | * | * | | |
| 7 | 本　年（　　年） | | * | | | | * | |
| 8 | 合计（1+2+3） | | | | | | | |

表 5-25

## A105080　资产折旧、摊销及纳税调整明细表

| 行次 | 项　目 | 账载金额 资产原值 (1) | 本年折旧、摊销额 (2) | 累计折旧、摊销额 (3) | 税收金额 资产计税基础 (4) | 税收折旧额 (5) | 享受加速折旧政策的资产按税收规定计算的折旧、摊销额 (6) | 加速折旧统计额 7(5-6) | 累计折旧、摊销额 (8) | 纳税调整金额 9(2-5) |
|---|---|---|---|---|---|---|---|---|---|---|
| 1 | 一、固定资产(2+3+4+5+6+7) | | | | | | | | | |
| 2 | 　(一)房屋、建筑物 | | | | | | * | * | | |
| 3 | 　(二)飞机、火车、轮船、机器、机械和其他生产设备 | | | | | | * | * | | |
| 4 | 　(三)与生产经营活动有关的器具、工具、家具等 | | | | | | * | * | | |
| 5 | 　(四)飞机、火车、轮船以外的运输工具 | | | | | | * | * | | |
| 6 | 　(五)电子设备 | | | | | | * | * | | |
| 7 | 　(六)其他 | | | | | | * | * | | |
| 8 | 所有固定资产 其中:享受固定资产加速折旧 (一)重要行业固定资产加速折旧(不含一次性扣除) | | | | | | | | | * |
| 9 | 　(二)其他行业研发设备加速折旧 | | | | | | | * | | * |
| 10 | 固定资产加 (三)允许一次性扣除的固定资产(11+12+13) | | | | | | | | | * |
| 11 | 速折旧及一 1.单价不超过100万元专用研发设备 | | | | | | | | | * |
| 12 | 次性扣除政 2.重要行业小型微利企业单价不超过100万元研发生产共用设备 | | | | | | | | | * |
| 13 | 策的资产加 3.5000元以下固定资产 | | | | | | | | | * |
| 14 | 速折旧额大 (四)技术进步、更新换代固定资产 | | | | | | | | | * |
| 15 | 于一般折旧 (五)常年强震动、高腐蚀固定资产 | | | | | | | | | * |
| 16 | 额的部分 (六)外购软件折旧 | | | | | | | | | * |
| 17 | 　(七)集成电路企业生产设备 | | | | | | | | | * |
| 18 | 二、生产性生物资产(19+20) | | | | | | | | | |
| 19 | 　(一)林木类 | | | | | | | * | | |
| 20 | 　(二)畜类 | | | | | | | * | | |
| 21 | 三、无形资产(22+23+24+25+26+27+28+30) | | | | | | * | * | | * |
| 22 | 　(一)专利权 | | | | | | * | * | | * |
| 23 | 　(二)商标权 | | | | | | * | * | | * |

续表

| 行次 | 项目 | 账载金额 资产原值 (1) | 本年折旧、摊销额 (2) | 累计折旧、摊销额 (3) | 税收金额 资产计税基础 (4) | 税收折旧额 (5) | 享受加速折旧政策的资产按税收一般规定计算的折旧、摊销额 (6) | 加速折旧统计额 7(5-6) | 累计折旧、摊销额 (8) | 纳税调整金额 9(2-5) |
|---|---|---|---|---|---|---|---|---|---|---|
| 24 | （三）著作权 | | | | | | * | * | | |
| 25 | （四）土地使用权 | | | | | | * | * | | |
| 26 | （五）非专利技术 | | | | | | * | * | | |
| 27 | （六）特许权使用费 | | | | | | * | * | | |
| 28 | （七）软件 | | | | | | * | * | | |
| 29 | 其中：享受企业外购软件加速摊销政策 | | | | | | | | | * |
| 30 | （八）其他 | | | | | | * | * | | |
| 31 | 四、长期待摊费用（32+33+34+35+36） | | | | | | * | * | | |
| 32 | （一）已足额提取折旧的固定资产的改建支出 | | | | | | * | * | | |
| 33 | （二）租入固定资产的改建支出 | | | | | | * | * | | |
| 34 | （三）固定资产的大修理支出 | | | | | | * | * | | |
| 35 | （四）开办费 | | | | | | * | * | | |
| 36 | （五）其他 | | | | | | * | * | | |
| 37 | 五、油气勘探投资 | | | | | | * | * | | |
| 38 | 六、油气开发投资 | | | | | | * | * | | |
| 39 | 合计（1+18+21+31+37+38） | | | | | | | | | |
| 附列资料 | 全民所有制改制资产评估增值政策资产 | | | | | | * | * | | |

表 5-26

## A105000　纳税调整项目明细表

| 行次 | 项　目 | 账载金额 | 税收金额 | 调增金额 | 调减金额 |
|---|---|---|---|---|---|
| | | 1 | 2 | 3 | 4 |
| 1 | 一、收入类调整项目(2+3+…8+10+11) | * | * | | |
| 2 | （一）视同销售收入(填写 A105010) | * | | | * |
| 3 | （二）未按权责发生制原则确认的收入(填写 A105020) | | | | |
| 4 | （三）投资收益(填写 A105030) | | | | |
| 5 | （四）按权益法核算长期股权投资对初始投资成本调整确认收益 | * | * | * | |
| 6 | （五）交易性金融资产初始投资调整 | * | * | | * |
| 7 | （六）公允价值变动净损益 | | * | | |
| 8 | （七）不征税收入 | * | * | | |
| 9 | 其中:专项用途财政性资金(填写 A105040) | * | * | | |
| 10 | （八）销售折扣、折让和退回 | | | | |
| 11 | （九）其他 | | | | |
| 12 | 二、扣除类调整项目(13+14+…24+26+27+28+29+30) | * | * | | |
| 13 | （一）视同销售成本(填写 A105010) | * | | * | |
| 14 | （二）职工薪酬(填写 A105050) | | | | |
| 15 | （三）业务招待费支出 | | | | * |
| 16 | （四）广告费和业务宣传费支出(填写 A105060) | * | * | | |
| 17 | （五）捐赠支出(填写 A105070) | | | | |
| 18 | （六）利息支出 | | | | |
| 19 | （七）罚金、罚款和被没收财物的损失 | | * | | * |
| 20 | （八）税收滞纳金、加收利息 | | * | | * |
| 21 | （九）赞助支出 | | * | | * |
| 22 | （十）与未实现融资收益相关在当期确认的财务费用 | | | | |
| 23 | （十一）佣金和手续费支出 | | | | * |
| 24 | （十二）不征税收入用于支出所形成的费用 | * | * | | * |
| 25 | 其中:专项用途财政性资金用于支出所形成的费用(填写 A105040) | * | * | | * |
| 26 | （十三）跨期扣除项目 | | | | |
| 27 | （十四）与取得收入无关的支出 | | * | | * |
| 28 | （十五）境外所得分摊的共同支出 | * | * | | * |
| 29 | （十六）党组织工作经费 | | | | |
| 30 | （十七）其他 | | | | |
| 31 | 三、资产类调整项目(32+33+34+35) | * | * | | |
| 32 | （一）资产折旧、摊销(填写 A105080) | | | | |
| 33 | （二）资产减值准备金 | | * | | |
| 34 | （三）资产损失(填写 A105090) | | | | |
| 35 | （四）其他 | | | | |
| 36 | 四、特殊事项调整项目(37+38+…+42) | * | * | | |
| 37 | （一）企业重组及递延纳税事项(填写 A105100) | | | | |
| 38 | （二）政策性搬迁(填写 A105110) | * | * | | |
| 39 | （三）特殊行业准备金(填写 A105120) | | | | |
| 40 | （四）房地产开发企业特定业务计算的纳税调整额(填写 A105010) | * | | | |
| 41 | （五）有限合伙企业法人合伙方应分得的应纳税所得额 | | | | |
| 42 | （六）其他 | * | * | | |
| 43 | 五、特别纳税调整应税所得 | | | | |
| 44 | 六、其他 | * | * | | |
| 45 | 合计(1+12+31+36+43+44) | * | * | | |

表5-27

**A106000　企业所得税弥补亏损明细表**

| 行次 | 项目 | 年度 | 当年境内所得额 | 分立转出的亏损额 | 合并、分立转入的亏损额 | | 弥补亏损企业类型 | 当年亏损额 | 当年待弥补的亏损额 | 用本年度所得额额弥补的以前年度亏损额 | | 可结转以后年度弥补的亏损额 |
| --- | --- | --- | --- | --- | --- | --- | --- | --- | --- | --- | --- | --- |
| | | | | | 可弥补年限5年 | 可弥补年限10年 | | | | 使用境内所得弥补 | 使用境外所得弥补 | |
| | | 1 | 2 | 3 | 4 | 5 | 6 | 7 | 8 | 9 | 10 | 11 |
| 1 | 前十年度 | | | | | | | | | | | |
| 2 | 前九年度 | | | | | | | | | | | |
| 3 | 前八年度 | | | | | | | | | | | |
| 4 | 前七年度 | | | | | | | | | | | |
| 5 | 前六年度 | | | | | | | | | | | |
| 6 | 前五年度 | | | | | | | | | | | |
| 7 | 前四年度 | | | | | | | | | | | |
| 8 | 前三年度 | | | | | | | | | | | |
| 9 | 前二年度 | | | | | | | | | | | |
| 10 | 前一年度 | | | | | | | | | | | |
| 11 | 本年度 | | | | | | | | | | | |
| 12 | 可结转以后年度弥补的亏损额合计 | | | | | | | | | | | |

表 5-28

**A107011　符合条件的居民企业之间的股息、红利等权益性投资收益优惠明细表**

| 行次 | 被投资企业 | 被投资企业统一社会信用代码(纳税人识别号) | 投资成本 | 投资性质比例 | 被投资企业分配利润确认金额 | | 被投资企业清算确认金额 | | | | 撤回或减少投资确认金额 | | | | | | 合计 |
|---|---|---|---|---|---|---|---|---|---|---|---|---|---|---|---|---|---|
| | | | | | 被投资企业做出利润分配或转股决定时间 | 依决定归属于本公司的股息、红利等权益性投资收益金额 | 分得的被投资企业清算剩余资产 | 被清算企业累计未分配利润和累计盈余公积应享有部分 | 应确认的股息所得 | 应确认的股息所得 | 从被投资企业撤回或减少投资取得的资产 | 减少投资比例 | 收回初始投资成本 | 取得资产中超过收回初始投资成本部分 | 撤回或减少投资应享有被投资企业累计未分配利润和累计盈余公积 | 应确认的股息所得 | 应确认的股息所得 |
| | 1 | 2 | 3 | 4 | 5 | 6 | 7 | 8 | 9 | 10(8与9孰小) | 11 | 12 | 13 (4×12) | 14 (11−13) | 15 | 16(14与15孰小) | 17(7+10+16) |
| 1 | | | | | | | | | | | | | | | | | |
| 2 | | | | | | | | | | | | | | | | | |
| 3 | | | | | | | | | | | | | | | | | |
| 4 | | | | | | | | | | | | | | | | | |
| 5 | | | | | | | | | | | | | | | | | |
| 6 | | | | | | | | | | | | | | | | | |
| 7 | | | | | | | | | | | | | | | | | |
| 8 | 合计 | | | | | | | | | | | | | | | | |
| 9 | 其中:股票投资—沪港通 H 股 | | | | | | | | | | | | | | | | |
| 10 | 股票投资—深港通 H 股 | | | | | | | | | | | | | | | | |

表 5-29

### A107010　免税、减计收入及加计扣除优惠明细表

| 行次 | 项 目 | 金额 |
|---|---|---|
| 1 | 一、免税收入(2+3+6+7+…+16) | |
| 2 | (一)国债利息收入免征企业所得税 | |
| 3 | (二)符合条件的居民企业之间的股息、红利等权益性投资收益免征企业所得税(填写 A107011) | |
| 4 | 其中:内地居民企业通过沪港通投资且连续持有 H 股满 12 个月取得的股息红利所得免征企业所得税(填写 A107011) | |
| 5 | 内地居民企业通过深港通投资且连续持有 H 股满 12 个月取得的股息红利所得免征企业所得税(填写 A107011) | |
| 6 | (三)符合条件的非营利组织的收入免征企业所得税 | |
| 7 | (四)符合条件的非营利组织(科技企业孵化器)的收入免征企业所得税 | |
| 8 | (五)符合条件的非营利组织(国家大学科技园)的收入免征企业所得税 | |
| 9 | (六)中国清洁发展机制基金取得的收入免征企业所得税 | |
| 10 | (七)投资者从证券投资基金分配中取得的收入免征企业所得税 | |
| 11 | (八)取得的地方政府债券利息收入免征企业所得税 | |
| 12 | (九)中国保险保障基金有限责任公司取得的保险保障基金等收入免征企业所得税 | |
| 13 | (十)中央电视台的广告费和有线电视费收入免征企业所得税 | |
| 14 | (十一)中国奥委会取得北京冬奥组委支付的收入免征企业所得税 | |
| 15 | (十二)中国残奥委会取得北京冬奥组委分期支付的收入免征企业所得税 | |
| 16 | (十三)其他 | |
| 17 | 二、减计收入(18+19+23+24) | |
| 18 | (一)综合利用资源生产产品取得的收入在计算应纳税所得额时减计收入 | |
| 19 | (二)金融、保险等机构取得的涉农利息、保费减计收入(20+21+22) | |
| 20 | 1. 金融机构取得的涉农贷款利息收入在计算应纳税所得额时减计收入 | |
| 21 | 2. 保险机构取得的涉农保费收入在计算应纳税所得额时减计收入 | |
| 22 | 3. 小额贷款公司取得的农户小额贷款利息收入在计算应纳税所得额时减计收入 | |
| 23 | (三)取得铁路债券利息收入减半征收企业所得税 | |
| 24 | (四)其他 | |
| 25 | 三、加计扣除(26+27+28+29+30) | |
| 26 | (一)开发新技术、新产品、新工艺发生的研究开发费用加计扣除(填写 A107012) | |
| 27 | (二)科技型中小企业开发新技术、新产品、新工艺发生的研究开发费用加计扣除(填写 A107012) | |
| 28 | (三)企业为获得创新性、创意性、突破性的产品进行创意设计活动而发生的相关费用加计扣除 | |
| 29 | (四)安置残疾人员所支付的工资加计扣除 | |
| 30 | (五)其他 | |
| 31 | 合计(1+17+25) | |

表 5-30

### A100000    中华人民共和国企业所得税年度纳税申报表(A 类)

| 行次 | 类别 | 项　　目 | 金额 |
|---|---|---|---|
| 1 | 利润总额计算 | 一、营业收入(填写 A101010\101020\103000) | |
| 2 | | 减:营业成本(填写 A102010\102020\103000) | |
| 3 | | 减:税金及附加 | |
| 4 | | 减:销售费用(填写 A104000) | |
| 5 | | 减:管理费用(填写 A104000) | |
| 6 | | 减:财务费用(填写 A104000) | |
| 7 | | 减:资产减值损失 | |
| 8 | | 加:公允价值变动收益 | |
| 9 | | 加:投资收益 | |
| 10 | | 二、营业利润(1-2-3-4-5-6-7+8+9) | |
| 11 | | 加:营业外收入(填写 A101010\101020\103000) | |
| 12 | | 减:营业外支出(填写 A102010\102020\103000) | |
| 13 | | 三、利润总额(10+11-12) | |
| 14 | 应纳税所得额计算 | 减:境外所得(填写 A108010) | |
| 15 | | 加:纳税调整增加额(填写 A105000) | |
| 16 | | 减:纳税调整减少额(填写 A105000) | |
| 17 | | 减:免税、减计收入及加计扣除(填写 A107010) | |
| 18 | | 加:境外应税所得抵减境内亏损(填写 A108000) | |
| 19 | | 四、纳税调整后所得(13-14+15-16-17+18) | |
| 20 | | 减:所得减免(填写 A107020) | |
| 21 | | 减:弥补以前年度亏损(填写 A106000) | |
| 22 | | 减:抵扣应纳税所得额(填写 A107030) | |
| 23 | | 五、应纳税所得额(19-20-21-22) | |
| 24 | 应纳税额计算 | 税率(25%) | |
| 25 | | 六、应纳所得税额(23×24) | |
| 26 | | 减:减免所得税额(填写 A107040) | |
| 27 | | 减:抵免所得税额(填写 A107050) | |
| 28 | | 七、应纳税额(25-26-27) | |
| 29 | | 加:境外所得应纳所得税额(填写 A108000) | |
| 30 | | 减:境外所得抵免所得税额(填写 A108000) | |
| 31 | | 八、实际应纳所得税额(28+29-30) | |
| 32 | | 减:本年累计实际已缴纳的所得税额 | |
| 33 | | 九、本年应补(退)所得税额(31-32) | |
| 34 | | 其中:总机构分摊本年应补(退)所得税额(填写 A109000) | |
| 35 | | 财政集中分配本年应补(退)所得税额(填写 A109000) | |
| 36 | | 总机构主体生产经营部门分摊本年应补(退)所得税额(填写 A109000) | |

# 任务 5.3　代扣代缴个人所得税网上申报

## 任务情境

2019 年 2 月 1 日,智汇软件预扣预缴本企业职工及有关人员 1 月份的个人所得税。

### 1. 企业基本信息

(1) 基本信息。

公司名称:无锡市智汇软件科技有限公司

纳税人识别号:91320213025384I563

地址、电话:江苏省无锡市惠山区创业大厦 A 幢,16080510–87442140

开户行及账号:中国银行无锡市惠山支行,88254789651351

(2) 员工及相关人员信息(表 5–31)。

表 5–31

**智汇软件科技有限公司员工及相关人员基础信息表**

| 工号 | 姓名 | 性别 | 身份证号 | 国籍 | 学历 | 联系电话 | 任职日期 | 任职受雇从业类型 |
|---|---|---|---|---|---|---|---|---|
| 000 | 张良娟 | 女 | 32021019800325**23 | 中国 | 本科 | 1380856**23 | 2017–05–10 | 股东 |
| 001 | 钱洪波 | 男 | 32020419900824**65 | 中国 | 本科 | 1522561**58 | 2017–05–10 | 雇员 |
| 002 | 王华娟 | 女 | 32020319720623**41 | 中国 | 本科 | 1396523**70 | 2017–05–12 | 雇员 |
| 003 | 吴　涛 | 男 | 32010219861013**86 | 中国 | 本科 | 1389654**67 | 2017–05–12 | 雇员 |
| 004 | 赵　青 | 男 | 32021119880524**32 | 中国 | 本科 | 1502365**96 | 2018–01–08 | 雇员 |
| 005 | 李成功 | 男 | 32030419821203**21 | 中国 | 本科 | 1382654**15 | 2018–01–10 | 雇员 |
| 006 | 王　菲 | 女 | 32041119920123**64 | 中国 | 大专 | 1392546**10 | 2018–09–05 | 雇员 |
| 007 | 周　云 | 女 | 32021119820215**27 | 中国 | 大专 | 1380986**20 | 2018–09–08 | 雇员 |
| | 孙凤红 | 女 | 32031119650123**2X | 中国 | | 1396514**23 | | 其他 |
| | 郑云洁 | 女 | 32010219920810**48 | 中国 | | 1875462**59 | | 其他 |

注:

① 股东张良娟个人投资额 1000000.00 元,投资比例为 33%。

② 钱洪波家庭情况:钱洪波现居无锡市,已婚(妻子:赵红梅,身份证号:32020119920512**65)。有一个 8 岁的儿子(儿子:钱鹏飞;身份证号:32020420110330**21),于 2018 年 9 月进入山北小学读一年级,子女教育由钱洪波一人按 100% 扣除。钱洪波是独生子女,需赡养 63 岁母亲(母亲:张兰,身份证号:32020119560304**47),赡养老人支出按照政策规定进行扣除。

③ 周云家庭情况:2018 年 09 月周云开始攻读在职硕士研究生学历,预计 2020 年 9 月拿到学历证书。

### 2. 1月份工资单(表5-32)

表 5-32

**无锡市智汇软件科技有限公司1月份工资单**

| 工号 | 姓名 | 应发工资合计 | 基本养老保险金 | 基本医疗保险金 | 失业保险金 | 住房公积金 | 2018 年 12 月绩效 |
|------|------|--------------|----------------|----------------|------------|------------|---------------------|
| 001 | 钱洪波 | 17544.00 | 256.00 | 64.00 | 16.00 | 1754.40 | 2050.00 |
| 002 | 王华娟 | 16320.00 | 256.00 | 64.00 | 16.00 | 1632.00 | 2050.00 |
| 003 | 吴　涛 | 9129.00 | 256.00 | 64.00 | 16.00 | 912.90 | 1025.00 |
| 004 | 赵　青 | 12036.00 | 256.00 | 64.00 | 16.00 | 1203.60 | 1640.00 |
| 005 | 李成功 | 9249.36 | 256.00 | 64.00 | 16.00 | 924.94 | 1640.00 |
| 006 | 王　菲 | 10200.00 | 256.00 | 64.00 | 16.00 | 1020.00 | 1640.00 |
| 007 | 周　云 | 10506.00 | 256.00 | 64.00 | 16.00 | 1050.60 | 1640.00 |

注:2019年本地区职工月平均工资为8023.50元,年平均工资为96282.00元,公积金上限为2359.00元。

### 3. 其他支出

(1) 邀请会计师事务所财务顾问孙凤红给公司财务人员培训,向其支付培训费10000元。

(2) 本月公司促销中组织了一次抽奖活动,顾客郑云洁获得3000元现金大奖,郑云洁现场将其中的1000元通过红十字会捐赠给贫困地区(取得捐赠证明)。

(3) 股东张良娟从公司分得红利4000元。

### 💠 业务指导

【步骤一】 登录自然人电子税务局(扣缴端)(图5-35)。

其首页左侧为功能菜单,右侧为申报表填写区域。一般操作流程为按左侧功能菜单从上至下逐一完成。

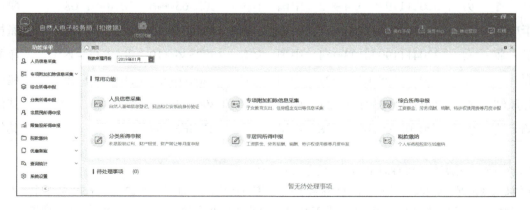

图 5-35　自然人电子税务局(扣缴端)首页

【步骤二】 人员信息采集。

① 选择"人员信息采集",在主页面可以看到企业已添加过的人员信息,若本月有新增的职工或需代扣代缴个税人员信息,可通过"添加"按钮录入(图5-36)。

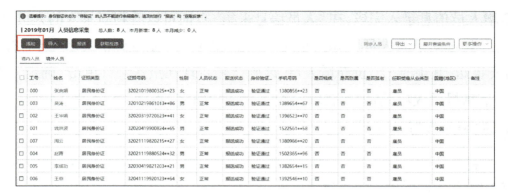

图 5-36 "人员信息采集"页面

智汇软件本月需新增两位非雇员，单击"添加"，在弹出的"境内人员信息"窗口输入相关信息，单击"保存"（图 5-37），系统提示新增人员成功。

图 5-37 "境内人员信息"窗口

② 新增人员信息录入完毕,在"人员信息采集"页面可以看到新录入的人员,报送状态为"待报送",勾选新录入人员,单击"报送"按钮(图5-38),系统弹出提示"当前有[2]位人员信息需要报送,其中有[2]位新增人员,请确认是否现在报送?",单击"确定",再次弹出提示"人员信息报送成功,请稍后获取反馈。",单击"确定"返回"人员信息采集"页面,新增人员的报送状态变为"待反馈"。

图5-38　"人员信息采集"页面(新增成功)

③ 单击"获取反馈"按钮,系统弹出提示"人员信息反馈已完成。",单击"确定"返回"人员信息采集"页面,新增人员的报送状态变为"报送成功"(图5-38)。

【步骤三】　专项附加扣除信息采集。

① 选择"专项附加扣除信息采集",录入企业员工专项附加扣除信息。

> 员工钱洪波、周云有专项附加扣除信息需要采集。钱洪波涉及子女教育支出和赡养老人支出,周云涉及继续教育支出。

② 单击"子女教育支出"页面的"新增"按钮(图5-39),进入"新增2019年子女教育支出信息"窗口,录入相关内容,单击"保存"完成(图5-40)。

返回"子女教育支出"页面,可看到新增一条记录,报送状态为"待报送"。勾选该条信息,单击"报送"按钮,系统弹出提示"是否对选择的[1]条信息进行报送?",单击"确定",再次弹出提示"报送成功,请稍后获取反馈。"。返回"子女教育支出"页面,新增记录的报送状态为"待反馈"。

单击"获取反馈",系统弹出提示"是否确认要从税务局端获取报送反馈结果信息?",单击"确定",再次弹出提示"获取反馈成功。"。返回"子女教育支出"页面,新增记录的报送状态为"报送成功"(图5-41)。

图 5-39 "专项附加扣除信息采集""子女教育支出"页面

图 5-40 "新增 2019 年子女教育支出信息"窗口

图 5-41 "子女教育支出"页面(新增)

③ 单击"赡养老人支出"页面的"新增"按钮(图 5-42),进入"新增 2019 年赡养老人支出信息"窗口,录入相关内容,单击"保存"完成(图 5-43)。

图 5-42 "专项附加扣除信息采集""赡养老人支出"页面

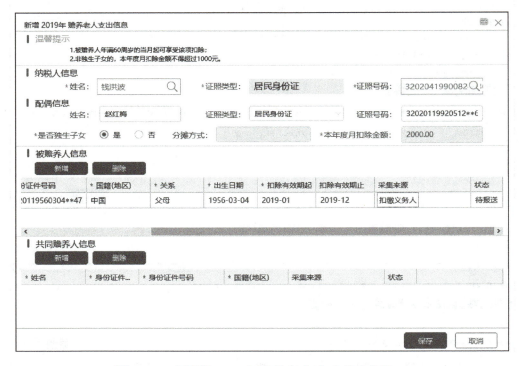

图 5-43 "新增 2019 年赡养老人支出信息"窗口

返回到"赡养老人支出"页面,可看到新增一条记录,报送状态为"待报送"。勾选该条信息,单击"报送"按钮,系统弹出提示"是否对所有待报送的信息进行报送?",单击"确定",再次弹出提示"报送成功,请稍后获取反馈。"。返回"赡养老人支出"页面,新增记录的报送状态为"待反馈"。

单击"获取反馈",系统弹出提示"是否确认要从税务局端获取报送反馈结果信息？",单击"确定",再次弹出提示"获取反馈成功。"。返回"赡养老人支出"页面,新增记录的报送状态为"报送成功"(图 5-44)。

图 5-44　"赡养老人支出"页面(新增)

④ 单击"继续教育支出"页面的"新增"按钮(图 5-45),进入"新增 2019 年继续教育支出信息"窗口,录入相关内容,单击"保存"完成(图 5-46)。

图 5-45　"专项附加扣除信息采集""继续教育支出"页面

"继续教育支出"新增记录报送、获取反馈等操作与"赡养老人支出""子女教育支出"操作步骤基本相同,此处不再赘述。报送成功见图 5-47。

图 5-46　"新增 2019 年继续教育支出信息"窗口

图 5-47　"继续教育支出"页面

【步骤四】 综合所得申报。

① 选择"综合所得申报",在"1　收入及减除填写"页签,单击"正常工资薪金所得",进行工资薪金所得申报(图 5-48)。

系统弹出提示"您本月[2019 年 01 月]还没有生成过正常工资薪金明细数据。需要使用自动导入正常工资薪金数据向导吗?",单击"确定"打开"正常工资薪金所得"页面(图 5-49)。

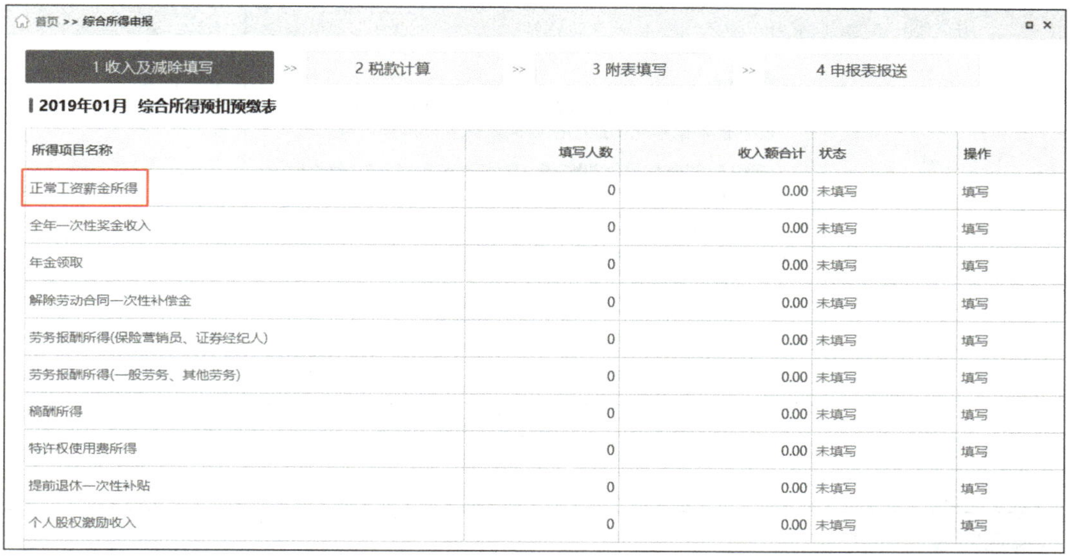

首页 >> 综合所得申报

1 收入及减除填写 >> 2 税款计算 >> 3 附表填写 >> 4 申报表报送

2019年01月 综合所得预扣预缴表

| 所得项目名称 | 填写人数 | 收入额合计 | 状态 | 操作 |
|---|---|---|---|---|
| 正常工资薪金所得 | 0 | 0.00 | 未填写 | 填写 |
| 全年一次性奖金收入 | 0 | 0.00 | 未填写 | 填写 |
| 年金领取 | 0 | 0.00 | 未填写 | 填写 |
| 解除劳动合同一次性补偿金 | 0 | 0.00 | 未填写 | 填写 |
| 劳务报酬所得(保险营销员、证券经纪人) | 0 | 0.00 | 未填写 | 填写 |
| 劳务报酬所得(一般劳务、其他劳务) | 0 | 0.00 | 未填写 | 填写 |
| 稿酬所得 | 0 | 0.00 | 未填写 | 填写 |
| 特许权使用费所得 | 0 | 0.00 | 未填写 | 填写 |
| 提前退休一次性补贴 | 0 | 0.00 | 未填写 | 填写 |
| 个人股权激励收入 | 0 | 0.00 | 未填写 | 填写 |

图 5-48 “综合所得申报”页面(未填写)

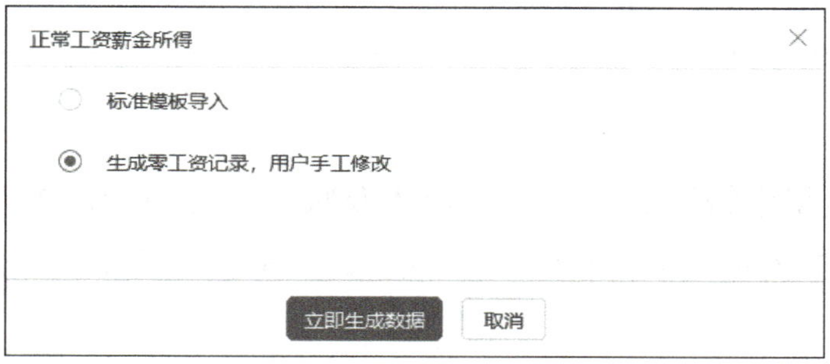


图 5-49 “正常工资薪金所得”对话框

纳税人可选择采用“标准模板导入”或“生成零工资记录,用户手工修改”两种方式导入正常工资薪金数据。

此处以“生成零工资记录,用户手工修改”为例演示,选择“生成零工资记录,用户手工修改”,单击“立即生成数据”,系统弹出提示“系统已根据人员登记信息生成了[201901]月份的工资薪金数据,请检查!”,单击“确定”完成。

正常工资薪金数据生成后,系统自动弹出提示是否需要进行专项附加扣除自动预填,勾选“我确认需要进行自动预填”,预填人员范围选择“所有人员”(图 5-50),单击“确认”。系统再次弹出提示“专项附加扣除自动预填成功 * 位人员,预填人员仅供参考,请自行确认无误后再申报。”,单击“确定”完成。

返回“正常工资薪金所得”页面,可以看到已导入员工信息和已预填的专项附加扣除信息,但收入、五险一金等项目金额均为 0(图 5-51),需根据工资计算单补充填写完整。

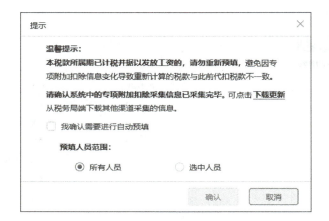

图 5-50　专项附加扣除自动预填提示

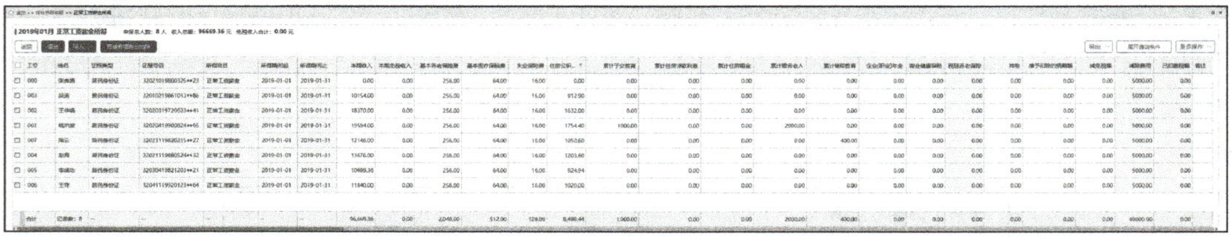

图 5-51　"正常工资薪金所得"页面

② 返回"综合所得申报"页面,在"1　收入及减除填写"页签,单击"劳务报酬所得(一般劳务、其他劳务),进行劳务报酬所得申报。进入"劳务报酬所得(一般劳务、其他劳务)"页面,单击"添加"。

系统弹出"劳务报酬所得(一般劳务、其他劳务)新增"对话框,录入相关信息(图 5-52),单击"保存"完成。返回"劳务报酬所得(一般劳务、其他劳务)"页面,可以看到新增了一条信息(图 5-53)。

图 5-52　"劳务报酬所得(一般劳务、其他劳务)新增"对话框

图 5-53　"劳务报酬所得(一般劳务、其他劳务)"页面(新增)

③ 返回"综合所得申报"页面,选择"2 税款计算"页签,进入"税款计算"页面,通过在"所得项目"下拉菜单中选择综合所得的不同申报项目,可查看税款计算是否正确(图 5-54 和图 5-55)。

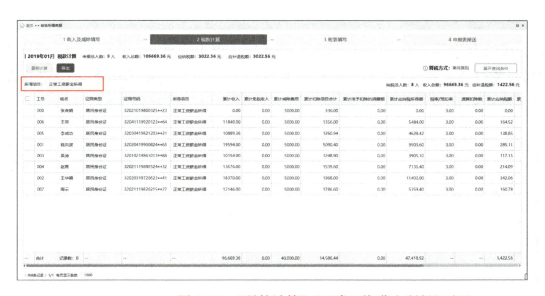

图 5-54　"税款计算""正常工资薪金所得"页面

图 5-55　"税款计算""劳务报酬所得(一般劳务、其他劳务)"页面

④ 若有减免事项、商业健康保险、税延养老保险事项的,应选择"3　附表填写"页签,在相应的附表中填写(图 5-56)。

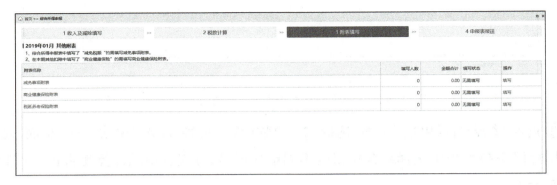

图 5-56　"附表填写"页面

⑤ 完成综合所得及附表信息填写后,选择"4　申报表报送"页签,进入"申报表报送"页面。核对累计收入额、应扣缴税额、已预缴税额、应补(退)税额等信息,确认无误单击"发送申报"(图 5-57)。

图 5-57　"申报表报送"页面

⑥ 发送完成后,申报状态变为"申报成功,未扣款"(图 5-58)。

图 5-58　"申报表报送"页面(申报状态变更)

【步骤五】 分类所得等其他所得申报。

① 选择"分类所得申报",进入"1　收入及减除填写"页签页面(图 5-59)。

图 5-59　"分类所得申报"页面

> 智汇软件本月向股东分配的现金股利属于"利息股息红利所得",客户抽奖获得的奖金属于"偶然所得"。这两项均应在分类所得申报中申报。

② 单击"利息股息红利所得",进入"利息股息红利所得"页面。单击"添加",进入"利息股息红利所得新增"窗口,录入相关信息(图 5-60),单击"保存"完成。

图 5-60　"利息股息红利所得新增"窗口

返回"利息股息红利所得"页面,可以看到新增了一条信息(图 5-61)。

图 5-61　"利息股息红利所得"页面(新增)

③ 返回"分类所得申报"页面,单击"偶然所得",进入"偶然所得"页面。单击"添加",进入"偶然所得新增"窗口,录入相关信息(图 5-62),单击"保存"完成。

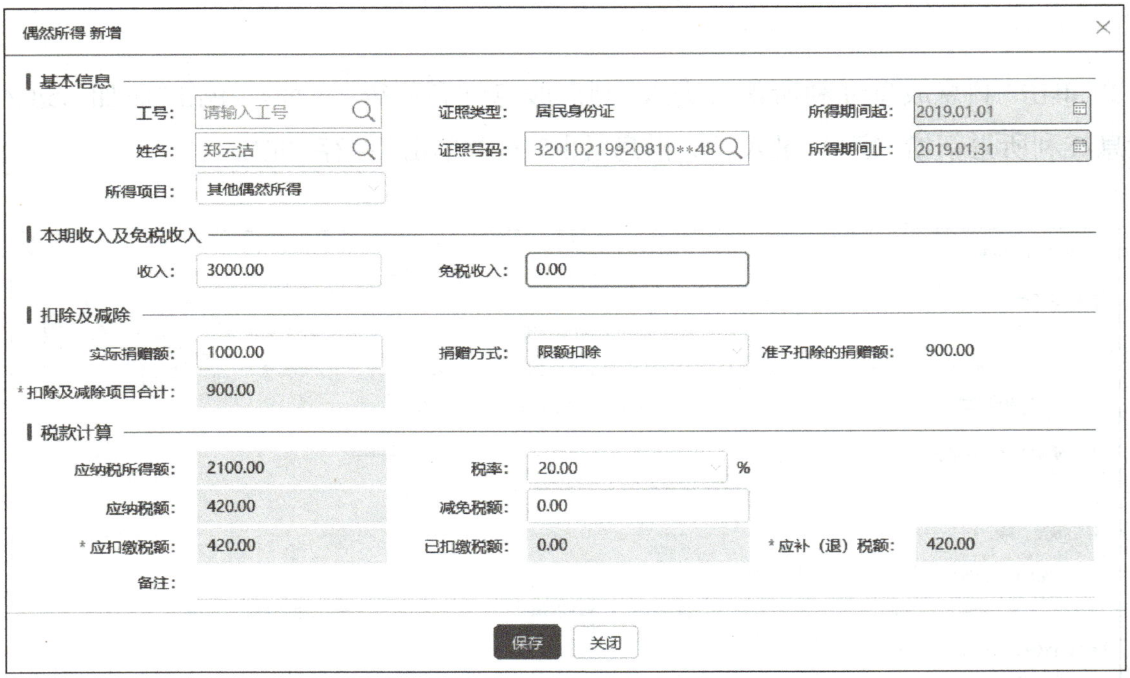

图 5-62　"偶然所得新增"窗口

返回"偶然所得"申报页面,可以看到新增了一条信息(图 5-63)。

图 5-63　"偶然所得"页面

④ 返回"分类所得申报"页面,单击"2 附表填写"页签,进入"附表填写"页面(图 5-64)。如有需在附表中填写的信息,应在此处填写。

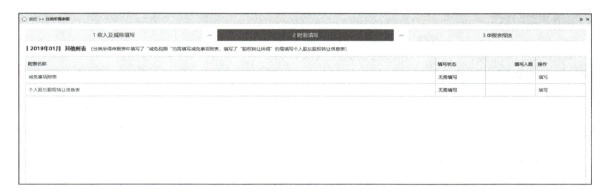

图 5-64　"分类所得申报""附表填写"页面

⑤ 单击"3 申报表报送"页签,进入"申报表报送"页面(图 5-65)。核对收入总额、应纳税额、应扣缴税额金额,无误后单击"发送申报"。系统弹出申报请求成功提示,可以看到申报状态为"申报成功,未扣款"。

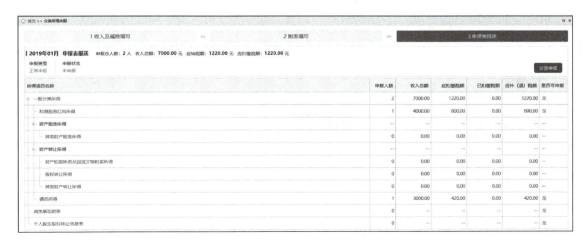

图 5-65　"申报表报送"页面

> 至此,智汇软件需填报的申报表均已填写并申报。如存在非居民所得、限售股所得申报的,需通过左侧相应功能菜单完成填写并申报,操作步骤基本与综合所得申报、分类所得申报类似。

【步骤六】 税费缴纳。

单击"税款缴纳",选择"三方协议缴税",进入"税款缴纳"页面。勾选本期需要缴纳税款的申报表(图 5-66),单击"立即缴款",弹出"请选择三方协议"窗口(图 5-67),勾选缴款账户,单击"确认扣款",系统自动完成扣款。

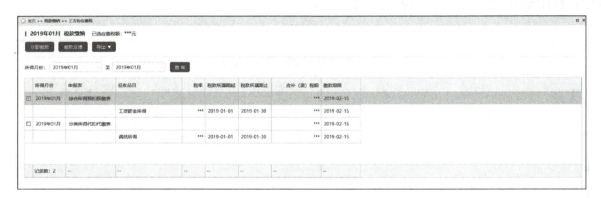

图 5-66　"税款缴纳"页面

图 5-67　"请选择三方协议"窗口

## 学习小结

代扣代缴个人所得税网上申报的操作步骤见图 5-68。

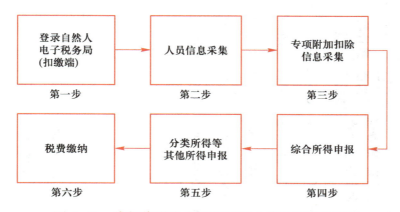

图 5-68    代扣代缴个人所得税网上申报操作步骤

## 学习体验

无锡市畅想广告策划有限公司(统一社会信用代码:911000999000084625,税务会计:齐慧惠)(增值税一般纳税人)主营业务为广告策划,其 2019 年 4 月发生的个人所得税相关业务如下:

(1) 4 月工资汇总表见表 5-33。

(2) 4 月劳务报酬支付情况见表 5-34。

(3) 4 月 5 日,向自然人个人胡敏(身份证号码:14102119750909**63)支付 4 月份的办公室租金 35000.00 元,已收到对方提供的增值税专用发票。另,本月办公室发生房屋修缮费用 230.00 元,胡敏能够提供相关发票。

(4) 4 月 20 日,向股东高爱佳(身份证号码:52212119780102**29)支付现金股利 100000.00 元,向股东李思妍(身份证号码:52232219750912**1X)支付现金股利 300000.00 元。

要求:根据上述资料计算填列个人所得税扣缴申报表(表 5-35)。(金额需要四舍五入的保留两位小数。)

表 5-33

**无锡市畅想广告策划有限公司 2019 年 4 月工资汇总表**

| 序号 | 姓名 | 身份证号码 | 应付工资 | 养老保险(个人) | 医疗保险(个人) | 失业保险(个人) | 住房公积金(个人) | 子女教育支出 | 继续教育支出 | 住房贷款利息支出 | 住房租金支出 | 赡养老人支出 | 累计已预扣预缴税额 | 1—3月累计收入额 | 1—3月累计专项扣除 | 1—3月累计专项附加扣除 |
|---|---|---|---|---|---|---|---|---|---|---|---|---|---|---|---|---|
| 1 | 张　海 | 654001198512 12**22 | 25462.00 | 2036.96 | 509.24 | 254.62 | 1273.10 | 1000.00 | 0.00 | 1000.00 | 0.00 | 500.00 | 1646.42 | 76386.00 | 12221.76 | 7500.00 |
| 2 | 周　军 | 652223199201 01**28 | 6542.00 | 523.36 | 130.84 | 65.42 | 327.10 | 500.00 | 0.00 | 1000.00 | 0.00 | 1000.00 | 0.00 | 19626.00 | 3140.16 | 7500.00 |
| 3 | 聂　琳 | 530627199108 26**27 | 7543.00 | 603.44 | 150.86 | 75.43 | 377.15 | 1000.00 | 0.00 | 1000.00 | 0.00 | 0.00 | 0.00 | 22629.00 | 3620.64 | 6000.00 |
| 4 | 齐慧惠 | 320982199212 27**84 | 6548.00 | 523.84 | 130.96 | 65.48 | 327.40 | 0.00 | 0.00 | 0.00 | 1500.00 | 500.00 | 0.00 | 19644.00 | 3143.04 | 6000.00 |
| 5 | 施红梅 | 320925199106 03**27 | 8654.00 | 692.32 | 173.08 | 86.54 | 432.70 | 500.00 | 0.00 | 1000.00 | 0.00 | 0.00 | 69.24 | 25962.00 | 4153.92 | 4500.00 |

表 5-34

**无锡市畅想广告策划有限公司 2019 年 4 月劳务报酬支付情况表**

| 序号 | 姓名 | 身份证号码 | 劳务报酬 | 备注 |
|---|---|---|---|---|
| 1 | 霍翠兰 | 410926199204 09**42 | 5000.00 | 道具制作 |
| 2 | 李　芳 | 320826199004 06**25 | 5600.00 | 道具制作 |

表 5-35

## 个人所得税扣缴申报表

税款所属时：　　年　月　日至　　年　月　日

金额单位：人民币元（列至角分）

扣缴义务人名称：（公章）

扣缴义务人纳税人识别号（统一社会信用代码）：

| 序号 | 姓名 | 身份证件类型 | 身份证件号码 | 纳税人识别号 | 是否为非居民个人 | 所得项目 | 本月（次）情况 | | | | | | | | | | | | | | 累计情况 | | | | | | | | | | | 税款计算 | | | | | | | 备注 |
|---|---|---|---|---|---|---|---|---|---|---|---|---|---|---|---|---|---|---|---|---|---|---|---|---|---|---|---|---|---|---|---|---|---|---|---|---|---|---|---|
| | | | | | | | 收入额计算 | | | 专项扣除 | | | | | 其他扣除 | | | | | 累计收入额 | 累计减除费用 | 累计专项扣除 | 累计专项附加扣除 | | | | | 累计其他扣除 | 减按计税比例 | 准予扣除的捐赠额 | 应纳税所得额 | 税率/预扣率 | 速算扣除数 | 应纳税额 | 减免税额 | 已缴税额 | 应补/退税额 | |
| | | | | | | | 收入 | 免税收入 | 减除费用 | 基本养老保险费 | 基本医疗保险费 | 失业保险费 | 住房公积金 | 年金 | 商业健康保险 | 税延养老保险 | 财产原值 | 允许扣除的税费 | 其他 | | | | 子女教育 | 赡养老人 | 住房贷款利息 | 住房租金 | 继续教育 | | | | | | | | | | | |
| | 2 | 3 | 4 | 5 | 6 | 7 | 8 | 9 | 10 | 11 | 12 | 13 | 14 | 15 | 16 | 17 | 18 | 19 | 20 | 21 | 22 | 23 | 24 | 25 | 26 | 27 | 28 | 29 | 30 | 31 | 32 | 33 | 34 | 35 | 36 | 37 | 38 | 39 | 40 |
| 合计 | | | | | | | | | | | | | | | | | | | | | | | | | | | | | | | | | | | | | | | |
| 1 | | | | | | | | | | | | | | | | | | | | | | | | | | | | | | | | | | | | | | | |
| 2 | | | | | | | | | | | | | | | | | | | | | | | | | | | | | | | | | | | | | | | |
| 3 | | | | | | | | | | | | | | | | | | | | | | | | | | | | | | | | | | | | | | | |
| 4 | | | | | | | | | | | | | | | | | | | | | | | | | | | | | | | | | | | | | | | |
| 5 | | | | | | | | | | | | | | | | | | | | | | | | | | | | | | | | | | | | | | | |
| 6 | | | | | | | | | | | | | | | | | | | | | | | | | | | | | | | | | | | | | | | |
| 7 | | | | | | | | | | | | | | | | | | | | | | | | | | | | | | | | | | | | | | | |
| 8 | | | | | | | | | | | | | | | | | | | | | | | | | | | | | | | | | | | | | | | |
| 9 | | | | | | | | | | | | | | | | | | | | | | | | | | | | | | | | | | | | | | | |
| 10 | | | | | | | | | | | | | | | | | | | | | | | | | | | | | | | | | | | | | | | |

谨声明：本表是根据国家税收法律法规及相关规定填报的，是真实的、可靠的、完整的。

扣缴义务人（签章）：

　　　　　　　　　　　　　　　　　　年　月　日

经办人签字：

经办人身份证件号码：

代理机构签章：

代理机构统一社会信用代码：

受理人：

受理税务机关（章）：

受理日期：　　年　月　日

# 项目 6

## 其他税费网上申报

---

### 学习目标

- 了解附加税(费)、印花税、房产税、城镇土地使用税、车船税的纳税期限和申报规程
- 能进行附加税(费)、印花税、房产税、城镇土地使用税、车船税的网上申报
- 理解公平正义的经济税收秩序对企业、社会、国家的意义

## 基 础 知 识

### 一、附加税(费)的申报和纳税期限

城市维护建设税、教育费附加和地方教育附加[统称为附加税(费)],其计税依据为纳税人实际缴纳的增值税、消费税税额,以及出口货物、劳务或者跨境销售服务、无形资产增值税免抵税额。

凡缴纳消费税和增值税的单位和个人,都是城市维护建设税的纳税义务人,都应当依照规定缴纳城市维护建设税。

附加税(费)纳税义务发生时间为缴纳增值税、消费税的当日,扣缴义务发生时间为扣缴增值税、消费税的当日。

附加税(费)按月或者按季计征;不能按固定期限计征的,可以按次计征。实行按月或按季计征的,纳税人应当于月度或者季度终了之日起 15 日内申报并缴纳税款;实行按次计征

的,纳税人应当于纳税义务发生之日起 15 日内申报并缴纳税款。扣缴义务人解缴税款的期限,依照上述规定执行。

对进口货物或者境外单位和个人向境内销售劳务、服务、无形资产缴纳的增值税、消费税税额,不征收附加税(费)。对出口货物、劳务和跨境销售服务、无形资产以及因优惠政策退还增值税、消费税的,不退还已缴纳的附加税(费)。纳税人跨地区提供建筑服务、销售和出租不动产的,应在建筑服务发生地、不动产所在地预缴增值税时,以预缴增值税税额为计费依据,就地缴纳教育费附加和地方教育附加。如果异地的城市维护建设税适用税率和教育费附加、地方教育附加征收率与机构所在地存在差异,无须补缴,也不能申请退抵税费。

在完成增值税、消费税申报后,电子税务局系统可自动弹出附加税(费)网上申报提示,纳税人可直接进入附加税(费)申报。未自动弹出的,纳税人也可直接从电子税务局的"城建税、教育费附加、地方教育附加税(费)申报表"进入申报。

微课—
附加税(费)
网上申报

## 二、印花税的申报和纳税期限

在我国境内书立、领受本条例所列举凭证的单位和个人,都是印花税的纳税义务人,应当按照规定缴纳印花税。

根据应纳税凭证性质的不同,印花税分别采用比例税率和定额税率,具体税目包括:购销合同、加工承揽合同、建设工程勘察设计合同、建筑安装工程承包合同、财产租赁合同、货物运输合同、仓储保管合同、借款合同、财产保险合同、技术合同、产权转移书据、营业账簿、权利许可证照。

印花税的纳税期限是在印花税应税凭证书立、领受时贴花完税的。同一种类应纳税凭证,需频繁贴花的,纳税人可以根据实际情况自行决定是否采用按期汇总缴纳印花税的方式。汇总缴纳的期限为一个月。采用按期汇总缴纳方式的纳税人应事先告知主管税务机关。缴纳方式一经选定,一年内不得改变。实行核定征收印花税的,纳税期限为一个月,税额较小的,纳税期限可为一个季度,具体由主管税务机关确定。纳税人应当自纳税期满之日起 15 日内申报缴纳印花税。

微课—
印花税网
上申报

## 三、城镇土地使用税的申报和纳税期限

在城市、县城、建制镇、工矿区范围内使用土地的单位和个人,为城镇土地使用税的纳税义务人,应依照规定申报缴纳城镇土地使用税。

城镇土地使用税按年计算,分上、下半年两期缴纳。上半年的申报缴纳期限为 4 月 1 日至 15 日,下半年的申报缴纳期限为 10 月 1 日至 15 日(遇法定节假日以休假日期满的次日为期限的最后一日;在期限内有连续 3 日以上法定休假日的,按休假日天数顺延)。为简化办税手续,纳税人也可选择于每年的 4 月 1 日至 15 日一次性申报缴纳全年应纳的城镇土地使用税。纳税人在申报缴纳期限结束后新增的应税房产和

印花税
相关政策

土地,纳税义务发生时间在 5 月至 10 月的,应当在下半年申报缴纳期限内缴纳当年应纳的城镇土地使用税。纳税义务发生时间在 11 月至 12 月的,应当在纳税义务发生的当月申报缴纳当年应纳的城镇土地使用税。

每一宗土地应填写一张城镇土地使用税房产税税源明细表。同一宗土地跨两个土地等级的,按照不同等级分别填表。无不动产权证的,按照土地坐落地址分别填表。纳税人不得将多宗土地合并成一条记录填表。

### 四、车船税的申报和纳税期限

微课一
车船税网
上申报

车船税
相关政策

在我国境内属于车船税法所附车船税税目税额表规定的车辆、船舶(以下简称车船)的所有人或者管理人,为车船税的纳税人,应当依照规定缴纳车船税。

车船税纳税义务发生时间为取得车船所有权或者管理权的当月。车船税按年申报缴纳。由扣缴义务人代收代缴车船税的,纳税人应当在购买机动车第三者责任强制保险的同时缴纳车船税;由纳税人自行申报缴纳车船税的,应当在每年 12 月 31 日前自行到车船登记地或者车船所有人、管理人所在地主管地方税务机关申报纳税,其中购置的新车船应当自纳税义务发生之日起 30 日内申报纳税。委托代征的,由主管地方税务机关确定具体申报纳税期限。

从事机动车交通事故责任强制保险业务的保险机构作为扣缴义务人已代收代缴车船税的,纳税人不再向车辆登记地的主管税务机关申报缴纳车船税。

对首次进行车船税纳税申报的纳税人,需要申报其全部车船的主附表信息。此后办理纳税申报时,如果纳税人的车船及相关信息未发生变化的,可不再填报信息,仅提供相关证件,由税务机关按上次申报信息生成申报表后,纳税人进行签章确认即可。对车船或纳税人有关信息发生变化的,纳税人仅就变化的内容进行填报。已获取第三方信息的地区,税务机关可将第三方信息导入纳税申报系统,直接生成申报表由纳税人进行签章确认。

### 五、房产税的申报和纳税期限

房产税由产权所有人缴纳。产权属于全民所有的,由经营管理的单位缴纳。产权出典的,由承典人缴纳。产权所有人、承典人不在房产所在地的,或者产权未确定及租典纠纷未解决的,由房产代管人或者使用人缴纳。另外,房产税在城市、县城、建制镇和工矿区征收。

依照房产余值计算缴纳的房产税,按年计算,分上、下半年两期缴纳。上半年的申报缴纳期限为 4 月 1 日至 15 日,下半年的申报缴纳期限为 10 月 1 日至 15 日(遇法定节假日以休假日期满的次日为期限的最后一日;在期限内有连续 3 日以上法定休假日的,按休假日天数顺延)。为简化办税手续,纳税人也可选择于每年的 4 月 1 日至 15 日一次性申报缴纳全年应纳的房产税。依照房产租金收入计算缴纳的房产税,申报缴纳期限为取得租金收入后的次月 1 日至 15 日;取得租金收入时间滞后于合同约定付款日期的,申报缴纳期限为合同约定付款日期的次月 1 日至 15 日。纳税人在申报缴纳期限结束后新增的应税房产,纳税义务发生时间在 5 月至 10 月的,应当在下半年申报缴纳期限内缴纳当年应纳的房产税。纳税义务发生时间在 11 月至 12 月的,应当在纳税义务发生的当月申报缴纳当年应纳的房产税。

微课—房产税、城镇土地使用税网上申报

## 知识拓展

### 税 务 稽 查

微课—用好稽查"利剑",助优化营商环境

　　税务稽查是税收征收管理工作的重要步骤和环节,是税务机关代表国家依法对纳税人的纳税情况进行检查监督的一种形式。税务稽查的依据是具有各种法律效力的各种税收法律、法规及各种政策规定。其具体包括日常稽查、专项稽查和专案稽查。

　　税务稽查的基本任务是根据国家税收法律、法规查处税收违法行为,保障税收收入,维护税收秩序,促进依法纳税,保证税法的实施。

　　税务稽查的范围包括税务法律、法规、制度等的贯彻执行情况,纳税人生产经营活动及税务活动的合法性,偷、逃、抗、骗、漏税及滞纳情况。

　　税务稽查包含选案、实施、审理、执行四个部分。

　　公平正义的经济税收秩序直接影响着企业的创新活力,打击涉税违法活动是一项长期而艰巨的任务,也是持续优化营商环境的重要一环。结合"金税三期"大数据系统的强大功能,各级税务部门在优化执法方式、规范税务执法、打击偷骗税等方面持续发力,用好稽查"利剑",持续打击涉税违法行为,有力维护了公平正义的经济税收秩序,切实保障国家税收安全,促进税收营商环境持续优化。

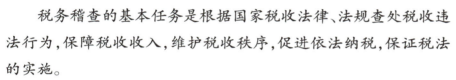

# 任务 6.1　附加税(费)网上申报

## ◎ 任务情境

　　2019 年 12 月 1 日,众成公司(增值税一般纳税人)完成 11 月份增值税申报,应纳增值税 5258.74 元,无须缴纳消费税。税务会计王琳申报缴纳 11 月附加税(费)。(该公司适用城市维护建设税税率 7%,教育费附加费率 3%,地方教育附加费率 2%。)

## 业务指导

【步骤一】　纳税申报数据初始化。

① 登录电子税务局,选择"我要办税"→"税费申报及缴纳"→"城建税、教育费附加、地方教育附加税(费)申报表"(图 6-1)。

图 6-1　附加税(费)申报路径

进入"城建税、教育费附加、地方教育附加税(费)申报表"页面,核对税款所属期,单击"进入申报"(图 6-2),进入"城建税、教育费附加、地方教育附加税(费)申报表"填写页面(图 6-3)。

图 6-2　"城建税、教育费附加、地方教育附加税(费)申报表"页面

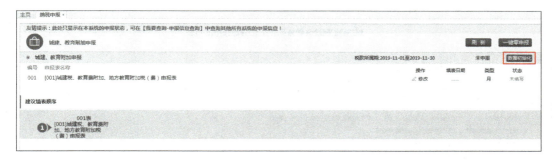

图 6-3　"城建税、教育费附加、地方教育附加税（费）申报表"填写页面

② 在填写附加税（费）申报表之前，需先进行数据初始化。单击"数据初始化"，系统弹出提示"数据初始化操作将会清除您已经填写的表单数据，请确认是否继续？"，单击"是"，系统再次弹出提示"初始化成功！"，数据初始化完成。

【步骤二】　填写纳税申报表。

① 数据初始化完成后，单击"［001］城建税、教育费附加、地方教育附加税（费）申报表"，进入申报表填写页面。核对税款所属期、纳税人识别号、纳税人名称等信息，核对无误后，在"计税（费）依据"相应位置录入金额，系统自动进行计税（费）依据合计，同时自动套用税率，计算"本期应纳税（费）额"。如纳税人有符合条件的减免税优惠，应在第 8 栏选择对应的减免性质代码，并填写减免额。若纳税人本期有已缴税（费）额，应在第 13 栏填写。全部填写完成后，系统自动计算"本期应补（退）税（费）额"（图 6-4）。

图 6-4　城建税、教育费附加、地方教育附加税（费）申报表填写页面

若在填写过程中有疑问，可单击"填表说明"按钮阅读表单说明（图 6-5）。

若本期存在随军家属、残疾人等重点群体人员信息变动，可单击"企业重点群体人员采集"按钮，通过"增行""删行"填报相关信息（图 6-6）。

图 6-5　城建税、教育费附加、地方教育附加税（费）填表说明

图 6-6　"企业重点群体人员采集"页面

　　若本期存在自主就业退役士兵人员信息变动,可单击"企业退役士兵采集"按钮,通过"增行""删行"填报相关信息(图 6-7)。

图 6-7　"企业退役士兵采集"页面

　　② 所有信息填写完成后,返回申报表,单击"保存",完成申报(图 6-8)。

　　③ 系统弹出提示本期应补(退)税(费)金额(图 6-9),核对无误后单击"是"完成。

图 6-8　"城建税、教育费附加、地方教育附加税（费）申报表"页面（已填写）

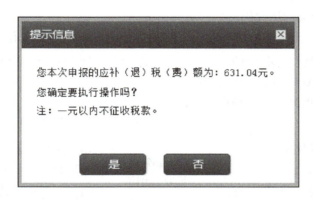

图 6-9　附加税（费）应补（退）税（费）额提示信息

【步骤三】　税费缴纳。

完成申报后，系统自动弹出提示是否跳转税费缴纳，可单击"税费缴纳"选择自动缴纳税款，系统自动完成扣款。

## 学习小结

附加税（费）网上申报的操作步骤（见图 6-10）：

图 6-10　附加税（费）网上申报操作步骤

## ✎。 学习体验

无锡市佳华日化有限公司(纳税人识别号:911000999000012548)为增值税一般纳税人,主营业务为高档化妆品生产与销售。2019年6月,该公司应纳增值税163240.20元,应纳消费税86521.38元。该公司位于市区,适用城建税税率为7%,教育费附加征收率为3%,地方教育附加征收率为2%。王刚为该公司报税员,其身份证号码为32050919900927**54。

要求:根据上述资料计算填列城建税、教育费附加、地方教育附加税(费)申报表(表6-1)。(金额需要四舍五入的保留两位小数)

表6-1

### 城市维护建设税教育费附加地方教育附加申报表

税款所属时间:　　年　月　日至　　年　月　日

纳税人识别号(统一社会信用代码):

纳税人名称:(公章)　　　　　　　　　　　　　　　　　金额单位:人民币元(列至角分)

| 本期是否适用增值税小规模纳税人减征政策(减免性质代码_城市维护建设税:07049901,减免性质代码_教育费附加:61049901,减免性质代码_地方教育附加:99049901) | | | | | □是 □否 | 减征比例_城市维护建设税(%) | | | | | |
| | | | | | | 减征比例_教育费附加(%) | | | | | |
| | | | | | | 减征比例_地方教育附加(%) | | | | | |

| 税(费)种 | 计税(费)依据 | | | | | 税率(征收率) | 本期应纳税(费)额 | 本期减免税(费)额 | | 本期增值税小规模纳税人减征额 | 本期已缴税(费)额 | 本期应补(退)税(费)额 |
| | 增值税 | | 消费税 | 营业税 | 合计 | | | 减免性质代码 | 减免税(费)额 | | | |
| | 一般增值税 | 免抵税额 | | | | | | | | | | |
| | 1 | 2 | 3 | 4 | 5=1+2+3+4 | 6 | 7=5×6 | 8 | 9 | 10 | 11 | 12=7-9-10-11 |
| 城市维护建设税 | | | | | | | | | | | | |
| 教育费附加 | | | | | | | | | | | | |
| 地方教育附加 | | | | | | | | | | | | |
| 合计 | | | | | | | | | | | | |

谨声明:本纳税申报表是根据国家税收法律法规及相关规定填报的,是真实的、可靠的、完整的。

纳税人(签章):　　　年　月　日

| 经办人:<br>经办人身份证号:<br>代理机构签章:<br>代理机构统一社会信用代码: | 受理人:<br>受理税务机关(章):<br>受理日期:　年　月　日 |

# 任务 6.2　印花税网上申报

## ◈ 任务情境

2019 年 11 月,众成公司发生如下经济业务:

(1) 签订软件采购合同两份,采购金额共计 200 万元;签订销售合同 10 份,销售金额共计 500 万元。

(2) 公司作为受托方签订一份加工承揽合同,合同约定:由委托方提供主要材料(金额 50 万元),受托方只提供辅助材料(金额 5 万元),受托方另收取加工费 10 万元。

(3) 公司作为受托方签订技术开发合同一份,合同约定:技术开发金额共计 1000 万元,其中研究开发费用与报酬金额之比为 3 : 1。

(4) 公司作为承包方签订建筑安装工程承包合同一份,承包金额 30 万元,公司随后又将其中的 10 万元业务分包给另一单位,并签订相关合同。

(5) 公司新增实收资本 300 万元、资本公积 50 万元。

(6) 公司启用其他账簿 5 本。

2019 年 12 月 1 日,众成公司申报 11 月份的印花税。

## ⊕ 业务指导

【步骤一】　纳税申报数据初始化。

① 登录电子税务局,单击"我要办税"→"税费申报及缴纳"→"印花税申报"(图 6-11)。

图 6-11　印花税申报路径

进入"印花税申报"页面,核对税款所属期(图 6-12),单击"进入申报"。

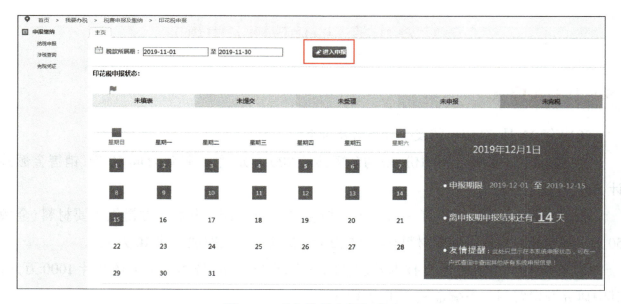

图 6-12 "印花税申报"页面

② 进入纳税申报页面后,可以查看到本企业需填写的印花税申报表(图 6-13)。在填写申报表之前,需先单击"数据初始化"进行数据初始化。

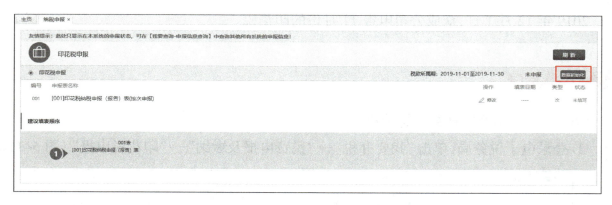

图 6-13 印花税申报表填写平台

③ 系统弹出提示"数据初始化操作将会清除您已经填写的表单数据,请确认是否继续?",单击"是"继续,系统再次弹出提示"初始化成功!",表示数据初始化完成。

【步骤二】 填写纳税申报表。

① 数据初始化完成后,单击"[001]印花税纳税申报(报告)表(按次申报)",进入申报表填写页面。若在填写过程中有疑问,可单击"填表说明"按钮进行阅读。

采购合同、销售合同均属于购销合同,按合同金额计税;加工承揽合同按委托方提供辅助材料费用和收取的加工费计税;技术开发合同按收取的报酬计税;建筑施工合同和分包合同均按照建筑施工合同征税,按合同金额计税;实收资本、资本公积属于记载资金的营业账簿,按增加金额计税,并且按照财税〔2018〕50 号文件《财政部　税务总局关于对营业账簿减免印花税的通知》,对按万分之五税率贴花的资金账簿减半征收印花税对按件贴花五元的其他贴薄免征印花税。

② 所有信息填写完成后,单击"保存",完成申报(图 6-14)。

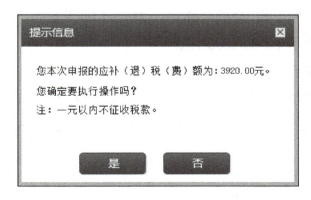

| 序号 | 应税凭证 | 计税金额或件数 | 核定征收 | | 适用税率 | 本期应纳税额 | 本期已缴税额 | 本期减免税额 | | 增值税小规模纳税人减征额 | 本期应补(退)税额 |
|---|---|---|---|---|---|---|---|---|---|---|---|
| | | | 核定依据 | 核定比例 | | | | 减免性质代码 | 减免税额 | | |
| | | 1 | 2 | 3 | 4 | 5=1×4+2×3×4 | 6 | 7 | 8 | 9 | 10=5-6-8-9 |
| | 购销合同 | 7000000.00 | 0.00 | 0.0 | | 0.03% | 2100.00 | 0.00 | | 0.00 | 0.00 | 2100.00 |
| | 加工承揽合同 | 150000.00 | 0.00 | 0.0 | | 0.05% | 75.00 | 0.00 | | 0.00 | 0.00 | 75.00 |
| | 技术合同 | 2500000.00 | 0.00 | 0.0 | | 0.03% | 750.00 | 0.00 | | 0.00 | 0.00 | 750.00 |
| | 建筑安装工程承包合同 | 400000.00 | 0.00 | 0.0 | | 0.03% | 120.00 | 0.00 | | 0.00 | 0.00 | 120.00 |
| | 营业账簿(记载资金的账簿) | 3500000.00 | 0.00 | 0.0 | | 0.05% | 1750.00 | 0.00 | 0009129907《财政部税务总局关于对营业账簿减免印花税的通知》财税[2018]50号 | 875.00 | 0.00 | 875.00 |
| | 营业账簿(其他账簿) | 5 | 0.00 | 0.0 | 5 | | 25.00 | 0.00 | 0009129907《财政部税务总局关于对营业账簿减免印花税的通知》财税[2018]50号 | 25.00 | 0.00 | 0.00 |
| | 合计 | — | — | | | 4820.00 | 0.00 | | 0.00 | 0.00 | 3920.00 |

图 6-14　印花税申报表填写页面

③ 系统弹出提示本期应补(退)税(费)金额(图 6-15),核对无误后单击"是"。

**提示信息**

您本次申报的应补(退)税(费)额为:3920.00元。

您确定要执行操作吗?

注:一元以内不征收税款。

是　　否

图 6-15　印花税应补(退)税(费)额提示信息

【步骤三】 税费缴纳。

确认应补(退)税(费)金额后,系统弹出提示是否跳转税费缴纳,若纳税人选择自动缴纳税款,可单击"税费缴纳",系统自动完成扣款。

## 学习小结

印花税网上申报的操作步骤见图 6-16:

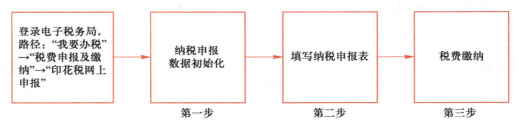

图 6-16　印花税网上申报操作步骤

## 学习体验

无锡市佳华日化有限公司(统一社会信用代码:911000999000012548)为增值税一般纳税人,主营业务为高档化妆品生产与销售,2019 年 6 月发生以下业务:

(1) 签订商品采购合同 2 份,采购金额共计 2448603.00 元;签订商品销售合同 8 份,销售金额共计 5441340.00 元。

(2) 公司作为受托方签订一份加工承揽合同,合同约定:由委托方提供主要材料(金额 500000.00 万元),受托方只提供辅助材料(金额 80000.00 万元),受托方另收取加工费 100000.00 元。

(3) 签订货物运输合同 8 份,合同金额共计 216201.00 元。

(4) 公司新增实收资本 1000000.00 元。

(5) 公司启用其他账簿 5 本。

(6) 王刚为该公司报税员,其身份证号码为 32050919900927**54。

要求:根据上述资料计算填列印花税纳税申报(报告)表(表 6-2)。(金额需要四舍五入的保留两位小数。)

表 6-2

**印花税纳税申报(报告)表**

税款所属时间:　　年　　月　　日至　　年　　月　　日

纳税人识别号(统一社会信用代码):

纳税人名称:(公章)　　　　　　　　　　　　　　金额单位:人民币元(列至角分)

| 本期是否适用增值税小规模纳税人减征政策<br>(减免性质代码:09049901) | | | □是□否 | | 减征比例(%) | | | |
|---|---|---|---|---|---|---|---|---|
| **应税凭证** | 计税<br>金额<br>或件数 | 核定征收 | | 适用<br>税率 | 本期应<br>纳税额 | 本期<br>已缴<br>税额 | 本期减免税额 | | 本期增值税<br>小规模纳税<br>人减征额 | 本期应<br>补(退)<br>税额 |
| | | 核定<br>依据 | 核定<br>比例 | | | | 减免性质<br>代码 | 减免<br>税额 | | |
| | 1 | 2 | 3 | 4 | 5=1×4+<br>2×3×4 | 6 | 7 | 8 | 9 | 10=5-<br>6-8-9 |
| 购销合同 | | | | 0.3‰ | | | | | | |
| 加工承揽合同 | | | | 0.5‰ | | | | | | |
| 建设工程勘察<br>设计合同 | | | | 0.5‰ | | | | | | |
| 建筑安装工程<br>承包合同 | | | | 0.3‰ | | | | | | |
| 财产租赁合同 | | | | 1‰ | | | | | | |
| 货物运输合同 | | | | 0.5‰ | | | | | | |
| 仓储保管合同 | | | | 1‰ | | | | | | |
| 借款合同 | | | | 0.05‰ | | | | | | |
| 财产保险合同 | | | | 1‰ | | | | | | |
| 技术合同 | | | | 0.3‰ | | | | | | |
| 产权转移书据 | | | | 0.5‰ | | | | | | |
| 营业账簿(记载<br>资金的账簿) | | — | | 0.5‰ | | | | | | |
| 营业账簿(其他<br>账簿) | | — | | 5 | | | | | | |
| 权利、许可证照 | | — | | 5 | | | | | | |
| 合计 | — | | | — | | | | | | |

谨声明:本纳税申报表是根据国家税收法律法规及相关规定填报的,是真实的、可靠的、完整的。

　　　　　　　　　　　　　　　　　　　　　纳税人(签章):　　年　　月　　日

| | |
|---|---|
| 经办人:<br>经办人身份证号:<br>代理机构签章:<br>代理机构统一社会信用代码: | 受理人:<br>受理税务机关(章):<br>受理日期:　　年　　月　　日 |

# 任务 6.3    房产税与城镇土地使用税网上申报

## 任务情境

2019 年上半年,南京市宏达实业有限公司房地产相关使用情况如下:

(1) 宏达大厦为经营自用房产,相关信息见表 6-3。

表 6-3

### 宏达大厦基础信息表

| 房产名称 | 宏达大厦 | 房屋坐落地址 | 江苏省南京市雨花台区雨花大街 125 号 | 产权证书号 | 苏房权证宁城字第 2016051705 号 |
|---|---|---|---|---|---|
| 房屋用途 | 商业及办公 | 建筑面积 | 5320.00 平方米 | 房产原值 | 133000000.00 元 |
| 房产取得时间 | 2016 年 05 月 17 日 | 房屋所在土地编号 | 5147-65 | | |
| 土地使用权证号 | 苏国用 (2016) 第 02514765 号 | 宗地号 | 0202100514765 | 土地取得方式 | 出让 |
| 土地性质 | 国有 | 土地取得时间 | 2015 年 03 月 12 日 | 土地用途 | 其他 |
| 土地等级 | 一级 | 占用土地面积 | 800.00 平方米 | 税额标准 | 24 元 / 平方米 |
| 地价 | 50000000.00 元 | 取得土地使用权支付金额 | 10000000.00 元 | 土地开发成本 | 40000000.00 元 |

(2) 宏达仓库为出租房产,相关信息见表 6-4。

表 6-4

### 宏达仓库基础信息表

| 房产名称 | 宏达仓库 | 房屋坐落地址 | 江苏省南京市雨花台区雨花大街 126 号 | 产权证书号 | 苏房权证宁城字第 2016051706 号 |
|---|---|---|---|---|---|
| 房屋用途 | 其他 | 建筑面积 | 1500.00 平方米 | 房产原值 | 22500000.00 元 |
| 房产取得时间 | 2016 年 05 月 17 日 | 房屋所在土地编号 | 5147-66 | | |
| 土地使用权证号 | 苏国用 (2016) 第 02514766 号 | 宗地号 | 0202100514766 | 土地取得方式 | 出让 |
| 土地性质 | 国有 | 土地取得时间 | 2015 年 03 月 12 日 | 土地用途 | 其他 |
| 土地等级 | 一级 | 占用土地面积 | 400.00 平方米 | 税额标准 | 24 元 / 平方米 |
| 地价 | 25000000.00 元 | 取得土地使用权支付金额 | 5000000.00 元 | 土地开发成本 | 20000000.00 元 |

（3）宏达仓库租赁合同见表6–5。

表 6–5

**房屋租赁合同**

出租方（以下简称甲方）:南京市宏达实业有限公司　　承租方（以下简称乙方）:南京市丽华塑料有限公司
纳税识别号:9111010112967711546　　　　　　　　纳税识别号:9111010020329292548
联系电话:025–85241123　　　　　　　　　　　　联系电话:025–88542164

　　根据《中华人民共和国合同法》《中华人民共和国城市房地产管理法》及其他有关法律、法规规定,在平等、自愿、协商一致的基础上,甲、乙双方就下列房屋的租赁达成如下协议:

**第一条　房屋基本情况**

　　甲方房屋名称为宏达仓库(房产编码苏房权证宁城字第 2016051706 号,以下简称该房屋),坐落于江苏省南京市雨花台区雨花大街 126 号;建筑面积 1500.00 平方米,该房屋的土地使用权以出让方式取得(房屋所在土地编号 5147–66);该房屋平面图见本合同附件一,该房屋附着设施见附件二。

**第二条　房屋用途**

　　该房屋用途为商业及办公。除双方另有约定外,乙方不得任改变房屋用途。

**第三条　租赁期限**

　　租赁期限自 2019 年 01 月 01 日至 2019 年 12 月 31 日止。

**第四条　租金**

　　该房屋租金(不含增值税)为人民币伍拾肆万柒仟伍佰元整(¥547500.00)。租赁期间,如遇到市场变化,双方可另行协商调整租金标准;除此之外,出租方不得以任何理由任意调整租金。

**第五条　付款方式**

　　乙方应于本合同生效之日向甲方支付定金人民币柒仟伍佰元整(¥7500.00)。租金每 6 个月结算一次,付款期限为每 6 个月开始前的 5 日内。

**第六条　交付房屋期限**

　　甲方于本合同生效之日起 7 日内,将该房屋交付给乙方。

　　……

**第二十条　合同份数**

　　本合同连同附件共 3 页,一式 2 份,甲、乙双方各执一份,均具有同等效力。

甲方(签章):　　　　　　　　　　　　　　　乙方(签章):

授权代表(签字):周三峰　　　　　　　　　　　授权代表(签字):林涛
日期:2018 年 12 月 15 日　　　　　　　　　　日期:2018 年 12 月 15 日

　　（4）2019 年 1 月 4 日,南京市宏达实业有限公司收到南京市丽华塑料有限公司 1—6 月份租金 273750.00 元(不含增值税),并开具增值税专用发票。

　　（5）南京市宏达实业有限公司房产税和城镇土地使用税实行按年计算分 2 次缴纳,房产税从价计征的扣除比例为 30%,城镇土地使用税无减免项目。

　　2019 年 4 月 1 日,南京市宏达实业有限公司(增值税一般纳税人)申报上半年的房产税和城镇土地使用税。

## 业务指导

【步骤一】　房产税税源采集。

① 登录电子税务局,单击"我要办税"→"税费申报及缴纳"→"房产税城镇土地使用税申报"(图 6-17)。

图 6-17　房产税城镇土地使用税申报路径

② 进入"财产和行为税纳税申报表"页面,核对税款所属期,单击房产税"税源采集"(图6-18)。

图 6-18　"财产和行为纳税申报表"页面

③ 进入"房产税税源明细表"页面,根据房产使用情况如实填写相关信息,填写完毕单击"保存"(图6-19)。

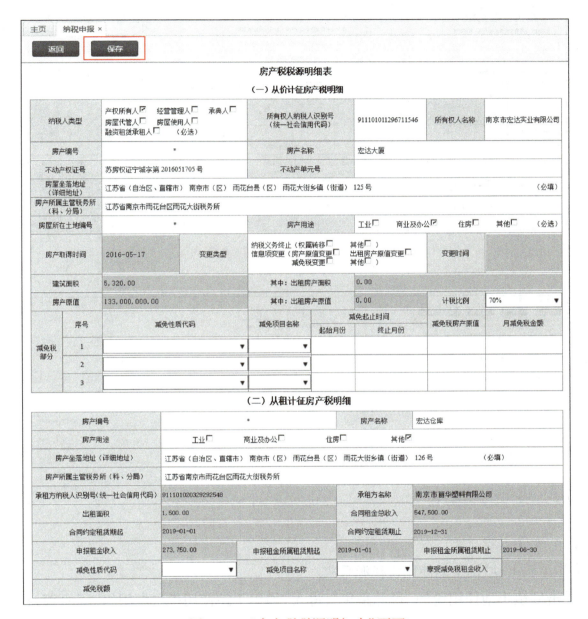

图6-19　"房产税税源明细表"页面

【步骤二】　填写房产税纳税申报表。

① 返回"财产和行为税纳税申报表"页面,单击房产税"申报明细",进入"房产税纳税申报表"填写页面。

② 根据房产使用情况如实填写房产税纳税申报表,填写完毕单击"保存"完成(图6-20)。

单击"返回"返回"财产和行为税纳税申报表"页面,可以看到房产税的应纳税额、应补(退)税额(图6-21)。

图 6-20　"房产税纳税申报表"填写页面

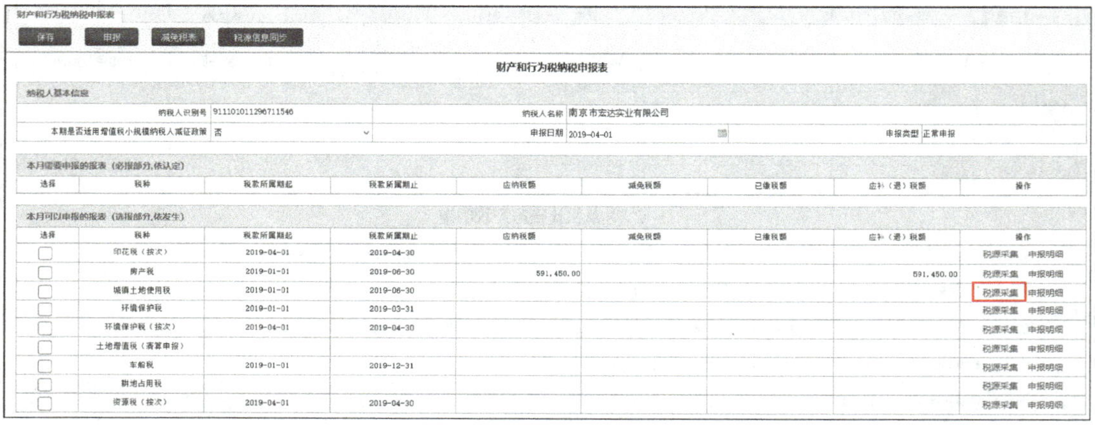

图 6-21　"财产和行为纳税申报表"页面(房产税)

【步骤三】　城镇土地使用税税源采集。

单击城镇土地使用税的"税源采集",进入"城镇土地使用税税源明细表"页面,根据土地使用情况如实填写相关信息,每一宗土地都需要填写一张城镇土地使用税税源明细表,填写完毕单击"保存"完成(图 6-22 和图 6-23)。

【步骤四】　填写城镇土地使用税纳税申报表。

① 返回"财产和行为税纳税申报表"页面,单击城镇土地使用税的"申报明细",进入"城镇土地使用税纳税申报表"页面。

② 根据土地使用情况如实填写相关信息,填写完毕单击"保存"完成(图 6-24)。

③ 返回"财产和行为税纳税申报表"页面,可以看到城镇土地使用税的应纳税额、应补(退)税额(图 6-25)。

主页　纳税申报 ×

返回　保存

**城镇土地使用税税源明细表**

| | | | | | |
|---|---|---|---|---|---|
| 纳税人类型 | 土地使用权人☑ 集体土地使用人☐ 无偿使用人☐ 代管人☐ 实际使用人☐（必选） | 土地使用权人纳税人识别号（统一社会信用代码） | 911101011296711546 | 土地使用权人名称 | 南京市宏达实业有限公司 |
| 土地编号 | * | 土地名称 | | 不动产权证号 | 苏国用(2016)第02514766号 |
| 不动产单元号 | | 宗地号 | 0202100514766 | 土地性质 | 国有☑ 集体☐（必选） |
| 土地取得方式 | 划拨☐ 出让☑ 转让☐ 租赁☐ 其他☐（必选） | 土地用途 | 工业☐ 商业☐ 居住☐ 综合☐ 房地产开发企业的开发用地☐ 其他☑（必选） | | |
| 土地坐落地址（详细地址） | 江苏省（自治区、直辖市） 南京市（区） 雨花台县（区） 雨花大街乡镇（街道） 126号 | | | | |
| 土地所属主管税务所（科、分局） | 江苏省南京市雨花台区雨花大街税务所 | | | | |
| 土地取得时间 | 2015-03-12 | 变更类型 | 纳税义务终止（权属转移☐ 其他☐）信息项变更（土地面积变更☐ 土地等级变更☐ 减免税变更☐ 其他☐） | 变更时间 | |
| 占用土地面积 | 400.00 | 土地等级 | 一级 | 税额标准 | 24.00 |
| 地价 | 25,000,000.00 | 其中取得土地使用权支付金额 | 5,000,000.00 | 其中土地开发成本 | 20,000,000.00 |

| 减免税部分 | 序号 | 减免性质代码 | 减免项目名称 | 减免起止时间 | | 减免税土地面积 | 月减免税金额 |
|---|---|---|---|---|---|---|---|
| | | | | 起始月份 | 终止月份 | | |
| | 1 | ▼ | ▼ | | | | |
| | 2 | ▼ | ▼ | | | | |
| | 3 | ▼ | ▼ | | | | |

图 6–22　“城镇土地使用税税源采集明细表”填写页面（一）

主页　纳税申报 ×

返回　保存

**城镇土地使用税税源明细表**

| | | | | | |
|---|---|---|---|---|---|
| 纳税人类型 | 土地使用权人☑ 集体土地使用人☐ 无偿使用人☐ 代管人☐ 实际使用人☐（必选） | 土地使用权人纳税人识别号（统一社会信用代码） | 911101011296711546 | 土地使用权人名称 | 南京市宏达实业有限公司 |
| 土地编号 | * | 土地名称 | | 不动产权证号 | 苏国用(2016)第 02514765 号 |
| 不动产单元号 | | 宗地号 | 0202100514765 | 土地性质 | 国有☑ 集体☐（必选） |
| 土地取得方式 | 划拨☐ 出让☑ 转让☐ 租赁☐ 其他☐（必选） | 土地用途 | 工业☐ 商业☐ 居住☐ 综合☐ 房地产开发企业的开发用地☐ 其他☑（必选） | | |
| 土地坐落地址（详细地址） | 江苏省（自治区、直辖市） 南京市（区） 雨花台县（区） 雨花大街乡镇（街道） 125 号 | | | | |
| 土地所属主管税务所（科、分局） | 江苏省南京市雨花台区雨花大街税务所 | | | | |
| 土地取得时间 | 2015-03-12 | 变更类型 | 纳税义务终止（权属转移☐ 其他☐）信息项变更（土地面积变更☐ 土地等级变更☐ 减免税变更☐ 其他☐） | 变更时间 | |
| 占用土地面积 | 800.00 | 土地等级 | 一级 | 税额标准 | 24.00 |
| 地价 | 50,000,000.0 | 其中取得土地使用权支付金额 | 10,000,000.00 | 其中土地开发成本 | 40,000,000.00 |

| 减免税部分 | 序号 | 减免性质代码 | 减免项目名称 | 减免起止时间 | | 减免税土地面积 | 月减免税金额 |
|---|---|---|---|---|---|---|---|
| | | | | 起始月份 | 终止月份 | | |
| | 1 | ▼ | ▼ | | | | |
| | 2 | ▼ | ▼ | | | | |
| | 3 | ▼ | ▼ | | | | |

图 6–23　“城镇土地使用税税源采集明细表”填写页面（二）

主页　纳税申报 ×

返回　保存

**城镇土地使用税纳税申报表**

税款所属期：自 2019 年 01 月 01 日至 2019 年 06 月 30 日

纳税人识别号（统一社会信用代码）：911101011296711546

纳税人名称：南京市宏达实业有限公司　　　　金额单位：人民币元（列至角分）；　面积单位：平方米

| 序号 | 土地编号 | 宗地号 | 土地等级 | 税额标准 | 土地总面积 | 所属期起 | 所属期止 | 本期应纳税额 | 本期减免税额 | 本期增值税小规模纳税人减征额 | 本期已缴税额 | 本期应补（退）税额 |
|---|---|---|---|---|---|---|---|---|---|---|---|---|
| 本期是否适用增值税小规模纳税人减征政策（减免性质代码 08049901） | | ☐是　☑否 | | | 本期适用增值税小规模纳税人减征政策起始时间 | | | | 减征比例（%） | | | |
| | | | | | 本期适用增值税小规模纳税人减征政策终止时间 | | | | | | | |
| 1 | * | 0202100514765 | 一级 | 24.00 | 800.00 | 2019-01-01 | 2019-06-30 | 9,600.00 | | | | 9,600.00 |
| 2 | * | 0202100514766 | 一级 | 24.00 | 400.00 | 2019-01-01 | 2019-06-30 | 4,800.00 | | | | 4,800.00 |
| 3 | * | | | | | | | | | | | |
| 合计 | * | * | * | * | 1,200.00 | * | * | 14,400.00 | | | | 14,400.00 |

图 6–24　“城镇土地使用税纳税申报表”填写页面

图6-25 "财产和行为纳税申报表"页面（房产税与城镇土地使用税）

【步骤五】 勾选申报。

勾选房产税、城镇土地使用税前的选择框,单击"申报"。系统弹出提示本期应补(退)税(费)金额,核对无误后单击"是"(图6-26)。

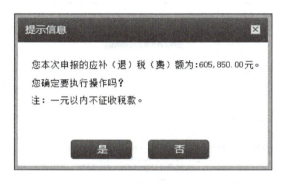

图6-26 应补(退)税(费)额提示信息

【步骤六】 税费缴纳。

系统再次弹出提示是否跳转税费缴纳,若纳税人选择自动缴纳税款,单击"税费缴纳"系统可自动完成扣款。

### 学习小结

房产税与城镇土地使用税网上申报的操作步骤见图6-27。

### 学习体验

南京市佳华日化有限公司(纳税人识别号:911000999000012548)为增值税一般纳税人,主营业务为高档化妆品生产与销售,2019年下半年房地产使用相关情况如下:

(1) 经营自用房产一处,相关信息见表6-6:

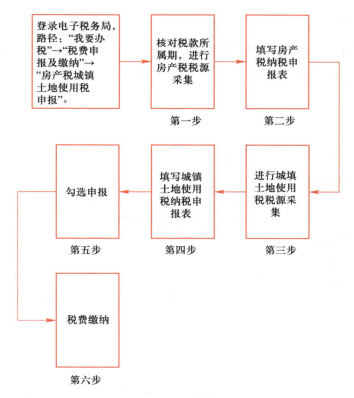

图 6-27　房产税城镇土地使用税网上申报操作步骤

表 6-6

### 佳华日化有限公司经营自用房产基础信息表

| | | | |
|---|---|---|---|
| 房产名称 | 南京市佳华日化有限公司8808办公室 | 房屋坐落地址 | 江苏省南京市玄武区天山路华通大厦8808号 |
| 产权证书号 | 苏房权证宁城字第2016051705号 | 房屋用途 | 商业及办公 |
| 建筑面积 | 520.00平方米 | 房产原值 | 13000000.00元 |
| 房产取得时间 | 2015年04月10日 | 房屋所在土地编号 | 3526-41 |
| 土地使用权证号 | 苏国用（2015）第02223654号 | 宗地号 | 0202100352641 |
| 土地取得方式 | 转让 | 土地性质 | 国有 |
| 土地取得时间 | 2014年01月05日 | 土地用途 | 其他 |
| 土地等级 | 一级 | 占用土地面积 | 81.71平方米 |
| 地价 | 5100000.00元 | 税额标准 | 24元/平方米 |
| 取得土地使用权支付金额 | 2100000.00元 | 土地开发成本 | 3000000.00元 |

（2）该公司房产税和城镇土地使用税实行按年计算，分2次缴纳，房产税从价计征的扣除比例为30%，城镇土地使用税无减免项目。

（3）王刚为该公司报税员，其身份证号码为 32050919900927**54。

要求：根据上述资料计算填列城镇土地使用税、房产税税源明细表（表 6–7）及城镇土地使用税、房产税纳税申报表（表 6–8）。（金额需要四舍五入的保留两位小数）

表 6–7

城镇土地使用税、房产税税源明细表

税款所属时间：　　年　　月　　日至　　年　　月　　日

纳税人识别号（统一社会信用代码）：

纳税人名称：（公章）　　　　　　　　　金额单位：人民币元（列至角分）；面积单位：平方米

| 一、城镇土地使用税税源明细 | | | | |
|---|---|---|---|---|
| 纳税人类型 | 土地使用权人□<br>集体土地使用人□<br>无偿使用人□<br>代管人□<br>实际使用人□（必选） | 土地使用权人纳税人识别号（统一社会信用代码） | 土地使用权人名称 | |
| 土地编号 | * | 土地名称 | 不动产权证号 | |
| 不动产单元号 | | 宗地号 | 土地性质 | 国有□集体□（必选） |
| 土地取得方式 | 划拨□出让□<br>转让□租赁□<br>其他□（必选） | 土地用途 | 工业□商业□居住□综合□房地产开发企业的开发用地□其他□（必选） | |
| 土地坐落地址（详细地址） | 省（自治区、直辖市）　　　市（区）　　　县（区）　　　乡镇（街道）（必填） | | | |
| 土地所属主管税务所（科、分局） | | | | |
| 土地取得时间 | 年月 | 变更类型 | 纳税义务终止（权属转移□其他□）<br>信息项变更（土地面积变更□土地等级变更□减免税变更□其他□） | 变更时间 | 年月 |
| 占用土地面积 | | 土地等级 | 税额标准 | |
| 地价 | | 其中取得土地使用权支付金额 | 其中土地开发成本 | |
| 减免税部分 | 序号 | 减免性质代码 | 减免项目名称 | 减免起止时间 | 减免税土地面积 | 月减免税金额 |
| | | | | 起始月份 | 终止月份 | | |
| | 1 | | | | | | |
| | 2 | | | | | | |
| | 3 | | | | | | |

续表

| 二、房产税税源明细 | | | | | |
|---|---|---|---|---|---|
| (一)从价计征房产税明细 | | | | | |
| 纳税人类型 | 产权所有人□<br>经营管理人□承典人□<br>房屋代管人□房屋使用人□<br>融资租赁承租人□(必选) | 所有权人纳税人识别号(统一社会信用代码) | | 所有权人名称 | |
| 房产编号 | * | 房产名称 | | | |
| 不动产权证号 | | 不动产单元号 | | | |
| 房屋坐落地址<br>(详细地址) | 省(自治区、直辖市) | 市(区) | 县(区) | 乡镇(街道)(必填) | |
| 房产所属主管<br>税务所<br>(科、分局) | | | | | |
| 房屋所在土地<br>编号 | * | 房产用途 | | 工业□商业及办公□住房□其他□<br>(必选) | |
| 房产取得时间 | 年　月 | 变更类型 | 纳税义务终止(权属转移□其他□)<br>信息项变更(房产原值变更□出租房产原值变更□)<br>减免税变更□其他□) | 变更时间 | 年　月 |
| 建筑面积 | (必填) | 其中:出租房产面积 | | | |
| 房产原值 | (必填) | 其中:出租房产原值 | | 计税比例 | |

| 减免税<br>部分 | 序号 | 减免性质代码 | 减免项目名称 | 减免起止时间 | | 减免税房产原值 | 月减免税金额 |
|---|---|---|---|---|---|---|---|
| | | | | 起始月份 | 终止月份 | | |
| | 1 | | | | | | |
| | 2 | | | | | | |
| | 3 | | | | | | |

续表

| (二)从租计征房产税明细 | | | |
|---|---|---|---|
| 房产编号 | * | 房产名称 | |
| 房产用途 | 工业□商业及办公□住房□其他□ | | |
| 房产坐落地址(详细地址) | 省(自治区、直辖市)　　　市(区)　　　县(区)　　　乡镇(街道)(必填) | | |
| 房产所属主管税务所(科、分局) | | | |
| 承租方纳税人识别号(统一社会信用代码) | | 承租方名称 | |
| 出租面积 | | 合同租金总收入 | |
| 合同约定租赁期起 | | 合同约定租赁期止 | |
| 申报租金收入 | 申报租金所属租赁期起 | | 申报租金所属租赁期止 |
| 减免性质代码 | 减免项目名称 | | 享受减免税租金收入 |
| 减免税额 | | | |

声明:此表是根据国家税收法律法规及相关规定填写的,本人(单位)对填报内容(及附带资料)的真实性、可靠性、完整性负责。

　　　　　　　　　　　　　　　　　　纳税人(签章):　　年　月　日

| 经办人:<br>经办人身份证号:<br>代理机构签章:<br>代理机构统一社会信用代码: | 受理人:<br>受理税务机关(章):<br>受理日期:　　年　月　日 |
|---|---|

　本表一式两份,一份纳税人留存,一份税务机关留存。

表 6-8

## 城镇土地使用税、房产税纳税申报表

税款所属时间：　　年　月　日至　　年　月　日

纳税人识别号(统一社会信用代码)：

纳税人名称:(公章)　　　　　　　　金额单位:人民币元(列至角分);面积单位:平方米

### 一、城镇土地使用税

| 本期是否适用增值税小规模纳税人减征政策（减免性质代码10049901） | □是□否 | 本期适用增值税小规模纳税人减征政策起始时间 | 年　月 | 减征比例（%） | | |
| | | 本期适用增值税小规模纳税人减征政策终止时间 | 年　月 | | | |

| 序号 | 土地编号 | 宗地号 | 土地等级 | 税额标准 | 土地总面积 | 所属期起 | 所属期止 | 本期应纳税额 | 本期减免税额 | 本期增值税小规模纳税人减征额 | 本期已缴税额 | 本期应补(退)税额 |
|---|---|---|---|---|---|---|---|---|---|---|---|---|
| 1 | * | | | | | | | | | | | |
| 2 | * | | | | | | | | | | | |
| 3 | * | | | | | | | | | | | |
| 合计 | * | * | * | * | | * | * | | | | | |

### 二、房产税

| 本期是否适用增值税小规模纳税人减征政策（减免性质代码08049901） | □是□否 | 本期适用增值税小规模纳税人减征政策起始时间 | 年　月 | 减征比例（%） | | |
| | | 本期适用增值税小规模纳税人减征政策终止时间 | 年　月 | | | |

#### （一）从价计征房产税

| 序号 | 房产编号 | 房产原值 | 其中:出租房产原值 | 计税比例 | 税率 | 所属期起 | 所属期止 | 本期应纳税额 | 本期减免税额 | 本期增值税小规模纳税人减征额 | 本期已缴税额 | 本期应补(退)税额 |
|---|---|---|---|---|---|---|---|---|---|---|---|---|
| 1 | * | | | | | | | | | | | |

续表

| 序号 | 房产编号 | 房产原值 | 其中：出租房产原值 | 计税比例 | 税率 | 所属期起 | 所属期止 | 本期应纳税额 | 本期减免税额 | 本期增值税小规模纳税人减征额 | 本期已缴税额 | 本期应补（退）税额 |
|---|---|---|---|---|---|---|---|---|---|---|---|---|
| 2 | * | | | | | | | | | | | |
| 3 | * | | | | | | | | | | | |
| 合计 | * | * | * | * | * | * | * | | | | | |

| （二）从租计征房产税 ||||||||
|---|---|---|---|---|---|---|
| 序号 | 本期申报租金收入 | 税率 | 本期应纳税额 | 本期减免税额 | 本期增值税小规模纳税人减征额 | 本期已缴税额 | 本期应补（退）税额 |
| 1 | | | | | | | |
| 2 | | | | | | | |
| 3 | | | | | | | |
| 合计 | * | * | | | | | |

声明:此表是根据国家税收法律法规及相关规定填写的,本人(单位)对填报内容(及附带资料)的真实性、可靠性、完整性负责。

纳税人(签章):　　年　月　日

| | |
|---|---|
| 经办人:<br>经办人身份证号:<br>代理机构签章:<br>代理机构统一社会信用代码: | 受理人:<br>受理税务机关(章):<br>受理日期:　　年　月　日 |

本表一式两份,一份纳税人留存,一份税务机关留存。

# 任务 6.4　车船税网上申报

## ◈ 任务情境

2019 年,南京市速达运输有限公司车辆和船舶的使用情况如下:

(1) 车辆信息见表 6-9。

(2) 船舶信息见表 6-10。

表 6—9　南京市速达运输有限公司车辆信息表

| 序号 | 号牌号码 | 车辆识别代码(车架号) | 车辆类型 | 品牌型号 | 发动机号 | 车辆发票日期或注册登记日期 | 使用性质 | 燃料种类 | 排(气)量/升 | 核定载客 | 总质量/千克 | 整备质量/千克 | 核定载质量/千克 |
|---|---|---|---|---|---|---|---|---|---|---|---|---|---|
| 1 | 苏AP3551 | LGXC28DF6HR456675 | 重型普通货车 | 长安重型货车 | 32548963 | 2017-02-15 | 自用 | 柴油 | 4.0 |  | 21500.00 | 10000.00 | 11500.00 |
| 2 | 苏AP3552 | LGXC28DF6HR456686 | 重型普通货车 | 长安重型货车 | 32548935 | 2017-02-15 | 自用 | 柴油 | 4.0 |  | 21500.00 | 10000.00 | 11500.00 |
| 3 | 苏AX5765 | LGXC73FS7XF246589 | 重型平板全挂车 | 长安重型平板货车 | 43645896 | 2017-06-18 | 自用 | 柴油 | 4.0 |  | 47500.00 | 20000.00 | 27500.00 |
| 4 | 苏AX5766 | LGXC73FS7XF246535 | 重型平板全挂车 | 长安重型平板货车 | 43645825 | 2017-06-18 | 自用 | 柴油 | 4.0 |  | 47500.00 | 20000.00 | 27500.00 |
| 5 | 苏AX5767 | LGXC73FS7XF246542 | 重型平板全挂车 | 长安重型平板货车 | 43645834 | 2017-06-18 | 自用 | 柴油 | 4.0 |  | 47500.00 | 20000.00 | 27500.00 |
| 6 | 苏AY2537 | LGXC64VD5EG489612 | 客货两用小货车 | 长安小货车 | 54796546 | 2017-08-04 | 自用 | 柴油 | 4.0 | 8人 | 3750.00 | 3000.00 | 750.00 |
| 7 | 苏AY2538 | LGXC64VD5EG489642 | 客货两用小货车 | 长安小货车 | 54796587 | 2017-08-04 | 自用 | 柴油 | 4.0 | 8人 | 3750.00 | 3000.00 | 750.00 |
| 8 | 苏AY2539 | LGXC64VD5EG489696 | 客货两用小货车 | 长安小货车 | 54796531 | 2017-08-04 | 自用 | 柴油 | 4.0 | 8人 | 3750.00 | 3000.00 | 750.00 |

表 6—10　南京市速达运输有限公司船舶信息表

| 序号 | 船舶登记号 | 船舶识别号 | 船舶种类 | 中文船名 | 初次登记号码 | 船籍港 | 发证日期 | 建成日期 | 主机种类 | 艇身长度(总长)/米 | 净吨位/吨 | 主机功率/千瓦 |
|---|---|---|---|---|---|---|---|---|---|---|---|---|
| 1 | 2500080000286 | 2016F1254689 | 干货轮 | 百达100 | 23025849662 | 南京港 | 2017-03-05 | 2017-03-05 | 中速机 | 24 | 5000.00 | 1600.00 |
| 2 | 2500080000292 | 2016F1254696 | 干货轮 | 百达100 | 23025849689 | 南京港 | 2017-03-05 | 2017-03-05 | 中速机 | 24 | 5000.00 | 1600.00 |

（3）当地规定的车船税税目税额表见表 6–11。

表 6–11

### 车船税税目税额表

| 序号 | 税目 | 计税单位 | 每年税额(元) | 备注 |
|---|---|---|---|---|
| 1 | 乘用车——1.0 升(含)以下的 | 每辆 | 180.00 | |
| 2 | 乘用车——1.0 升以上至 1.6 升(含)的 | 每辆 | 300.00 | |
| 3 | 乘用车——1.6 升以上至 2.0 升(含)的 | 每辆 | 360.00 | |
| 4 | 乘用车——2.0 升以上至 2.5 升(含)的 | 每辆 | 720.00 | |
| 5 | 乘用车——2.5 升以上至 3.0 升(含)的 | 每辆 | 1500.00 | |
| 6 | 乘用车——3.0 升以上至 4.0 升(含)的 | 每辆 | 2640.00 | |
| 7 | 乘用车——4.0 升以上的 | 每辆 | 3900.00 | |
| 8 | 商用车——核定载客人数 9 人以上 20 人以下的中型客车 | 每辆 | 480.00 | |
| 9 | 商用车——核定载客人数 20 人(含)以上的大型客车 | 每辆 | 540.00 | |
| 10 | 商用车——货车 | 整备质量每吨 | 72.00 | |
| 11 | 挂车 | 整备质量每吨 | 36.00 | |
| 12 | 其他车辆——专用作业车 | 整备质量每吨 | 36.00 | |
| 13 | 其他车辆——轮式专用机械车 | 整备质量每吨 | 36.00 | |
| 14 | 摩托车 | 每辆 | 60.00 | |
| 15 | 船舶——机动船舶——净吨位不超过 200 吨的 | 净吨位每吨 | 3.00 | |
| 16 | 船舶——机动船舶——净吨位超过 200 吨但不超过 2000 吨的 | 净吨位每吨 | 4.00 | |
| 17 | 船舶——机动船舶——净吨位超过 2000 吨但不超过 10000 吨的 | 净吨位每吨 | 5.00 | |
| 18 | 船舶——机动船舶——净吨位超过 10000 吨的 | 净吨位每吨 | 6.00 | |
| 19 | 船舶——游艇——艇身长度不超过 10 米的 | 艇身长度每米 | 600.00 | |
| 20 | 船舶——游艇——艇身长度超过 10 米但不超过 18 米的 | 艇身长度每米 | 900.00 | |
| 21 | 船舶——游艇——艇身长度超过 18 米但不超过 30 米的 | 艇身长度每米 | 1300.00 | |
| 22 | 船舶——游艇——艇身长度超过 30 米的 | 艇身长度每米 | 2000.00 | |
| 23 | 船舶——游艇——辅助动力帆艇 | 艇身长度每米 | 600.00 | |

注：

① 乘用车按发动机气缸容量(排气量)分档;核定载客人数 9 人(含)以下。

② 中型客车核定载客人数 9 人以上且 20 人以下,包括电车。

③ 大型客车核定载客人数 20 人(含)以上,包括电车。

④ 货车包括半挂牵引车、三轮汽车和低速载货汽车等。

⑤ 挂车按货车税额 50% 计算。

⑥ 拖船按照发动机功率每 1 kW 折合净吨位 0.67 吨计算征收车船税,其中:1 马力等于 0.735 kW。拖船、非机动驳船分别按照机动船舶税额的 50% 计算。

2019 年 04 月 01 日,南京市速达运输有限公司(增值税一般纳税人)申报本年度车船税。

## 业务指导

【步骤一】　税源采集。

① 登录电子税务局,单击"我要办税"→"税费申报及缴纳"→"车船税申报"(图 6-28)。

图 6-28　车船税申报路径

② 进入"财产和行为税纳税申报"页面,核对税款所属期,单击车船税"税源采集"。

③ 进入"车船税税源明细表"填写页面,分别根据车辆和船舶的使用情况如实填写相关信息,填写完毕单击"保存"完成(图 6-29 和图 6-30)。

图 6-29　"车船税税源明细表(车辆)"填写页面

图 6-30　车船税税源明细表(船舶)填写页面

【步骤二】　填写纳税申报表。

返回"财产和行为税纳税申报表"页面,单击车船税"申报明细"。根据车船使用情况如实填写车船税纳税申报表,填写完毕单击"保存"完成(图 6-31)。

图 6-31　"车船税纳税申报表"页面

【步骤三】　勾选申报。

① 返回"财产和行为税纳税申报表"页面,可以看到车船税的应纳税额、应补(退)税额计算结果。勾选车船税前的选择框,单击"申报"(图 6-32)。

② 系统弹出提示本期应补(退)税(费)金额,核对无误后单击"是"(图 6-33)。

财产和行为税纳税申报表

保存 申报 减免税表 税源信息同步

财产和行为税纳税申报表

纳税人基本信息

| | | | | | |
|---|---|---|---|---|---|
| 纳税人识别号 | 911101011296711785 | 纳税人名称 | 南京市速达运输有限公司 | | |
| 本期是否适用增值税小规模纳税人减征政策 | 否 | 申报日期 | 2019-04-01 | 申报类型 | 正常申报 |

本月需要申报的报表（必报部分,依认定）

| 选择 | 税种 | 税款所属期起 | 税款所属期止 | 应纳税额 | 减免税额 | 已缴税额 | 应补（退）税额 | 操作 |
|---|---|---|---|---|---|---|---|---|

本月可以申报的报表（选报部分,依发生）

| 选择 | 税种 | 税款所属期起 | 税款所属期止 | 应纳税额 | 减免税额 | 已缴税额 | 应补（退）税额 | 操作 |
|---|---|---|---|---|---|---|---|---|
| ☐ | 印花税（按次） | 2019-04-01 | 2019-04-30 | | | | | 税源采集 申报明细 |
| ☐ | 房产税 | 2019-01-01 | 2019-06-30 | | | | | 税源采集 申报明细 |
| ☐ | 城镇土地使用税 | 2019-01-01 | 2019-06-30 | | | | | 税源采集 申报明细 |
| ☐ | 环境保护税 | 2019-01-01 | 2019-03-31 | | | | | 税源采集 申报明细 |
| ☐ | 环境保护税（按次） | 2019-04-01 | 2019-04-30 | | | | | 税源采集 申报明细 |
| ☐ | 土地增值税（清算申报） | | | | | | | 税源采集 申报明细 |
| ☑ | 车船税 | 2019-01-01 | 2019-12-31 | 53,664.80 | | | 53,664.80 | 税源采集 申报明细 |
| ☐ | 耕地占用税 | | | | | | | 税源采集 申报明细 |
| ☐ | 资源税（按次） | 2019-04-01 | 2019-04-30 | | | | | 税源采集 申报明细 |

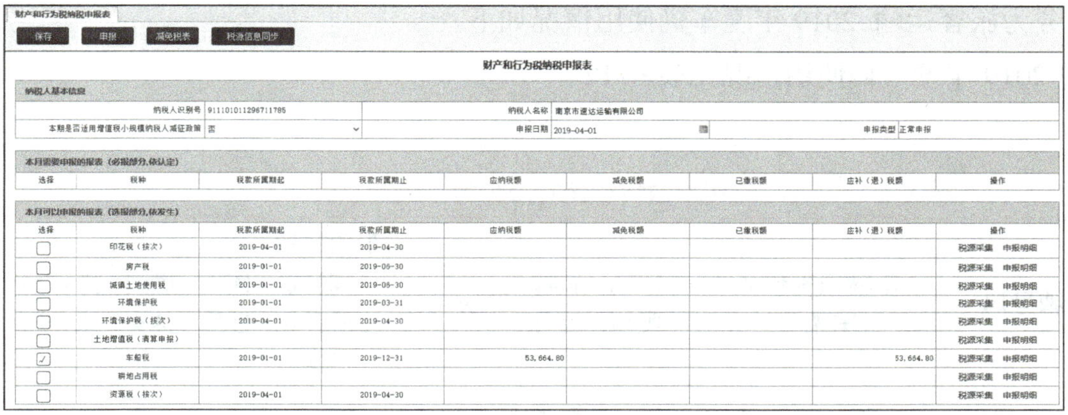

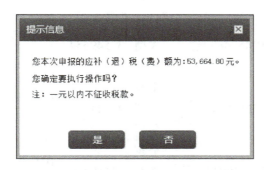

图 6–32 “财产和行为纳税申报表”页面（车船税）

图 6–33 车船税应补（退）税（费）额提示信息

【步骤四】 税费缴纳。

系统再次弹出提示是否跳转税费缴纳，若纳税人选择自动缴纳税款，单击“税费缴纳”系统可自动完成扣款。

## 学习小结

车船税网上申报的操作步骤见图 6–34。

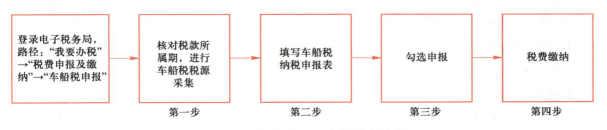

图 6–34 车船税网上申报操作步骤

## 学习体验

无锡市快捷客运有限公司（纳税人识别号：911000999000065462）为增值税一般纳税人，

主营业务为旅客运输,2019年度车辆使用情况如下。

（1）2019年度车辆使用情况见表6-12。

表6-12

**无锡市快捷客运有限公司车辆信息表**

| 序号 | 号牌号码 | 车辆识别代码（车架号） | 车辆类型 | 品牌型号 | 发动机号 | 车辆发票日期或注册登记日期 | 使用性质 | 燃料种类 | 排(气)量/升 | 核定载客/人 |
|---|---|---|---|---|---|---|---|---|---|---|
| 1 | 苏AM21B6 | LGXC28DF6HR452468 | 大型客车 | 金龙大型客车 | 32541657 | 2016-06-20 | 自用 | 柴油 | 4.0 | 52 |
| 2 | 苏AM23D8 | LGXC28DF6HR452489 | 大型客车 | 金龙大型客车 | 32549654 | 2016-06-20 | 自用 | 柴油 | 4.0 | 52 |
| 3 | 苏AM45X8 | LGXC73FS7XF242148 | 大型客车 | 金龙大型客车 | 43641349 | 2016-06-20 | 自用 | 柴油 | 4.0 | 52 |
| 4 | 苏AM68F5 | LGXC73FS7XF243694 | 大型客车 | 金龙大型客车 | 43648439 | 2016-06-20 | 自用 | 柴油 | 4.0 | 52 |
| 5 | 苏AM68H8 | LGXC73FS7XF242473 | 大型客车 | 金龙大型客车 | 43641357 | 2016-06-20 | 自用 | 柴油 | 4.0 | 52 |

（2）当地规定的车船税税目税额表见表6-13。

表6-13

**车船税税目税额表**

| 序号 | 税目 | 计税单位 | 每年税额(元) | 备注 |
|---|---|---|---|---|
| 1 | 乘用车——1.0升(含)以下的 | 每辆 | 180.00 | |
| 2 | 乘用车——1.0升以上至1.6升(含)的 | 每辆 | 300.00 | |
| 3 | 乘用车——1.6升以上至2.0升(含)的 | 每辆 | 360.00 | |
| 4 | 乘用车——2.0升以上至2.5升(含)的 | 每辆 | 720.00 | |
| 5 | 乘用车——2.5升以上至3.0升(含)的 | 每辆 | 1500.00 | |
| 6 | 乘用车——3.0升以上至4.0升(含)的 | 每辆 | 2640.00 | |
| 7 | 乘用车——4.0升以上的 | 每辆 | 3900.00 | |
| 8 | 商用车——核定载客人数9人以上20人以下的中型客车 | 每辆 | 480.00 | |
| 9 | 商用车——核定载客人数20人(含)以上的大型客车 | 每辆 | 540.00 | |
| 10 | 商用车——货车 | 整备质量每吨 | 72.00 | |
| 11 | 挂车 | 整备质量每吨 | 36.00 | |

续表

| 序号 | 税目 | 计税单位 | 每年税额(元) | 备注 |
|---|---|---|---|---|
| 12 | 其他车辆——专用作业车 | 整备质量每吨 | 36.00 | |
| 13 | 其他车辆——轮式专用机械车 | 整备质量每吨 | 36.00 | |
| 14 | 摩托车 | 每辆 | 60.00 | |
| 15 | 船舶——机动船舶——净吨位不超过 200 吨的 | 净吨位每吨 | 3.00 | |
| 16 | 船舶——机动船舶——净吨位超过 200 吨但不超过 2000 吨的 | 净吨位每吨 | 4.00 | |
| 17 | 船舶——机动船舶——净吨位超过 2000 吨但不超过 10000 吨的 | 净吨位每吨 | 5.00 | |
| 18 | 船舶——机动船舶——净吨位超过 10000 吨的 | 净吨位每吨 | 6.00 | |
| 19 | 船舶——游艇——艇身长度不超过 10 米的 | 艇身长度每米 | 600.00 | |
| 20 | 船舶——游艇——艇身长度超过 10 米但不超过 18 米的 | 艇身长度每米 | 900.00 | |
| 21 | 船舶——游艇——艇身长度超过 18 米但不超过 30 米的 | 艇身长度每米 | 1300.00 | |
| 22 | 船舶——游艇——艇身长度超过 30 米的 | 艇身长度每米 | 2000.00 | |
| 23 | 船舶——游艇——辅助动力帆艇 | 艇身长度每米 | 600.00 | |

注:

① 乘用车按发动机气缸容量(排气量)分档;核定载客人数 9 人(含)以下。

② 中型客车核定载客人数 9 人以上且 20 人以下,包括电车。

③ 大型客车核定载客人数 20 人(含)以上,包括电车。

④ 货车包括半挂牵引车、三轮汽车和低速载货汽车等。

⑤ 挂车按货车税额 50% 计算。

⑥ 拖船按照发动机功率每 1 kW 折合净吨位 0.67 吨计算征收车船税,其中:1 马力等于 0.735 kW。拖船、非机动驳船分别按照机动船舶税额的 50% 计算。

(3) 张兰为该公司报税员,其联系电话为 1386542**54。

要求:根据上述资料计算填列车船税税源明细表(车辆)(表 6–14)及车船税纳税申报表(表 6–15)。(金额需要四舍五入的保留两位小数)

表 6–14

车船税税源明细表(车辆)

| 申报车辆总数(辆) | | | | | | | | | | | |
|---|---|---|---|---|---|---|---|---|---|---|---|
| 序号 | 车牌号码 | 车辆识别代码(车架号) | 车辆类型 | 品牌型号 | 发动机号 | 车辆发票日期或注册登记日期 | 使用性质 | 燃料种类 | 排(气)量/升 | 核定载客/人 | 整备质量 |
| 1 | | | | | | | | | | | |
| 2 | | | | | | | | | | | |
| 3 | | | | | | | | | | | |
| 4 | | | | | | | | | | | |
| 5 | | | | | | | | | | | |
| 6 | | | | | | | | | | | |

续表

| 申报车辆总数（辆） | | | | | | | | | | | |
|---|---|---|---|---|---|---|---|---|---|---|---|
| 序号 | 车牌号码 | 车辆识别代码（车架号） | 车辆类型 | 品牌型号 | 发动机号 | 车辆发票日期或注册登记日期 | 使用性质 | 燃料种类 | 排（气）量/升 | 核定载客/人 | 整备质量 |
| 7 | | | | | | | | | | | |
| 8 | | | | | | | | | | | |
| 9 | | | | | | | | | | | |
| 10 | | | | | | | | | | | |

表 6-15

<h3 align="center">车船税纳税申报表</h3>

税款所属期：自　　年　　月　　日至　　年　　月　　日　　　填表日期：　　年　　月　　日

纳税人识别号：

金额单位：元至角分

| 纳税人名称 | | 纳税人身份证照类型 | | | | | | | | | | |
|---|---|---|---|---|---|---|---|---|---|---|---|---|
| 纳税人身份证照号码 | | 居住（单位）地址 | | | | | | | | | | |
| 联系人 | | 联系方式 | | | | | | | | | | |
| 序号 | （车辆）号牌号码/（船舶）登记号码 | 车船识别代码（车架号/船舶识别号） | 征收品目 | 计税单位 | 计税单位的数量 | 单位税额 | 年应缴税额 | 本年减免税额 | 减免性质代码 | 减免税证明号 | 当年应缴税额 | 本年已缴税额 | 本期年应补(退)税额 |
| | 1 | 2 | 3 | 4 | 5 | 6 | 7=5*6 | 8 | 9 | 10 | 11=7-8 | 12 | 13=11-12 |
| 1 | | | | | | | | | | | | | |
| 2 | | | | | | | | | | | | | |
| 3 | | | | | | | | | | | | | |
| 4 | | | | | | | | | | | | | |
| 5 | | | | | | | | | | | | | |
| 合计 | | | | | | | | | | | | | |
| 申报车辆总数（辆） | | | | | 申报船舶总数（艘） | | | | | | | |
| 以下由申报人填写： | | | | | | | | | | | | |
| 纳税人声明 | 此纳税申报表是根据《中华人民共和国车船税法》和国家有关税收规定填报的，是真实的、可靠的、完整的。 | | | | | | | | | | | |
| 纳税人签章 | | 代理人签章 | | | | 代理人身份证号 | | | | | | |
| 以下由税务机关填写： | | | | | | | | | | | | |
| 受理人 | | 受理日期 | | | | 受理税务机关（签章） | | | | | | |

本表一式两份，一份纳税人留存，一份税务机关留存。

## 郑重声明

高等教育出版社依法对本书享有专有出版权。任何未经许可的复制、销售行为均违反《中华人民共和国著作权法》，其行为人将承担相应的民事责任和行政责任；构成犯罪的，将被依法追究刑事责任。为了维护市场秩序，保护读者的合法权益，避免读者误用盗版书造成不良后果，我社将配合行政执法部门和司法机关对违法犯罪的单位和个人进行严厉打击。社会各界人士如发现上述侵权行为，希望及时举报，我社将奖励举报有功人员。

反盗版举报电话　（010）58581999　58582371

反盗版举报邮箱　dd@hep.com.cn

通信地址　北京市西城区德外大街4号　高等教育出版社法律事务部

邮政编码　100120

### 读者意见反馈

为收集对教材的意见建议，进一步完善教材编写并做好服务工作，读者可将对本教材的意见建议通过如下渠道反馈至我社。

咨询电话　400-810-0598

反馈邮箱　zz_dzyj@pub.hep.cn

通信地址　北京市朝阳区惠新东街4号富盛大厦1座

　　　　　高等教育出版社总编辑办公室

邮政编码　100029

### 防伪查询说明

用户购书后刮开封底防伪涂层，使用手机微信等软件扫描二维码，会跳转至防伪查询网页，获得所购图书详细信息。

防伪客服电话

（010）58582300

### 学习卡账号使用说明

一、注册/登录

访问http://abook.hep.com.cn/sve，点击"注册"，在注册页面输入用户名、密码及常用的邮箱进行注册。已注册的用户直接输入用户名和密码登录即可进入"我的课程"页面。

二、课程绑定

点击"我的课程"页面右上方"绑定课程"，在"明码"框中正确输入教材封底防伪标签上的20位数字，点击"确定"完成课程绑定。

三、访问课程

在"正在学习"列表中选择已绑定的课程，点击"进入课程"即可浏览或下载与本书配套的课程资源。刚绑定的课程请在"申请学习"列表中选择相应课程并点击"进入课程"。

如有账号问题，请发邮件至：4a_admin_zz@pub.hep.cn。